国家社会科学基金资助项目（16CSH048）

张 斌 著

mobile
TEENAGER
phone

青少年
手机依赖及其协同治理研究

中国社会科学出版社

图书在版编目（CIP）数据

青少年手机依赖及其协同治理研究/张斌著.—北京：中国社会科学出版社，2021.6
ISBN 978-7-5203-8549-7

Ⅰ.①青… Ⅱ.①张… Ⅲ.①移动电话机—影响—青少年—心理健康—研究—中国　Ⅳ.①G444

中国版本图书馆 CIP 数据核字（2021）第 102693 号

出 版 人	赵剑英
责任编辑	范晨星
责任校对	李　莉
责任印制	王　超

出　　版	中国社会科学出版社
社　　址	北京鼓楼西大街甲 158 号
邮　　编	100720
网　　址	http://www.csspw.cn
发 行 部	010-84083685
门 市 部	010-84029450
经　　销	新华书店及其他书店
印　　刷	北京明恒达印务有限公司
装　　订	廊坊市广阳区广增装订厂
版　　次	2021 年 6 月第 1 版
印　　次	2021 年 6 月第 1 次印刷
开　　本	710×1000　1/16
印　　张	14.5
字　　数	231 千字
定　　价	78.00 元

凡购买中国社会科学出版社图书，如有质量问题请与本社营销中心联系调换
电话：010-84083683
版权所有　侵权必究

目　录

第一章　文献综述与问题提出 ……………………………………（1）

　　第一节　相关概念 ………………………………………………（1）

　　第二节　手机依赖的研究现状 …………………………………（5）

　　第三节　研究问题的提出 ………………………………………（22）

　　第四节　研究内容 ………………………………………………（24）

　　第五节　研究目的 ………………………………………………（26）

　　第六节　研究思路 ………………………………………………（27）

　　第七节　研究意义 ………………………………………………（28）

第二章　青少年手机依赖的评估 …………………………………（29）

　　第一节　子研究一：手机依赖测验中文版在青少年中的

　　　　　　信效度检验 ……………………………………………（29）

　　第二节　子研究二：中文版智能手机成瘾量表简版的

　　　　　　信效度检验 ……………………………………………（38）

　　第三节　子研究三：青少年无手机恐慌症评估标准及其

　　　　　　与强迫症状的关系 ……………………………………（45）

　　第四节　子研究四：不同手机依赖潜剖面类型青少年的

　　　　　　情绪特征 ………………………………………………（55）

第三章　青少年手机依赖的元分析研究 …………………………（65）

第四章　青少年手机依赖形成的心理社会因素 ………………（78）
第一节　子研究一：青少年人格特质与手机依赖的关系：情绪体验的中介作用 ………………………………（78）
第二节　子研究二：孤独感对青少年手机依赖的影响：一个有调节的中介模型 ………………………………（85）
第三节　子研究三：人际适应对青少年手机依赖的影响：情绪调节自我效能感的中介及反刍的调节 …………（94）
第四节　子研究四：社会支持对青少年手机依赖的影响：抑郁和孤独感的链式中介作用 ……………………（108）

第五章　青少年手机依赖对身心健康的影响研究 ……………（117）
第一节　子研究一：手机依赖与青少年认知失败的关系：反刍思维和正念的链式中介作用 …………………（117）
第二节　子研究二：手机依赖对青少年拖延行为的影响：注意控制的中介作用 …………………………………（126）
第三节　子研究三：手机依赖与青少年睡眠质量的关系：反刍思维的中介作用 …………………………………（133）

第六章　青少年手机依赖的干预及教育对策研究 ……………（141）
第一节　青少年手机依赖的正念认知行为干预研究 ………（141）
第二节　青少年手机依赖的教育对策研究 …………………（148）

第七章　总结与展望 ……………………………………………（159）
第一节　本书的主要研究及结论 ……………………………（159）
第二节　本书的创新之处 ……………………………………（165）

第三节　研究不足及展望 …………………………………………（166）

附　录 ………………………………………………………………（167）

参考文献 ……………………………………………………………（183）

第一章

文献综述与问题提出

第一节 相关概念

一 概念界定

据 2019 年 8 月发布的《第 44 次中国互联网络发展状况统计报告》显示,截至 2019 年 6 月我国网民规模已经达到 8.54 亿,手机网民规模达到 8.47 亿,占 99.2%,意味着手机取代传统 PC 设备成为上网的主要媒介。而网民之中以学生群体规模最大,占总体的 26.0%。随着大数据、5G 技术、人工智能的发展,手机从移动电话升级为手持计算机,超越时间与空间,极大地便利了人们的日常生活;与此同时,人们使用手机的时间和频率也日益增加,其强度甚至可能达到成瘾水平。

二 手机依赖的概念

手机依赖又称手机成瘾、手机滥用、问题性手机使用。Kim(2006)将其定义为由于某种原因过度地滥用手机而导致手机使用者出现生理或心理上不适应的一种病症,其标准体现在三个方面:一是对手机的滥用,二是手机过多地影响生活、工作和学习,三是停机或手机不在身边时,身心会出现一系列不适反应。尽管目前没有统一的定义,但较为一致的观点认为手机成瘾属于行为成瘾的范畴,是一种强迫性依赖行为。

世界卫生组织(1964)将成瘾定义为依赖性。为了放松,舒适或寻求刺激而持续使用某种物质,而当缺少这种物质时,会出现渴求感(WHO,2006)。成瘾曾经被认为仅限于药物或物质,但是最近,在当前的《精神障碍诊断和统计手册》第 5 版（DSM-5；美国精神病学协会，2013）中，人们提出将行为成瘾作为新的诊断实体。与物质成瘾相似，行为成瘾可理解为一种习惯性驱使或强迫行为，尽管这种行为会对人的福祉产生负面影响（Roberts & Pirog, 2012），但仍会继续重复这种行为。对行为失去控制是任何成瘾的基本要素。DSM-5 中唯一的行为成瘾类别是病理性赌博。目前正在进行一场科学辩论，将强迫使用互联网、手机或智能手机，游戏，购物和饮食视为成瘾行为（Kim, 2006）。手机依赖似乎是最新出现的行为成瘾。在行为科学中，所有能够刺激人的行为的实体或活动都被认为具有潜在的成瘾性（Alavi et al., 2012）。尽管对这种技术好处的依赖不断增加，但沉迷于此类便捷设备的潜在风险也在增加。

通过上述对依赖概念的探析，可以看出手机依赖具备行为成瘾的特点。手机依赖症可以理解为使用者由于长时间、过度地使用手机而导致使用者心理或生理上出现不适应的一种病症。

三 网络成瘾的概念

迄今为止，成瘾在心理学界还没有一个明确的界定，而对其争论的焦点是关于成瘾是一种类似于药物依赖的成瘾行为还是一种类似于消极应对方式的问题行为。以上都是从心理学视角去分析成瘾的缘由，美国心理学家 Goldberg 在 1995 年第一次提出"网络成瘾障碍"（Internet Addition Disorder, IAD）的概念，指在无成瘾物质条件下的上网冲动行为失控，主要表现为由于过度使用互联网或者使用不当，并对日常生活带来了影响，是一种个体用以缓解压力的方式，是一种应对方式的行为成瘾。在 APA 发布的 DSM-V 的初稿，网络成瘾被界定为网络使用障碍（Internet User Disorder, IUD），并归入物质使用和成瘾障碍亚类。但是在最终发布的版本中，还是将网络成瘾移除，只将其收入至需要进一步研究的问题中，而随着互联网的进一步发展，有关网络行为和网络成瘾的研究将继续深入。

概括来说，虽然关于网络成瘾不同的界定存在着出入，但是，这些不同的术语内涵基本相同，都包含了:(1) 互联网使用的耐受性高；(2) 社会退缩；(3) 内疚；(4) 上网欲望难以抑制（雷雳、李宏利，2003）。

而且不同的研究者也大体认同 Goldberg（1997）提出的网络成瘾的 7 个核心因素，即耐受性、戒断症状、渴求度、冲突性、凸显性、情绪改变及复发性。

Young 等（2000）提出网络成瘾至少包括下列五种类型：（1）网络色情成瘾（Cyber sexual addiction）：这类成瘾者通常会浏览、下载或者买卖网上的色情文字、图片和影像等或者参加性角色幻想的聊天室。（2）网络关系成瘾（Cyber-relationship addiction）：通常包括过度地使用微信、QQ、Facebook 等社交软件。（3）网络强迫行为（Net compulsions）：包括强迫性地参加网上赌博、网上购物、网上炒股，特别是由于个体使用虚拟的娱乐场所、电子拍卖行等，损失了大量的金钱，甚至放弃了他的工作责任和重要的人际关系。（4）强迫性信息收集（Information Overload）：强迫性地花费大量的时间搜索、下载和整理网上的信息。（5）计算机成瘾（Computer addiction）：指强迫性地沉溺于电脑游戏或编写程序。

四　智能手机成瘾和网络成瘾之间的异同

网络成瘾和智能手机成瘾产生重叠的一个重要原因可能是一个简单的事实：没有网络的智能手机没有太多价值。智能手机的大部分功能，比如使用微信、QQ、微博、游戏、网易音乐等应用程序，或浏览网页都依赖于网络连接。因此，使用智能手机仅仅代表了使用网络的一个组成部分。当询问被试关于他们使用网络或沉迷于网络的倾向情况时，与使用智能手机相比，被试认为使用网络的领域更为广泛。被试对关于使用网络情况的调查问卷不仅会考虑他们的智能手机使用情况，也会考虑在台式电脑或平板电脑上进行网络活动的情况。

尽管如此，现在的智能手机依然无处不在，因为发达的信息覆盖技术，人们在任何地方任何时间都可以使用这种连接网络的小设备。许多人每天 24 小时都随身携带着自己的手机，甚至是在睡觉和洗漱的时候。当然，网络和智能手机成瘾倾向只是高度的部分重叠。许多流行的通信渠道都是智能手机独有的，无法通过台式电脑访问。信息服务软件"微博"就是一个成功应用于日常生活的智能手机应用典范，这个应用程序在台式电脑上则较少被使用。总之，互联网可以通过多种设备来访问和连接，而智能手机则代表其中非常强大的一个。智能手机拥有独特的社交通信服务，这也解释了为什么手机成瘾倾向的是女性比例更大，但对于在线视频、游戏、在线网络色情或在线病态赌博等其他活动，男性成瘾比例较大。

手机成瘾的第一个问题是，我们是否真的需要另一种数字成瘾模式来区别于网络成瘾？目前尚不清楚的问题是手机使用是不是"真正的"成瘾行为。但是，就其具体表现，的确类似物质成瘾的症状，比如，在不能使用手机时就会出现戒断症状，在使用手机时就会失去控制，以及在日常生活中对手机的过度关注，这些都表明手机过度使用确实是一种成瘾行为。

最近的研究表明，手机依赖也可能与羞怯和孤独感有关（Bian & Leung, 2015），并且表现出较低的学业成绩（Samaha & Hawi, 2016）。Lee 等（2015）研究表明，在尝试学习时，更高的手机成瘾与较低的自我调节学习能力和更少的尝试学习流动体验相关。还有研究表明，智能手机用户平均每 18 分钟会查看手机（Markowetz, 2015）。此外，日常生活经验显示，许多人在离开家后一旦发现自己的手机忘在家中，就会变得非常焦虑，严重者甚至可以观察到身体的戒断症状。因为长时间离开手机带来的负面情绪似乎让人无法忍受，人们甚至会放下正在进行的事情回家去拿智能手机。

此外，一些初步研究试图探索手机成瘾和网络成瘾是否有重叠。Kwon 等（2013）的研究表明，韩国自我报告的手机依赖量表与网络成瘾量表之间结构存在部分重叠，其中男性相关系数为 0.61，女性相关系数为 0.38。将这些组放在一起，可以观察到 0.42 的相关性。Kwon 版本的智能手机成瘾量表与一般病理性网络使用量表（GPIUS-2）（Caplan, 2006）之间的相关性为 0.49，两种结构之间的重叠度为 24%。综上所述，这些数据表明，虽然手机成瘾和网瘾是相关的，但两者之间仍然存在着一定的差异。

到目前为止，还未能完全阐释手机成瘾与网络成瘾的异同的情况，可以推测它们拥有一些共同特征，这可能有助于解释这些结构之间的差异及其原因。人格心理学的初步证据表明，相同的人格特质（如神经质、冲动性等）可能是两种形式的数字成瘾倾向的敏感性因素。研究发现，与手机成瘾者相比，网络成瘾者的人格特质和过度使用倾向之间的相关性要稍微强一些，这提示我们需要进一步地研究。研究表明，自恋、控制、社交焦虑及物质主义等在智能手机过度使用方面也扮演着重要的角色。

互联网成瘾和智能手机成瘾重叠的一个重要原因可能是两者都有互联网的连接。智能手机的大部分功能，比如使用浏览器、微信、QQ（社交软件）、抖音、微博、爱奇艺、王者荣耀（娱乐软件）等，这些应用程序都依赖于与互联网的连接。因此，智能手机的使用某种程度上代表着互联网的使用。智能手机是一种新颖的技术，将手机的功能与其他移动设备的功能结合在一起，例如个人计算机、媒体播放器、全球定位系统（GPS）导航以及更多应用程序。最重要的是，智能手机与以前的传统手机之间的主要区别在于功能齐全的互联网访问，该网络使用户可以随时随地发送电子邮件，搜索网络，查看天气以及执行更多操作（Sarwar & Soomro，2013）。

由于手机功能广泛，现在其被认为是手持计算机，而不是简单的电话。手机深刻改变了儿童和青少年的电子媒体消费方式。手机的便携性使儿童和青少年普遍使用。这一点很重要，因为使用智能手机比起使用电视或个人计算机（PC）等其他设备，更易躲避成人监管。智能手机的广泛使用引发了许多新的复杂问题，由于智能手机与互联网相连，因此手机成瘾引发的生理和心理问题有可能类似于互联网成瘾。

第二节　手机依赖的研究现状

一　手机依赖的流行率

作为世界上智能手机拥有率和成瘾性最高的国家，韩国政府是第一个制定国家政策来管理网络成瘾问题的政府（Ahn，2012）。2013年的调查结果显示，韩国有25.5%的10—19岁青少年是手机依赖风险人群，比2011年的11.4%增长了一倍以上。初中生的风险最高，为29.3%，其次是高中生23.6%和小学生22.6%。该报告清楚地表明，年轻人对手机的依赖正在日益严重。严重手机依赖用户平均花费5.4小时使用智能手机，例如用于社交网络（40.6%）、新闻搜索（17.6%）或游戏（8.3%）。在韩国，要求学生在上课开始时交出手机，然后在放学时归还。这样做不仅是为了限制成瘾，而且是为了让学生保持对学习的专注。在美国，许多学区都禁止在学校使用手机,因为它们可能会对班级学习氛围造成影响。手机成瘾问题绝不仅限于在韩国,在瑞士,西班牙和比利时,手机依赖风险的年轻人患病率分别为 16.9%、12.8% 和 21.5%(Haug et al.,2015;Lopez-Fernandez,2017)。英国 11—14 岁的青少年,手机成瘾率是 10%(Lopez-Fernandez,Honrubia-Serrano,Freixa-Blanxart & Gibson,2014)。在印度,青少年智能手机成瘾率为 39% 至 44%(Davey & Davey,2014)。此外,中国香港有 21.4% 和伊朗有 27.4% 的青少年被归类为手机成瘾者(Babadi-Akashe,Zamani,Abedini,Akbari & Hedayati,2014)。中国网民之中以学生群体规模最大,90.7% 的 18 岁以下青少年使用微信等即时消息服务,40.7% 的人拥有微博账户,17% 的用户访问论坛或布告栏系统(BBS;CNNIC,2015)。在对 5049 名中国台湾青少年的研究中,发现有 10.54% 的手机使用有问题。

二 手机成瘾的评估工具

评估手机依赖的重要基础是对手机依赖进行有效的测量。在过去的二十年中,国内外学者基于心理学和精神病理学理论研发了许多手机依赖量表,笔者通过文献收集和整理,对近年来发表在 SCI、SSCI 期刊数据库中的论文文献进行检索,并根据量表名称、作者、对象、条目/计分、维度数目和信度系数这几个方面,进行了归纳和整理(见表 1-1)。

表 1-1　　　　　　　　国外手机依赖量表汇总

量表	作者	对象	条目/计分	维度	信度系数
手机依赖问卷(CPDQ)	Toda	大学生	20 题/4 点计分	6	0.86
手机依赖问卷(MPDQ)	Toda	大学生	20 题/4 点计分	1	0.86
手机问题使用量表(MPPUS)	Bianchi	成人	27 题/10 点计分	3	0.91
短信使用问题诊断问卷(SMS-PUDQ)	Rutland	大学生	8 题/2 点计分	2	0.87
手机成瘾指数(MPAI)	Leung	成人/青少年	17 题/5 点计分	4	0.90
问题性社交使用问卷(PMPUQ)	Billieux	成人	30 题/4 点计分	4	0.85

续表

量表	作者	对象	条目/计分	维度	信度系数
手机短信依赖量表（TMDS）	Igarashi	青少年	15题/4点计分	2	0.85
手机依赖测试（TMD）	Chóliz	青少年	22题/5点计分	3	0.94
手机依赖测验（TMD-C）	Zhang	大学生	10题/6点计分	1	0.94
问题手机使用问卷（PCPU-Q）	Yen	青少年	12题/2点计分	2	0.96
手机参与问卷（MPIQ）	Martinotti	青少年	8题/7点计分	1	0.78
手机成瘾评估问卷（KBUTK）	Pawlowska	小学生/大学生	33题/5点计分	4	0.91
文本消息满足量表（TMG）	Grellhesi	小学生	47题/7点计分	7	0.86
卑尔根Facebook成瘾量表（BDAS）	Andreassen	大学生	18题/5点计分	1	0.83
手机依赖问卷（MPS）	Bianchi	大学生	27题/10点计分	5	0.91
智能手机成瘾量表（SAS）	Kwon	青少年	33题/6点计分	6	0.96
智能手机成瘾量表（SAS-SV）	Kwon	青少年	10题/6点计分	1	0.91
问题性手机使用量表（PUMP）	Merlo	大学生	20题/5点计分	7	0.94
智能手机成瘾倾向量表（SAPS）	Kim	青少年	15题/4点计分	4	0.86
大学生手机依赖问卷（CPDQ）	Alavi	大学生	18题/5点计分	3	0.88
智能手机成瘾倾向量表（SPAI）	Lin	大学生	29题/4点计分	4	0.94
问题性手机使用量表（MPPUS）	Mohammadi	大学生	24题/5点计分	3	0.91
问题性手机使用量表（MPPUS）	Pamuk	大学生	24题/5点计分	4	0.99

目前，国内外关于手机依赖最常用的评估量表如下：

（1）手机问题使用量表（Mobile Phone Problem Use Scale，MPPUS）。由 Bianchi 等（2005）编订，最早将手机使用不当和手机依赖联系起来。该量表共 27 个项目，包括耐受性、逃避性、戒断性、渴求性、对生活的负性影响（社会、家庭、工作和经济上）5 个维度，采用 0—10 级计分，是一个较为全面和有用的工具，Cronbach's α 系数为 0.93。

（2）手机成瘾指数（Mobile Phone Addiction Index，MPAI）。由 Leung 等（2008）编订，黄海等（2014）修订中文版。该量表共 17 个项目，包括 4 个维度：失控性、戒断性、逃避性以及低效性。量表采用 1（从不）—5（总是）级计分。量表具有良好的信效度。

（3）智能手机成瘾倾向量表（Mobile Phone Addiction Tendency Scale，MPATS）。由熊婕等（2012）编制，适用于诊断大学生的手机成瘾。该量表共16个项目，包括戒断症状、突显性、社交抚慰和心境改变4个维度，采用1（非常不符合）—5（非常符合）级计分。量表具有良好的信效度。

（4）手机依赖测验（The Test of Mobile Phone Dependence，TMD-C）。由Chóliz等（2012）编制，张斌等（2019）修订中文版。该量表共20个项目，包括4个因子：突显性、耐受性和干扰其他活动、戒断症状、失去控制，采用0（从不）—4（总是）级计分。量表Cronbach's α系数为0.94。

（5）智能手机成瘾量表（Smartphone Addiction Scale，SAS）。由Kwon等（2013）编制，张斌等（2019）修订中文版。该量表共10个项目，包括1个维度，采用1（强烈不同意）—6（强烈同意）级计分。量表Cronbach's α系数为0.96。

三 手机依赖的影响因素

（一）社会人口学因素

1. 年龄

以往研究表明，年龄越小，使用手机的时间就越多，与使用手机有关的问题行为也越多（Bianchi & Phillips，2005；Smetaniuk，2014）。与老年人相比，年轻人对移动电话的复杂功能更加熟悉，因此年轻人更渴望使用新技术也就不足为奇。此外，年轻人习惯于立即获得奖励和反馈，而自我调节能力却较低（Howe & Strauss，2009）。身体机能的限制、年龄相关的视力和手部敏捷度变化可能会阻止老年人长时间使用智能手机（Bianchi & Phillips，2005）。年轻人，尤其是青少年，受物质和行为成瘾的影响最大，这也是该研究领域主要采取这一年龄阶段样本的原因。研究表明，花在手机上的总时间会随着年龄的增长而减少。据报道，手机使用时间最长的人群是20岁以下的人群，主要是大约14岁的青少年。这与该年龄段的自我控制能力下降有关。年龄在11—14岁的年轻人中有27%承认他们永远不关闭手机，这种行为会随着年龄的增长而增加，以至于在13—14岁，1/3的青少年自称不会关机。

此外，拥有第一部手机的年龄也很重要，年龄越小，将来出现问题行为的可能性就越大。当使用手机的年龄小于 13 岁时，发现有问题的使用或成瘾的可能性达到最大。

2. 性别

在对 164 名美国大学生的研究中，女性每天在手机上花费的时间比男性多（Roberts, Yaya & Manolis, 2014）。此外，在对 463 名韩国大学生的研究中，女性较多表现为智能手机成瘾，而男性则较多表现为网络成瘾（Choi et al., 2015）。此外，在使用智能手机的内容和目的上同样发现了显著的性别差异：女性花费更多时间在短信、电子邮件和社交网络服务上，而男性则花更多时间在游戏上（Heo, Oh, Subramanian, Kim & Kawachi, 2014）。对于女性而言，手机是一种社交联系工具，其中消息传递和社交网络起到重要作用；而对于男性而言，则意味着更加多样化的使用方式，他们在游戏时可能会更喜欢个人计算机（PC）而不是智能手机，这很可能是女性智能手机成瘾更高的原因之一（Choi et al., 2015）。

3. 教育、文化水平和经济地位差异

在一项针对 197 名韩国成年人的研究中，文化程度较低的成年人出现智能手机成瘾的风险更大（Kwon et al., 2013）。在对 281 名西班牙成年人的研究中，与在职雇员相比，失业组表现出更多的手机依赖（Lopez-Fernandez, 2017）。迄今为止，尚未发现手机依赖与吸烟或酗酒之间存在关联。但在之前的研究中，有关网络成瘾的研究已表明其与酗酒相关（Hwang et al., 2014）。来自高收入家庭的青少年倾向于花更多的时间在智能手机上。随着手机功能不断更新及大量新颖的应用程序的发布，该社会经济群体也紧跟时代的变化趋势（Castells, Fernandez-Ardevol, Qiu & Sey, 2009）。

4. 家庭

就青少年行为成瘾的环境风险因素而言，家庭功能障碍也已被确定为潜在的风险因素。离异家庭是青少年手机依赖的有力预测因素（Yen, Yen, Chen, Chen & Ko, 2007）。家庭满意度不高是亚洲青少年网络成瘾的可能危险因素之一（Yen et al., 2007）。Lam 等（2015）在广州市的青少年中进行了基于人口的横断面调查，发现对家庭不满与网络成瘾之间存在显著相关。

家庭冲突和凝聚力缺乏也是不同文化背景的青少年行为成瘾的潜在危险因素。在 Yen 等（2007）的研究中，父母与青少年的冲突与网络成瘾之间存在正相关。在韩国，Park 等（2008）发现，家庭凝聚力和沟通评分与网络成瘾之间存在负相关。在功能失调的家庭中，人际关系不良或父母心理健康状况较差，家庭秩序混乱，是导致父母对手机使用的监控不足的原因（Lam，2015）。教养方式与亲子沟通密切相关。Huang 等（2010）的研究表明，网络成瘾症状的青少年对其父母的教养方式的评价主要为"情感温暖不足""过度投入""拒绝"和"惩罚性"。欧洲的一项研究表明，父母对青少年生活的参与度低与互联网问题使用有关。Yang 等（2013）评估了中日青少年互联网使用问题的差异，母亲的教养方式被认为是其中原因之一。

（二）心理因素

1. 人格

手机依赖的特点是无法控制和强迫性使用手机，目前在众多的心理相关因素中，人格因素备受关注。研究表明，外向者通常以自我为中心，比较冲动，喜欢刺激，渴望社交，进而更容易产生手机依赖（Monsted，Bjarke，Mollgaard & Mathiesen，2016）。Bianchi 和 Phillips（2005）认为，神经质个体以喜怒无常、焦虑和担忧为特征，表现出高度的情绪化，可能会过度使用手机作为应对压力和焦虑的一种方式。Roberts 等（2015）指出，冲动性个体在做出条件反射性的决定时很少考虑到未来的后果，以至于他们经常做出鲁莽的决定，可能会带来破坏性甚至致命的后果，如边开车边发短信/打电话。Billieux 等（2008）发现，冲动的紧迫性维度是手机成瘾的最有力的预测因素。

2. 负性情绪

研究发现，手机依赖不仅导致失眠、肩颈疼痛、视听能力下降等生理困扰，研究者还发现手机依赖者常有负性情绪相伴（黄海、周春燕、余莉，2013；胡月、黄海、张雨晴、周春燕，2017）。抑郁作为最常见的一种负性情绪，是正常心境向低落情绪方向的发展，是一种对不良事件的反应，主要表现为个体持久缺乏愉悦感。一项 Meta 分析表明，未成年人抑郁与消极策略呈高相关（刘文、张靖宇、于增艳、高爽，2018）。重度抑郁者表现出兴趣或愉悦感的丧失，且常常伴随着社交退缩，削弱了对其他情绪的体验及影响。研究发现，抑郁会增加个体手机依赖，抑郁的青少年可能会沉溺于手机以缓解他们的消极情绪，沉溺于手机社交活动以摆脱孤独感（Smetaniuk，2014；Kim，2017）。

3. 孤独感

许多研究发现，孤独感是手机依赖的重要预测因素（唐文清、黄献、王恩界，2018；刘文俐、蔡太生，2015）。根据成瘾的失补偿假说，孤独感水平高的青少年在成长过程中，在社交网络中往往没有达到期待的情感，在遇到困难时缺乏必要的社会支持，选择了错误的补偿机制，借助手机以弥补现实社交的不足。相关研究表明，个体手机依赖倾向的程度越高，个体的孤独感越重，人际困扰程度也就越高（杨春红，2016）。由于孤独感强的大学生在现实生活中不擅长人际沟通，难以获得充足的社会支持，易产生消极的情感体验，进而因逃避压力而增加在手机上投入的时间和精力，将手机作为媒介转移注意力，加重手机依赖（李宗波、王婷婷、梁音、王明辉，2017）。

4. 人际适应

以往研究发现，人际适应是影响手机依赖的重要因素之一。根据Maslow（1943）提出的社会需要理论（Social Needs Theory），人际交往是个体社会化的基础，每个人均有与他人交往和被关爱的需要，若个体在现实中无法满足人际需求，就会通过其他途径来获得满足，如手机、互联网等。这种现象在青少年时期体现尤为明显，由于青春期个体身心发展的不平衡和社会关系的转变，易引发其不稳定、极端的情感反应，加上不完全独立、不完全成熟的心理特征（Bi, Ma, Yuan & Zhang, 2016），因此，这个阶段的青少年经常以自我为中心，也不善于表达自己的思想情感，很容易引发一些人际交往上的问题（Zimmermann, 2004）。而根据Davis的"认知—行为"理论，个体的成瘾行为往往是受到消极因素（易感素质）的影响，人际适应困难作为易感素质的重要组成部分，是诱发成瘾行为的关键因素（廖雅琼、叶宝娟、金平、许强、李爱梅，2017）。研究发现，较低的人际信任和人际交往困难的个体，其罹患药物成瘾（Garami et al., 2018）、赌博成瘾（Milani et al., 2017）以及网络游戏成瘾（kaupová, Kateina & Blinka, 2016）的概率显著高于一般个体。此外，社会增强理论（Social Enhancement Theory）也指出对于人际适应困难的个体，通过使用手机可以有效增强他们与外界的联系，以弥补其语言表达技巧和社交能力的不足，同时还能避免由于现实接触而造成的尴尬，这些都间接地造成了个体频繁甚至过度地使用手机，最终导致成瘾（Bahtiyar，2015）。

四 手机依赖的危害

（一）身体健康

一项研究显示，有手机使用问题的人数比例占总人口的6.3%（男性为6.1%，女性为6.5%）（Martinotti et al.，2011），而另一项研究则发现有16%的青少年被归类为有问题的手机使用（Gallimberti，2016）。熄灯后继续使用手机的现象在青少年中非常普遍，这增加了青少年日间的疲劳程度。当下，手机已成为青少年学习、交流和娱乐的重要工具（Kamibeppu & Sugiura，2005），但是过度使用手机会影响人的身体、心理和社会功能。

1. 危险驾驶

驾驶员分心是造成汽车碰撞伤害和死亡的危险因素，而智能手机是造成这种分心的主要原因（Wilson & Stimpson，2010）。据报告，约有75%的大学生在开车时会使用手机（Cook & Jones，2011）。已有研究表明，危险驾驶行为的潜在机制与手机相关刺激的反应有关（Atchley & Warden，2012；O'Connor et al.，2013）。

2. 肌肉骨骼疾病

过度使用手机可能会在颈椎上产生很大的压力，从而改变颈椎曲线并导致颈肩疼痛（Park et al.，2015）。使用智能手机时，人们倾向于向下弯曲脖子，凝视着屏幕内容并将头部保持在向前的位置。长期保持头朝前的姿势，降低了颈椎的前凸，并在上胸椎产生后弯，这可能会导致肌肉骨骼疾病（Kang et al.，2012）。

3. 眼部疾病

长时间使用手机可能会导致眼睛和视觉问题，例如眼部不适、眼疲劳、干眼、头痛、视力模糊，甚至双重视野。在一项针对韩国288名儿童的研究中，长时间使用手机与干眼症风险增加有关（Moon，Lee & Moon，2014）。

4. 电磁辐射

智能手机会产生非电离辐射，但频率较低。辐射在日常生活中也常见于收音机、电视、微波炉等。尽管没有确凿证据表明智能手机的辐射会直接危害健康，但世界卫生组织仍将其归为"可能的人类致癌物"。儿童的脑组织更具吸收性，头骨更薄，相对更小，面临的辐射危害更大（Morgan, Kesari & Davis, 2014）。使用手机的时间和频率也可能对癌细胞产生影响，脑癌可能与过度使用手机有关，这也是为国内外学者所关注的。

5. 细菌感染

细菌无处不在，考虑到人们在不同的环境和地点与智能手机进行交互的次数众多，智能手机可能充当微生物的储存库，并在疾病传播中发挥作用（Badr, Badr & Ali, 2012; Repacholi, 2001）。Ulger等（2009）指出，有94.5%的手机显示出细菌污染的迹象，并且分离出的微生物与手部分离物相似。他们的研究发现，49%的手机存在1种细菌，34%的手机存在2种细菌，11.5%的手机存在3种及以上的细菌。许多研究报告称手机污染率高达96.5%（Elkholy & Ewees, 2010; Tambekar, Gulhane, Dahika & Dudhane, 2008）。

6. 睡眠质量

手机屏幕发出的光线还会抑制人体褪黑素的合成与分泌，并延缓睡眠。睡前过度使用手机也会减少快速眼动（REM）睡眠，慢波睡眠等睡眠效率，使人的睡眠处于浅睡状态，这就对于个体的睡眠产生了不利影响，使得个体的睡眠质量降低，特别是影响睡眠的时间和质量。土耳其的研究表明，抑郁、焦虑和睡眠质量与手机依赖有关（Demirci, Akgönül & Akpinar, 2015）。Soni等（2017）的研究发现，严重手机依赖者的抑郁、焦虑和压力水平较高，睡眠质量较差。Jenaro等（2007）的研究表明，手机滥用与焦虑和失眠有关，并且这一问题在女性上表现尤为明显。Thomee等（2011）发现使用电话和信息的数量和睡眠困难以及夜间使用手机的倾向相关。手机依赖严重者需要时刻保持警觉，以致干扰了睡眠质量，并可能增加个人压力。Huber等（2002）报道，夜间手机使用可能影响松果体，褪黑素分泌，这可能导致脑血流量和脑电活动改变。Sandstrom等（2001）研究发现，每天手机通话的时间大于1小时就可能会导致眩晕、烦躁、注意力涣散、记忆力衰退、头疼等症状。

7. 神经生理功能

与网络游戏未成瘾者相比，网络游戏线索能够有效诱发成瘾者的某些脑区，如扣带回、眶额皮层、左枕叶的楔叶，左背外侧前额叶、海马旁回、内侧额叶、中央后回，楔前叶等脑区的活动；与中性控制线索相比，网络游戏线索能够有效诱发成瘾者的某些脑区，如左额下回、左海马旁回、颞叶、丘脑、右侧状隔核、右侧尾状核和小脑等脑区的活动水平（Feng et al., 2013; Han, Hwang & Renshaw, 2010）。同时，研究者还将网络成瘾者与其他行为成瘾进行了比较，已确认其脑电特征。与正常组相比，网络成瘾在丘脑、海马旁回；左侧背外侧前额的激活与物质成瘾和赌博成瘾类似（Han, Bolo, Daniels, Arenella, Lyoo & Renshaw, 2011）；同样基于正常被试的对比研究发现，网络成瘾的奖惩机制也存在差异（Dong, Huang & Du, 2011）；更进一步的研究也采用了线索诱发范式，比较了网络成瘾和尼古丁依赖的混合组和正常组，发现游戏和吸烟渴求均能使混合组被试在双侧海马旁回上有更高的激活（Ko et al., 2013）。

（二）社会影响

1. 人际关系

智能手机的迅速发展使得手机通信成为青少年人际交往的重要组成部分，也是最基本的网络沟通形式。"社会存在理论"（Social Presence Theory）和"社会环境线索理论"（Social Context Cues Theory）认为，与面对面交流相比，电子媒介的交流由于缺乏语音线索，个体的社会存在感减少，人会变得冷漠（Hiltz, Johnson & Turoff, 1986; Short, Williams & Christie, 1976）。媒介丰富性理论（Media Richness Theory）认为，评判媒介丰富与否的标准包括及时反馈、能够传播多种线索、自然语言的运用和个体对媒介的关注等。依据这一理论，面对面交流是最丰富的媒介，而网络交往（Computer-Mediated Communication, CMC）则缺少很多重要的特征信息和线索。由于在网络上投入的时间和精力过多，研究者认为网络成瘾会给青少年造成以下不良影响（李万兵，2006）：（1）引发个体心理的孤独感和压抑感，导致自我封闭，形成社交焦虑障碍。（2）引发现实人际交往中的责任危机和信任危机。（3）引发青少年人格障碍。青少年在网络上通常会表现出自己所希望的、好奇的或是感兴趣的人格特质，而这与其本身的人格是不相符的，这种虚拟的人格长期存在，便会与其本身的人格形成某种程度上的分离。据调查，沉溺于手机聊天、发电子邮件等行为的学生主要表现为在现实生活中内向、与他人交流困难、不敢发表自己的意见。这种网络上的高谈阔论与现实生活中的谨言慎行形成了鲜明的对比，现实的人格与虚拟的人格存在于同一个人身上，并不断地转换，长此以往，必然会出现一定程度的心理问题，导致人格障碍。一项针对 Facebook 的调查研究发现，个体在社交网站拥有的朋友数量并不能够直接反映个体的社会支持情况，同时也较少有个体会直接利用社交网站来建立亲密关系（Pennington，2009）。甚至有可能由于个体过度关注其他人的状态，而沉迷于网络社交，使其亲密关系和一般人际交往均会受影响。但是也有研究者认为，社交网站能够有助于个体表达真实的自我，能够有助于维持和建立基于网络发展起来的亲密关系（McKenna，Green & Gleason，2002），但是这种真实的自我表达会受到个体的社交网站使用动机的影响（Tosun，2012）。

2. 学业成绩

网络与手机通信最开始应用于校园是秉着促进学习和方便师生间沟通的初衷，但是有调查发现 86% 的受访者（包括老师、图书管理员和计算机协调员）相信青少年的网络使用并没有改善其学业表现（Barber，1997）。同时，网络成瘾还会造成青少年的逃课和越轨行为增加（Brislin & Kim，2003）。国内研究显示，日均上网超过 4 小时就会对学业有所影响，直接导致学业成绩下降，过度上网的学生对学习更加不感兴趣（吕媛、易银沙、邓昶、阎政礼，2004），同时减少了学习时间而花费增加（池桂波等，2001）。有不少研究者综述了网络科技发展和网络使用对儿童和青少年学业表现的影响，其中还包括元分析研究，但是结果同样不令人乐观。尽管有研究提出了科技发展能够在一定程度上促进学生的信息搜索技能和学习技能，但是整体上促进效果不大（Roschelle，Pea，Hoadley，Gordon & Means，2000）。在当前的教育中，小组学习的概念十分流行。许多学生指出拥有智能手机的优点就是能够通过手机上的社交软件去和别人讨论学习，然而实际上，一些学生却经常使用手机来聊天，结果是手机的使用妨碍了他们的学习。除此之外，根据 Takeuchi（2014）的研究，大约有 46.4% 拥有智能手机的初、高中生表明他们在学习方面并没有自信，而没有智能手机的学生里，却只有大约 22.1% 的学生表明在学习方面没有自信。

想象你自己打开一个 Word 文档，写一篇科学文章。如果你忘记在后台关闭你的邮件程序,而你的智能手机社交媒体渠道是开放的,每收到一封电子邮件将会在你的电脑操作系统的角落里直观地显示出来,与此类似,微信和 QQ 通知还将发送可视信号,无时无刻不提醒着你新消息的到来,手机不断弹出新消息的通知,朋友圈不断有朋友更新着状态。而这些消息还可能伴随着声音信号,进一步干扰你的工作。那么在这种状态之下,有效率的工作是很困难的。2016 年的一项研究(Montag & Walla, 2016)假设智能手机的使用与工作效率之间的关系可能类似于一个倒 U 形函数。合理地使用智能手机会让我们变得更有效率,达到事半功倍的效果,但是过度使用智能手机并且不断地分心则会降低工作效率。Alton(2014)发现,来自手机的干扰只要简短至 2.8 秒,便会中断个体的流动体验,并且会导致个体在连续加工任务中发生错误。因此,青少年们在学习时不断地浏览手机界面,手机的信息提示音不断地发出声音,都会干扰学习的流动体验且会降低学习的效率。除此以外,这种断断续续的来自手机的消息还会导致个体形成一种"检查的习惯"——不断重复地快速检查手机以浏览新的消息(Oulasvirta, 2012)。根据 Markowetz(2015)的研究,个体每隔 18 分钟检查一次手机,便可达到削弱流动状态的效果。据此,我们也可进一步了解到,在工作和学习环境下使用手机会导致难以进入流动状态,也势必降低个体工作和学习的效率。

  研究者们认为,在课堂中学生使用手机的主要消极作用在于对课堂的注意力缺失。研究表明,学生在课堂上发短信,可能会因此而忽略掉 30% 的课堂信息(Froese, 2012)。Levine(2007)的调查发现,89%在课堂上使用手机的学生把注意力转向了其他的活动,而不是专注在课堂上,这些举动还会影响旁边没有使用手机的其他同学(End, Worthman, Mathews & Wetterau, 2009)。还有研究表明,课堂上使用手机比在课堂上说小话更扰人,会使学生注意力分散,错过课堂要点(Cutino & Nees, 2016)。此外,青少年对于手机的依赖还容易造成认知能力弱化。当前手机的阅读与消息的接收呈现碎片化趋势,青少年往往在学习之余刷手机,通过碎片化的浏览来获得信息。网络信息的侵入,使得个体更乐意获得浅层次的知识,而往往忽略了知识深层次的思考。Inaba 和 Yamazaki(2015)的研究表明,过度沉浸在网络里会导致学生学习兴趣下降,出现学习倦怠的问题。有研究者还研究了在学习任务进行时同时发短信、进行网络社交活动的这种"多任务"现象。Rosen（2013）发现，那些注意力易分散的学生更加偏好这种多任务活动，在学习时倾向于发送短信以及上 Facebook 等社交网站，Facebook 高使用率与低的学分绩点（GPA）有关。Junco 和 Cotten（2011）收集了 4491 名的大样本学生数据，发现其中有 93% 的学生说自己在工作或学习时会不断地使用手机发送消息，有 57% 的学生认为这种多任务对于他们自身的学习具有不利的影响。综上所述，手机依赖对于青少年的学习过程、学习成绩以及学习能力都具有不利的影响。

3. 家庭关系

在现代中国社会，大部分青少年都是家庭当中的独生子女，自然而然成了家庭关注的焦点。青少年手机依赖对家庭的冲击和影响可想而知。首先由于过度沉迷手机，减少了原本和家人朋友在一起的时间，疏离了家人之间的亲密感。其次，青少年手机依赖导致亲子冲突加剧，亲子间的关系恶化（Yen et al., 2007）。此外，亲子矛盾冲突也有可能增加青少年在网络上的危险行为，并进一步导致家庭内部的矛盾加剧（程绍珍、杨明、师莹，2007）。同时，有研究表明，父母对手机网络使用的行为和态度对青少年网络成瘾具有直接的影响。当父母对网络使用态度和行为一致时，即父母较少使用网络且不支持孩子使用网络时，父母的这种示范会规避青少年网络成瘾的风险；但是当父母态度和行为不一致时，即父母经常使用网络却不允许孩子使用网络时，则父母的网络使用行为能预测孩子的网络成瘾行为（Liu, Fang, Deng & Zhang, 2012）。

五　手机依赖理论模型

描述特定类型成瘾的发展和维持的潜在机制理论模型非常重要。这种模型应该总结之前基于个体研究和元分析的研究，还应该适时整合来自其他研究领域的结果。例如，当把病理性网络使用看作一种成瘾时，从物质依赖研究和其他行为成瘾研究中得到的成瘾过程的概念应该被纳入新的理论框架。理论模型和框架可以对未来疾病的发展和维持机制以启示作用。当前和将来的研究可以实证检验理论假设，从而得到理论框架的修订版本。这意味着理论模型和框架永远不是最终的版本，会随着与当前研究的交互作用不断改进和具体化。这些模型对临床实践和科学研究都有益处。理论模型和框架可以帮助我们理解行为成瘾的成因和分类。当理解了潜在的机制后,预防和治疗的方法可以基于系统的假设来推导。换言之,为了建立成功的预防和治疗方法,必须更好地理解易感性因素与潜在中介和调节变量相互作用的共同和差别影响。中介和调节变量应该是心理障碍理论模型的核心组成部分,因为中介和调节变量通常可以比某些易感性因素得到更好的处理(Brand et al., 2014)。

(一) 基于网络特征的理论

1. ACE 模型的理论

该模型是由著名学者 Young 提出的,它属于早期的理论。Young(1999)认为互联网导致用户成瘾有三个特征:匿名性(Anonymity)、便利性(Convenienee)和逃避现实(Escape)。

2. 网络的去抑制效应

Suler(2004)提出,网络的六个特征将使网络存在去抑制效应,从而使个体的在线行为,特别是网络传播行为,比现实世界更少约束和限制。网络的六大特征包括匿名性、隐蔽性、异步性、自我中心式的反馈、发散的想象性和降低的权威性。这些因素影响个人在互联网上的行为与真实的自我不同。而网络的去抑制化效应已经被证明和网络成瘾存在相关。个体可能会因为陌生而害羞、扭捏,会采用防御态度,慎于把个人信息透露给对方。不同于面对面交流时的尴尬和谨慎,通过手机社交软件人们反而更容易泄露私密的信息;同样,遵循着"留一线,日后好见面"等诸多社交规范、准则和惯例,人们在面对面交流时往往能做到友爱和尊重,很少出现愤怒的冲突以及恶毒的漫骂,而在匿名隐蔽的各类社交软件中,个体的社会存在感就会显著降低,交谈中的一般准则失去了应有的约束,人变得冷漠。

(二) 基于使用者特征的理论

1. "富者更富"理论

Kraut 等(1998,2002)经过追踪研究发现,互联网的使用对个人的影响与"富者更富"(Richer get richer)模型是一致的。如果把手机社交软件中的每一个用户看作网络社交中的一个节点,那么在这个网络链接中,只有少数的节点拥有大量的链接,而绝大部分的节点都只拥有少量的链接,并且这部分拥有大量链接的节点增长链接的速度则会变得更快。以微博为例,微博每增加一个新用户,他首先会关注那些粉丝众多的活跃用户而不是默默潜水的边缘用户，所以这些活跃用户的粉丝增长速度也就越快。由此看来，对于外向的人和拥有更多社会支持的人来说，网络的使用会产生更好的效果。对于内向的人和较少的社会支持者来说，互联网的使用会使结果可能更糟。

2. 艾森克人格理论

Orchard 和 Fullwood（2010）在综述了目前关于网络使用和人格特征的研究之后提出，艾森克的三因素理论是研究媒介偏好和个人特征的最合适的人格理论，在网络使用研究中也发挥着重要作用。已有研究表明，内向的个体倾向于网络交际；高神经质的个体看重网络交往，但是不喜欢网络讨论；而高精神质的个体似乎对网络没有特别的兴趣，其网络行为呈现出分散性。同时，有研究发现，内向性和神经质等人格特质均能预测网络成瘾（Orchard & Fullwood，2010）。

(三) 基于行为动机的理论

1. 使用—满足理论

Morris 和 Ogan（1996）借用 McQuail 的"大众沟通的游戏理论"(Play theory in mass communication) 和"使用—满足"理论来解释网络成瘾现象。使用—满足理论有两个重要假设：(1) 个体选择媒介是以某种需要和满足为基础的，个体希望从各种媒介资源中接收信息或获得满意感；(2) 媒介是通过使用者的意图或动机而发挥作用的，它将焦点从媒介的直接作用中的"被动参与者"转向媒介使用中的"积极参与者"，强调了个体的使用和选择。McQuail、Blumler 和 Brown（1972）提出媒介满足了个体的以下需求：解闷和娱乐（Diversion，逃离日常事务的限制，逃离问题带来的压力）；人际关系（Personal relationship，陪伴和社交）；个体认同（Personal identity，个人自我认同，对现实的探索，以及价值感的增强）。

2. 心理需求的满足补偿理论

需求满足补偿理论是近年来提出的基于需求满足的理论模型。邓林园等（2007）通过对1183名大学生的调查研究发现，大学生普遍存在8种需求，不同需求的现实缺失情况和网络满足情况有所不同。但是，总体上而言，在心理需求缺失与网络成瘾的关系中存在心理需求补偿机制：其现实中没有得到满足的心理需求（如社会支持、同伴关系、自我效能感等）通过网络的使用得到了较好的满足（罗喆慧、万晶晶、刘勤学、方晓义，2010）。具体而言，影响力、自我认同、迎接挑战、人际关系和消除苦闷等这些需求都可在网络上得到补偿。目前，心理需求的网络满足补偿理论比较了不同需求满足途径的作用，并强调了网络在需求满足上的优势，正激发了一批学者对该理论开展进一步研究。

（四）网络成瘾发展和维持的最新模式

Brand 等（2014）提出了新的互联网成瘾模型，包括一般性网络成瘾和特殊性网络成瘾。一般性互联网成瘾是指对互联网的过度使用，常常伴随着浪费时间和对互联网应用程序的偏好，如 YouTube、音乐网站、社交网站（SNS）、信息搜索网站等。Davis（2001）认为，互联网社交软件的大量兴起，人们普遍地、频繁地使用这些软件。在这种情况下，人们可能会争辩说，个人总体上沉迷于互联网，而不是沉迷于互联网上的特定应用程序。Davis 认为，一般性网络成瘾与特殊性网络成瘾之间的主要区别是，患有一般性网络成瘾的个体不会在互联网之外或没有互联网的情况下发展出类似的问题行为。相比之下，患有特殊性网络成瘾的个体在另一个环境中会产生类似的问题行为，如特殊性成瘾个体会反复偏好线下色情、或线下购物、或线下赌博等。网络成瘾的特殊性是指对某一特殊应用类型成瘾，例如网络游戏、赌博网站、网络色情、购物网站或社交网络。换言之，这些个体具有"第一选择使用"，这可能与物质依赖个体中的"第一选择药物"相类似。

1. 一般性互联网成瘾模型

Brand 等人（2014）在 Davis（2001）的理论的基础上提出了一般性互联网成瘾模型（见图 1-1），该模型假设某些人格特质（例如，害羞、自卑）、心理病理学症状（例如，社交焦虑、抑郁），以及社会认知（例如，低感知的社会支持和孤独感）是一般性网络成瘾发展的易感性因素。功能失调的应对方式（例如，脱离接触和避免冲突）和互联网使用期待（例如，社交软件或其他 App 可用于逃避现实和调节消极情绪）可以作为中介变量影响一般性互联网成瘾。互联网的使用期待可能包括对于互联网可以用以逃避现实注意力的期待，更广泛来讲，对于使用互联网减少负面情绪的期待。这些期待还可能与用户的一般应对方式（例如，倾向于药物滥用来分散问题）和自我调节能力相互作用。如果个体使用智能手机（或各种 App）作为一种应对日常生活需求的功能失调性应对方式，那么这种应对方式和互联网使用期待将会得到强化（Kardefelt-Winther，2014）。

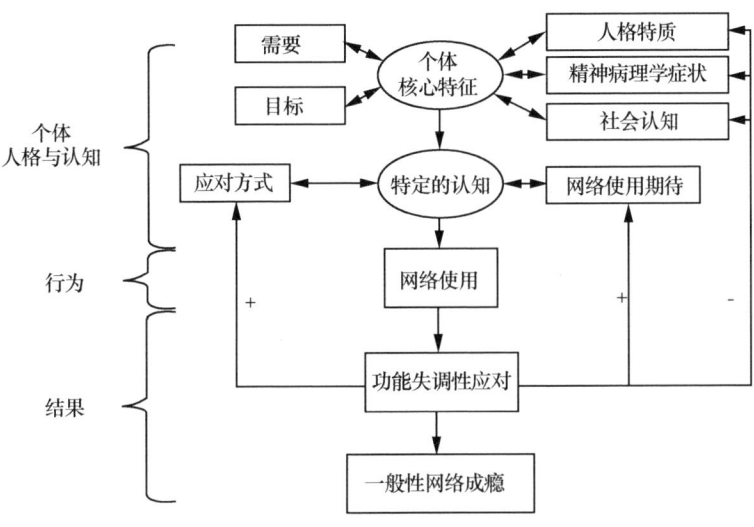

图 1-1　一般性网络成瘾模型

2. 特殊性网络成瘾模型

Brand 的观点与 Davis（2001）的模型一致，认为特殊性网络成瘾的发展和维持与精神病理症状呈显著相关（见图 1-2）。该模型还假设，特殊的期待增加了个体从使用某些 App 中得到满足并再次过度使用这些 App 的可能性。这种特殊期待的一个例子是高度性兴奋（Bancroft & Vukadinovic，2004；Salisbury，2008；Kafka，2010），这使得个体更有可能使用网络色情，因为他期待性唤起和满足（Meerkerk et al.，2006；Young，2008）。Brand 认为，此类互联网 App 能够满足某些欲望的期待增加了其被频繁使用的可能性（Robinson & Berridge，2003；Everitt & Robbins，2006），并认为个人可能会失去对此类 App 的使用控制。由此，个体不仅得到了满足感，特殊的网络使用期待以及应对方式也得到了正强化。这在网络性爱成瘾（Brand et al.，2011；Laier et al.，2013）和网络游戏成瘾（Yee，2006）中已经得到证实。同时，更普遍的精神病理学症状（如抑郁和社交焦虑）则得到了负强化，这可能是由于特定的互联网应用（例如，网络色情）也可以用来转移现实生活中的问题或避免负面情绪（如孤独或社会隔离）。

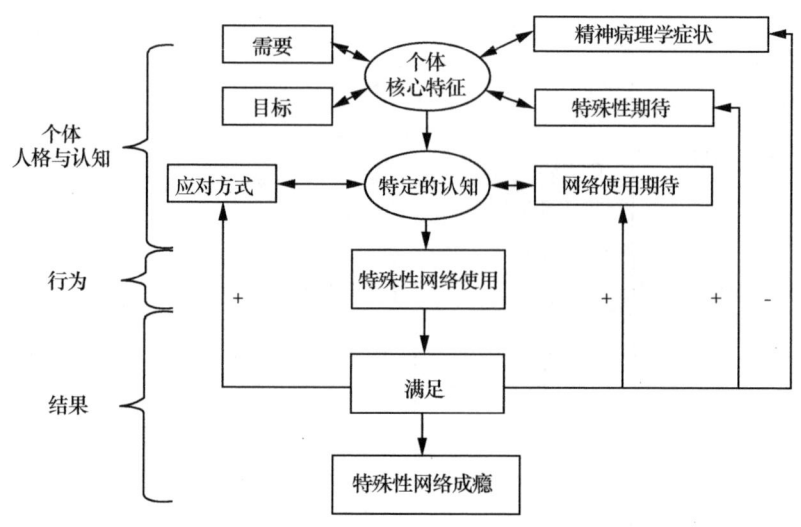

图1-2 特殊性网络成瘾模型

第三节 研究问题的提出

智能手机作为第三次科技革命浪潮中的重要成果，解放了时间、空间的限制，在我国具有极高的普及率。截至2019年6月，中国网民人数规模达8.54亿，网民中手机使用的比例高达99.2%，10—20岁年龄段占到20.3%（中国互联网络信息中心，2019）。移动终端的出现使青少年网络生活从传统电脑上网扩展到手机上网，手机依赖现象也迅速在青少年中蔓延，据调查显示，青少年中手机依赖的比例在多个国家或地区均达到30%以上。网络成瘾是该领域长期关注的问题，手机移动媒体结合了互联网和智能手机的诸多特性，手机依赖已成为消极影响青少年学业成绩、职业发展、身心健康的新问题（周宗奎等，2017）。

美国精神病协会（APA，2013）首次将赌博行为归类为非物质相关成瘾性障碍，并建议对网络游戏障碍进行进一步研究。然而，在这个时候，无论是 DSM-5 还是 ICD-11 的草案都没有提到智能手机成瘾。然而，近年来，关于智能手机和手机依赖的研究显著增加（Aljomaa, Mohammad, Albursan, Bakhiet & Abduljabbar, 2016；Bian & Leung, 2015；Chiu, 2014；Darcin et al., 2016；Demirci, Akonül & Akpinar, 2015；Fu Yuan, Chiu & Huang, 2012；Lopez Fernandez, 2015；Roberts, Pullig & Manolis, 2015；Van Deursen, Bolle, Hegner & Kommers, 2015），似乎有越来越多的趋势将流行的技术行为称为成瘾。尽管精神病手册中没有发现这种疾病，但流行病学调查研究显示，智能手机依赖的范围从略高于 0 到 35% 不等，其中一项研究报告称，48% 的大学生是智能手机依赖（Aljomaa et al., 2016），最常见的范围是 10% 到 20%（Billieux et al., 2015）。

从目前基于手机依赖研究现状来看，国内外相关研究还存在一些问题及不足，需要进一步深入研究。（1）手机依赖的概念及特点。对手机依赖概念还没有公认的标准。目前对手机依赖的定义多为描述其具体的表现。尽管概念尚未统一，但目前较为一致的观点是，手机依赖属于"行为成瘾"的范畴（周宗奎，2012）。手机依赖相关概念与网络成瘾和病理性赌博等有很大的相似性，但在概念内涵上仍存在区别。因此，手机依赖的正式界定还有待研究的深入与发展，以避免因概念内涵和类属不清导致的概念等值性缺乏，造成结果难以比较。（2）手机依赖的测评工具。目前，手机依赖还没有一个疾病诊断的分类标准将它正式列为心理障碍之一，研究者多参考以往物质成瘾的条目和区分标准，将手机依赖从使用时间、戒断症状、社会功能损害程度等方面去评估。手机依赖并非对手机本身的依赖，而是手机使用行为的失控，是一种"行为成瘾"。早期研究者侧重关注手机依赖的评估问题，国内学者多使用从国外翻译和修订而成的评估工具，近年来，也有研究者自编了相应的测量工具，上述评估工具在青少年心理咨询临床实践中发挥了积极作用。但现有评估工具主要借鉴《美国精神疾病诊断与统计手册》的物质依赖标准，多数工具仅能评估问题严重程度，不能进行问题诊断、筛查、评估。另外测评工具过多关注外部症状学指标，较少关注手机依赖的独特性项及形成原因内部心理指标。（3）手机依赖的相关影响因素和发生机制研究。从近年来的研究看，对手机依赖的使用动机、原因、对策、教育的理论探讨偏多，但现有的理论探讨相对零散且缺乏系统深入研究（贺金波、陈昌润、鲍远纯、雷玉菊，2012）。对该问题的相关研究，周宗奎课题组、雷雳课题组进行了卓有成效的工作。已有的研究内容部分存在矛盾之处，大多数研究大都只关注其中一个方面或者一个方面的某几个因素，而没有考虑到内外因素的互动过程。（4）青少年手机依赖干预与教育对策研究。以往对手机依赖干预研究中大多从社会、学校、家庭等单方面提出经验性的对策与建议，青少年手机依赖问题是一项系统工程，需整合社会各方力量，应构建"社会—学校—家庭"三位一体的协同治理体系，由多方主体积极配合、联合行动才能形成强大的协同治理合力。从文献分析来看，干预理论探讨较多，实证干预的数量仍相对不足；在干预手段上仍以传统的心理咨询、团体心理辅导为主，缺乏应用新技术的干预研究；在干预模式上鲜有根据问题形成原因采取不同干预对策的分类干预。

第四节　研究内容

一　青少年手机依赖的评估

评估手机依赖的重要基础是对手机依赖进行有效的测量。近年来，一些研究者对手机依赖的评估延续了网络成瘾的研究思路，以《美国精神疾病诊断与统计手册》（DSM-4）中行为成瘾的标准作为问卷编制的理论依据，多数工具仅能评估测评工具问题的严重程度，不能对问题进行诊断、筛查、评估。无论是国外修订还是国内自编的手机依赖量表，普遍存在着三个问题：一是年代较远，无法紧跟日新月异的手机变化趋势；二是本土化量表信效度偏低；三是以上量表反映多是大学生手机依赖状况，缺乏对初高中生等低龄群体的权威评定。因此还需要引入其他稳定性与适用性较好的测量工具。为了能更好突出手机依赖个体的症状学特征，本成果除了修订两个信度、效度较好的测评工作外，还将修订无手机恐慌症量表，以评估其与强迫症状的关系。采用潜剖面分析来探究青少年手机依赖的潜在类别，并在此基础上进一步探讨其情绪特征。这些测量评估工作无疑对进一步解释青少年手机依赖的影响因素及其作用机制夯实了基础。

二　青少年手机依赖的元分析研究

系统回顾手机依赖的概念和结构，并对其相关影响因素进行归纳整理，是手机依赖机制研究的重要前提。通过总结前人研究成果，以往研究发现人格特质与手机依赖的研究较多。由于各项研究之间存在测量工具、被试年龄、研究区域等差异，导致手机依赖与神经质、精神质、外倾性维度在关系强度、方向及显著性上存在较大分歧，研究结果不尽相同（Bahtiyar，2015；Lee，Tam & Chie，2014；贺金波、祝平平、聂余峰、应思远，2017）。基于对以上问题的思考，本书在对相关文献进行充分梳理的基础上，运用元分析技术从宏观角度对现有的文献进行系统性定量分析，并综合探讨可能影响手机依赖与人格特质的调节变量，以澄清现有研究结果的争议，从而为青少年手机依赖机制研究提供文献支持与理论依据。

三 青少年手机依赖形成的心理社会因素

已有研究均从不同角度对手机依赖的影响因素和机制进行了探讨，其中包括环境因素（金星彤，2015）、个体因素（Toda，2013）和手机媒介因素（莫梅锋，2014）三大部分。但是大多数研究大都只关注其中一个方面或者一个方面的某几个因素，而没有考虑到内外因素的互动过程。从发展的生态理论模型来说，手机依赖应受内外因素共同影响，因素间可能存在交互作用，应综合考虑内外因素，形成一个多维度的整合研究模式，系统考查各因素之间的相互作用机制，以期更深入探讨青少年手机依赖形成的心理社会因素。从个体发展的角度来说，既受到外部环境的影响，同时又受到内部因素作用。因此，本书拟在相关理论文献的基础之上，从人格、情绪、人际关系和社会支持等视角，探索手机依赖形成的中介和调节作用机制，明确青少年手机依赖形成和发展过程，为现象的解释提供实证支持和理论依据。

四 青少年手机依赖对身心健康的影响研究

智能手机应用提供了便利和娱乐的同时也对身心健康造成不良影响，包括焦虑、抑郁和对少数智能手机用户的日常功能障碍（Demirci et al.，2015；Jeong et al.，2016；Salehan & Negahban，2013）。严重的手机依赖可能会影响睡眠，并与各种身体症状相关，包括肌肉骨骼疼痛、疲劳、头痛和慢性疲劳（Schoeni et al.，2015；Yang et al.，2017）。已有研究还表明，手机依赖可能导致睡眠障碍（Sahin et al.，2013）、人际冲突以及学习成绩差（Chen et al.，2016；Samaha & Hawi，2016）。此外，由于青少年神经系统发育不成熟，青春期是上瘾行为脆弱的关键时期，青春期的上瘾行为有很大的机会持续到成年（Giedd 2015；Boucher & Sandhu 2013；Chambers et al.，2003年）。因此，对青少年手机依赖的相关心理因素和危害机制评估越来越受到重视。以往研究多集中于对手机依赖的前因变量进行探讨，本书也将对手机依赖的后果变量进行系统考查。本书将着重探讨手机依赖对心理、行为和生理的消极影响，揭示两者的作用路径及影响机制，为促进青少年身心健康水平、促进移动媒体时代青少年顺利社会化提供理论支持。

五 青少年手机依赖的干预与教育对策研究

从国内外文献来看，手机依赖的研究内容主要集中于手机依赖的测量评估、影响因素及发生机制等基础性领域的研究，这些研究能加深人们对这一现象的认识。但是目前仍然缺乏对青少年手机依赖的干预方案和引导研究。从文献分析来看，干预理论探讨较多，实证干预的数量仍相对不足；在干预手段上仍以传统的心理咨询、团体心理辅导为主，缺乏应用新技术的干预研究；在干预模式上鲜有根据问题形成原因采取不同干预对策的分类干预。以往对手机依赖干预研究中大多从社会、学校、家庭等单方面提出经验性的对策与建议，青少年手机依赖问题是一项系统工程，需整合社会各方力量，应构建"社会—学校—家庭"三位一体的综治体系，由多方主体积极配合、联合行动才能形成强大的协同治理合力。因此，本书拟在正念认知行为疗法的基础上，设计干预实验以持续评估该疗法对青少年手机依赖的干预效果，从而为手机依赖的治疗提供实证干预方案和建议。本书拟从心理教育的视角提出"家庭—学校—社会"三位一体的协同治理视角，提出预防青少年手机依赖的教育引导路径，将现有的实证研究结论转化为具体措施，进而从根本上促进新媒体时代青少年的身心健康发展。

第五节 研究目的

本书深入了解青少年手机使用现状，修订系列手机依赖测评工具，以便准确评估青少年手机依赖程度、类型及特点；从人格、情绪、人际关系和社会支持等视角，系统探索手机依赖的影响因素结构方程模型及其形成机制；运用结构方程模型揭示手机依赖对青少年身心健康的影响机制；构建青少年手机依赖的协同治理模式及对策，对部分高手机依赖的青少年实施心理干预实验，探索具体可行的干预方案，为提高青少年手机媒介素养及引导合理的手机行为规范机制提供干预方法与教育策略。

第六节　研究思路

本书遵循"理论研究与实证研究相结合，问卷测量与实验研究方法交叉使用"的原则，综合采用文献法、元分析法、问卷法和实验法获取数据，运用多元方差分析、多元回归分析的结构方程模型进行数据分析。本书的思路和技术路线如图1-3所示。

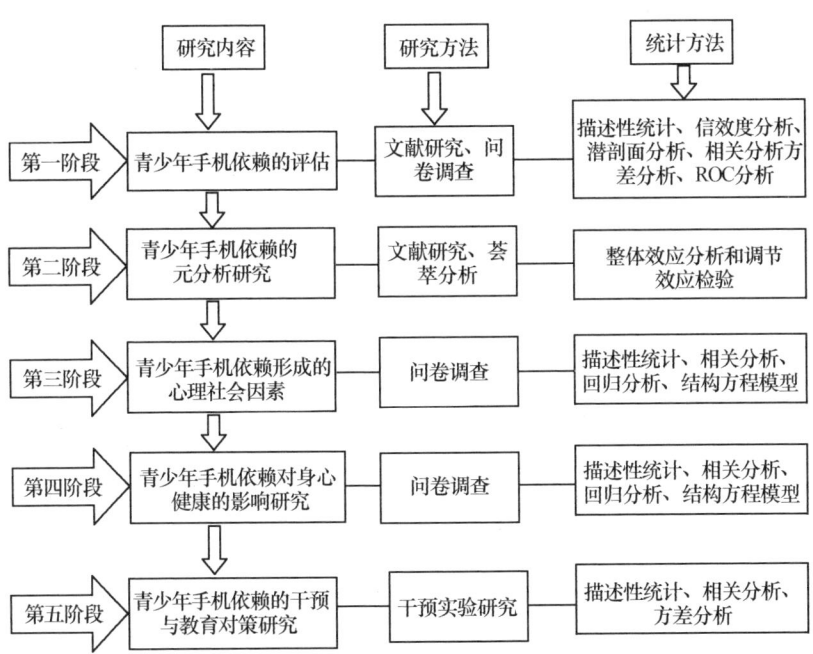

图1-3　本书的思路和技术路线

第七节　研究意义

手机媒体犹如一把双刃剑，在带来高效便利服务的同时，也给青少年带来消极和负面的冲击。青少年手机依赖因其群体的特殊性、流行的广泛性和带来的危害性等诸多因素成为社会关注的热点问题，严重的手机依赖已成为新型心理疾患，对青少年手机依赖的评估、机制及协同治理模式的探讨具有深刻的理论和社会现实意义。

一　理论意义

本书科学分析青少年手机使用行为现状、准确评估青少年手机依赖程度、类型及特点，深入剖析青少年手机依赖的影响因素和心理机制，这既是对网络成瘾问题手机化与否的探索与尝试，也是对青少年成瘾行为理论研究体系的深化与扩展，同时为心理学、社会学、传播学的手机媒体及成瘾研究提供新的理论视角和科学依据。

二　实践意义

本书研制了系列评估和诊断青少年手机依赖的测量工具，揭示手机依赖的形成机制和心理机制，构建协同治理的干预对策。这既为社会、学校、社区、家庭有针对性地开展手机媒介素养教育及引导青少年健康合理使用手机提供依据，也为政府、教育行政主管部门制定手机文化相应的政策、法规提供决策依据。进而有助于加强全国范围内的手机使用规范，并提供一个完整的手机行为引导规范机制。

第 二 章

青少年手机依赖的评估

第一节 子研究一：手机依赖测验中文版在青少年中的信效度检验

一 引言

随着现代信息技术的飞速发展，手机以其便携性和强大的功能成为人们的必需品，并在社会生活中扮演着重要的角色。手机可以满足人们的日常需求，如社交、信息获取、娱乐和放松，但同时也会带来危害，如人际关系的变化、逃避现实、过度使用甚至成瘾。青少年正处于生长发育的高峰期，大脑皮层的持续发展，使他们喜欢寻求新奇和自主以获得快乐和身份认同。而手机的魅力和实用性，使其成为青少年的热烈追逐对象（Chóliz, 2012；丁娇儿、李炜、李江、傅华, 2018）。但是随之而来的问题则是越来越多的青少年过度使用手机，手机依赖倾向不断加重（Yen, Tang, Yen, Lin, Huang & Liu, 2009）。

制定有效的测评工具是手机依赖研究领域的重要基础。近年来，一些研究者应用《美国精神疾病诊断与统计手册》对物质成瘾或病态赌博成瘾的诊断标准来制定手机依赖评估工具。国外 Bianchi 和 Phillips（2005）最早将手机使用不当和手机成瘾联系起来，编制了手机问题使用量表（Mobile Phone Problem Use Scale, MPPUS）。在 MPPUS 量表的基础上，Leung（2008）对其进一步研究修订，形成了具有 17 个项目的手机依赖指数（Mobile Phone Addiction Index, MPAI），包含失控性、戒断性、逃避性和低效性 4 个因子。该量表有较好的信效度，广受学者们的认可并被推广使用。黄海、牛露颖、周春燕和吴和鸣（2014）对 Leung 所编制的手机依赖指数 MPAI 进行了中文版修订，并在大学生中进行了信效度检验。结果显示，MPAI 中文版各项目的鉴别力都达到了良好水平，但由于该量表英文原版年代久远，修订版是否能紧跟现代化的手机依赖现象值得商榷。国内徐华、吴玄娜、兰彦婷和陈英和（2008）根据 DSM-IV 和相关资料中物质依赖和行为成瘾等特点编制了手机依赖问卷，但是其信度较低，仍有待进一步修订。熊婕、周宗奎、陈武、游志麒和翟紫艳（2012）从戒断症状、突显行为、社交抚慰和心境改变 4 个维度出发，编制了包含 16 个项目的大学生手机成瘾倾向量表，总量表的 Cronbach's α 系数为 0.908，但其缺乏其他效标的效度分析，其适用性有待检验。由此可知，这些研究普遍存在着三个问题：一是年代较远，无法紧跟日新月异的手机变化趋势；二是本土化量表信效度偏低；三是以上量表反映的多是大学生手机依赖状况，缺乏对初高中生等低龄群体的权威评定。因此还需要引入其他稳定性与适用性较好的测量工具。

Chóliz（2012）基于精神疾病的诊断和统计手册修订版（DSM-IV-TR）对依赖的标准和其他用于评估成瘾行为的方法编制了手机依赖测验（The Test of Mobile Phone Dependence，TMD），被试年龄在 12—18 岁，有良好的心理测量指标。量表结构由 3 个因子组成：戒断症状（Abstinence）、缺乏控制和使用问题（Lack of control and problems）、耐受性和干扰其他活动（Tolerance and interference with other activities）。戒断症状是指当停止使用手机时感时的不适心理。缺乏控制和使用问题是指无法控制想使用手机的冲动。耐受性和干扰其他活动是指增加对手机的使用以达到同样程度的满足，以及对其他生活事件产生干扰（学习、睡眠等）。其中，第一个因子戒断症状解释了最高比例的方差，为 42.69%。量表采用五点计分法，由 22 个项目组成，内部一致性较高。此外，TMD 与手机依赖问卷（MPDQ）显示有显著性相关。Chóliz，Lourdes，Phansalkar，Emily，Ayman 和 Conni（2016）在 6 个不同国家地区（包括西班牙、爱尔兰、秘鲁、墨西哥、巴基斯坦和印度）对 2018 名青少年开展了 TMD 的跨文化研究。经不断修订后，对量表的信效度重新进行了评估，并分析比较年龄差异，结果显示信效度良好。综上所述，TMD 具有较高的信效度，且在国际上被广泛应用，是评定 12—18 岁青少年（初高中生）手机依赖的权威性量表，符合手机功能智能化发展趋势。因此可以考虑将 TMD 进行中文翻译修订和信效度检验，使之本土化，作为评估青少年手机依赖的一种新工具。

二 研究方法

（一）被试

采用整群抽样，分别在湖南省衡阳市的某两所中学（初中和高中）选取共 841 名学生，年龄在 12—18 岁，平均年龄为 15 ± 1.4 岁。各年级人数分布大致相等。采用问卷调查法，以班级为单位进行集体施测，所有被试都有使用手机的经验。共发放问卷 841 份，回收有效问卷 788 份，有效率为 93.69%。其中男生 402 人，女生 386 人；12—14 岁 283 人，15—16 岁 350 人，17—18 岁 155 人；农村生源 652 人，城镇生源 136 人；初二 134 人，初三 152 人，高一 170 人，高二 147 人，高三 185 人。四周后，随机选取 200 名学生进行 TMD 量表重测，其中男生 89 人，女生 111 人；12—14 岁 46 人，15—16 岁 93 人，17—18 岁 61 人；农村生源 141 人，城镇生源 59 人；初二 43 人，初三 38 人，高一 54 人，高二 52 人，高三 13 人。

（二）工具

1. 手机依赖测验中文版

采用 Chóliz（2012）等编制的手机依赖测验。该量表包括 3 个因子：戒断症状、缺乏控制和使用问题、耐受性以及干扰其他活动。量表共有 22 个项目，采用 0（从不）—4（总是）级计分，得分越高则表明个体手机依赖程度越高。量表内部一致性系数为 0.94，信效度良好。TMD 中文版的翻译和修订已获得原作者 Chóliz 教授的授权。结合国内语言环境，由三名拥有留学背景的心理学专业硕士独立翻译，形成初步中文版测验。再由两名英语专业硕士进行回译，通过对比反复修改，使其尽量符合原意。在心理学教授指导下，得到最终正式量表。

2. 手机依赖指数中文版

采用黄海（2014）修订的手机依赖指数量表（Mobile Phone Addiction Index，MPAI）。该量表共包含 17 个项目，包括 4 个因子：失控性、戒断性、逃避性以及低效性。量表采用 1"从不"—5"总是"级计分。得分越高,表示个体的手机依赖程度越严重。手机依赖指数中文版量表内部一致性系数为0.88。

3. 抑郁自评量表

量表由 Zung 和 William(1965)编制,共20个项目,采用1—4级计分。根据分数高低分为轻度、中度和重度抑郁。量表信效度良好。

4. 孤独量表

采用 Russell、Letitia、Peplau 和 Carolyn(1980)编制的孤独感量表,共20个题目,采用1—4级评分,分数越高提示其孤独感越强,该量表结构效度良好。

(三)统计方法

问卷筛选后,剔除空白问卷以及规律作答等不合格的问卷。用SPSS18.0录入所有数据并进行内部一致性系数、重测信度分析、效标效度分析、相关分析等,对TMD中文版得分情况进行描述性分析、t检验与F检验。运用Amos 18.0对TMD中文版进行结构效度的验证性因素分析。

三 结果与分析

(一)共同方法偏差检验

由于本书数据均由问卷收集得到,所以首先要进行共同方法偏差检验。采用Harman单因子检验,共抽取出18个特征根大于1的因子,能够解释55.58%的变异,其中第一个因子的方差贡献率为17.42%,没有超过40%。这表明本书数据不存在严重的共同方法偏差。

(二)项目分析

运用临界比率法计算项目的区分度。根据TMD量表总分的高低顺序对被试进行排列,得分前后27%者分别为高分组与低分组。对两组被试在每个项目上得分的差异性进行独立样本t检验。结果显示,两组上的差异均有统计学意义($P<0.001$),反映所有项目均有较好区分度。

(三)结构效度检验

Chóliz 在青少年手机依赖的研究中提出了一个一阶三因子模型。该模型包括戒断症状共9题；失去控制和行为问题共6题；耐受性和干扰其他活动共7题。本书在原作者的研究基础上，将样本随机分为两等份，一半先进行探索性因素分析，另一半进行验证性因素分析。结果显示KMO值为0.925，使用主成分分析法、正交旋转法抽取因素，提取特征根大于1的因子4个，累计方差解释率为52.03%。

采取以下标准进行项目删减：(1)项目载荷过低：项目的最大载荷<0.40。(2)交叉载荷过高：最大的两个交叉载荷绝对值均≥0.40。(3)交叉载荷过于接近：最大的两个交叉载荷绝对值之差<0.10。每删减1个项目，重新进行探索性因素分析，并依据重新分析的结果确定下一次删除的项目，根据此标准删去了原量表的条目1和条目12。最后得到4个因子，累计贡献率为54.91%。因子1为突显性（Salience），指智能手机的使用占据了思维和活动的中心；因子2为耐受性和干扰其他活动，是指增加使用手机来获得相同满意度和干扰其他重要活动；因子3为戒断症状，指不能使用手机时感到不舒服，也指使用手机来缓解心理问题；因子4为失去控制，指过度使用手机，以致难以停止（见表2-1）。

表2-1　　　　　　　　各个因子的载荷矩阵

条目	因子			
	1	2	3	4
自从有了手机，我发信息的次数增加了	0.796			
我曾一天内发送了五条以上信息（短信、QQ消息、微信等）	0.740			
早上一起床，我做的第一件事情就是查看有没有人联系我或留言	0.677			
我一拿到手机就想联系别人（如打电话、发消息等）	0.617			
一会儿没使用手机，我就想联系别人（打电话、发短信或使用社交软件QQ、微信等）	0.611			

续表

条目	因子			
	1	2	3	4
我感到孤独的时候，就会使用手机（打电话、发短信以及使用社交软件QQ、微信等）	0.553			
我曾经计划过只在一定的时间内使用手机，但不能坚持执行		0.715		
我曾因使用手机而晚睡或睡眠不足		0.580		
我的手机在身边时，我就会一直使用		0.580		
我在手机上花费的时间（如打电话、发短信或使用社交软件QQ、微信等），比我预想的多		0.578		
我无聊的时候就会使用手机		0.557		
我经常在不恰当的场合（如吃饭、别人和我讲话时等）使用手机		0.441		
如果手机不在身边，我会觉得难受			0.745	
我无法忍受一个星期不使用手机			0.744	
如果我的手机坏了一段时间且需要花很长时间修理，我会感觉非常糟糕			0.578	
由于各种需要，我不得不频繁地使用手机			0.564	
我曾因手机消费过高而被批评过				0.751
我在手机上的消费（电话，短信，流量包，购买会员等）超乎我的预期				0.712
我曾因手机消费的问题和父母或家人产生过争执				0.674
我现在的手机消费比刚有手机时高				0.547
因子贡献率（%）	16.89	13.32	12.90	11.80

注：1 为突显性；2 为耐受性和干扰其他活动；3 为戒断症状；4 为失去控制。

对另一半数据进行验证性因素分析。表2-2显示，本书修订的四因子模型拟合度指标显著优于原版的三因子模型，且两者有统计学差异（$\Delta \chi^2(41) = 236.11$，$P < 0.05$）。

表2-2　　　　　　　　　假设模型拟合指数表

模型	χ^2	df	χ^2/df	RMSEA	CFI	NFI	IFI	AGFI
4因子	371.66	162	2.29	0.056	0.922	0.895	0.923	0.910
3因子	607.77	203	2.99	0.072	0.852	0.823	0.853	0.848

（四）效标效度检验

选取MPAI、SDS和UCLA作为检验TMD的效标。表2-3显示，TMD总分及4个因子与MPAI总分及各因子得分、抑郁、孤独感呈显著正相关，突显性因子与孤独感相关不显著。

表2-3　　　TMD与MPAI、抑郁、孤独感间的相关分析（r）

	MPAI总分	失控性	戒断性	逃避性	低效性	抑郁	孤独感
TMD总分	0.82**	0.68**	0.69**	0.64**	0.54**	0.22**	0.12**
突显性	0.58**	0.40**	0.57**	0.67**	0.30**	0.17**	0.02
戒断症状	0.72**	0.60**	0.66**	0.63**	0.51**	0.22**	0.15**
失去控制	0.56**	0.47**	0.46**	0.39**	0.46**	0.17**	0.10**
耐受性和干扰其他活动	0.75**	0.75**	0.51**	0.44**	0.55**	0.14**	0.15**

注：*$P<0.05$，**$P<0.01$，***$P<0.001$，下同。

（五）信度检验

TMD总量表的Cronbach's α系数为0.90，分量表突显性、耐受性和干扰其他活动、戒断症状、失去控制的Cronbach's α系数分别为0.83、0.74、0.77、0.69。总量表的重测信度为0.76，突显性、耐受性和干扰其他活动、戒断症状、失去控制的重测信度分别为0.70、0.65、0.67、0.67。

（六）TMD中文版得分情况

对不同年龄段的TMD总分及因子得分进行单因素方差分析，12—14岁组在突显性因子得分显著高于15—16岁组，17—18岁组在失去控制上因子得分显著低于15—16岁组和12—14岁组，如表2-4所示。

表2-4　　　　　　　　　TMD总分及各因子间的年龄差异

	12—14岁（1）$\bar{x} \pm s$	15—16岁（2）$\bar{x} \pm s$	17—18岁（3）$\bar{x} \pm s$	F	两两比较
TMD总分	39.37 ± 17.75	37.70 ± 14.56	38.70 ± 13.97	2.13	
突显性	13.13 ± 6.37	11.91 ± 5.92	13.04 ± 5.30	3.85*	1 > 2**
耐受性和干扰其他活动	12.37 ± 5.26	12.62 ± 4.57	13.21 ± 4.26	1.52	
戒断症状	7.59 ± 4.74	6.88 ± 4.01	7.53 ± 3.98	2.43	
失去控制	3.34 ± 3.46	3.56 ± 2.93	2.94 ± 3.21	4.34*	1, 2 > 3**

四　讨论

本书以Chóliz编制的手机依赖测验量表（TMD）为基础，修订适合中国青少年的手机依赖量表。最初拟定22个项目，其中包含戒断症状、缺乏控制和使用问题以及耐受性和干扰其他活动三个因子。TMD的22个项目的决断值在8.95—25.27，且每个项目与TMD总分的相关在0.43—0.68，均具有显著性，说明量表各项目的鉴别力都达到了良好水平。

在此基础上，通过进一步施测、筛选，探索性因素分析删除了第1题、第12题，对最初3因子进行了修订。其中"失去控制"因子基本保留原量表的条目，同时将原量表"耐受性和干扰其他活动"与"戒断症状"条目部分拆分，新增了"突显性"这一因子。结果显示这一因子在所有四个因子中的方差贡献率最大的（16.89%），条目数也是最多的。突显性是指个体将手机作为生活的重心，而忽视其他重要事情。大量研究表明，突显性被广泛应用于行为成瘾的诊断标准中，尤其对于低年龄群体，其症状越发表现明显（吴兵兵，2016；张斌、袁孟琪、黎志华、王叶飞、陈芸、邱致燕，2017；邵蕾蕾、林恒，2010）。这更进一步体现了新修订量表的条目能较好地反映当下青少年智能手机使用的特征。因此，本书最终确定了4因子，包含20个项目的正式量表。

同时验证性因素分析显示修订量表中4因子结构的各项拟合指标良好，证明该量表有较好的结构效度。本书在四周后进行重测，结果显示，总量表信度为0.76，突显性、耐受性和干扰其他活动、戒断症状以及失去控制四个分量表的重测信度分别为0.70、0.65、0.67、0.67。均达到了心理测量学要求，表明新修订的 TMD 中文版具有良好的信度、效度。

效标关联效度显示，TMD 总分与 SDS 和 UCLA 总分存在显著正相关，反映出手机依赖的青少年更容易感到孤独和抑郁。有研究表明，高孤独感的青少年更容易产生手机依赖的戒断反应，更倾向于利用移动网络社交来逃避糟糕的现实关系（王慧慧、王孟成、吴胜齐，2015）。抑郁倾向的个体则更容易沉浸于自己的世界，不愿主动与外界交流，只能通过手机来发泄自己的负面情绪。此外，TMD 总分及各维度与 MPAI 总分及其各维度均呈显著正相关。因此，该量表具有较好的效标关联效度，能有效地测量青少年的手机依赖状况。

关于年龄差异，在 TMD 中文修订版的第一个因子突显性上，12—14 岁的青少年比 15—16 岁的青少年更容易把手机当作生活与学习的中心，这可能与低年级的个体人际关系与社会活动较于高年级更为简单有关。高年级青少年有较为丰富的社会活动，所以他们有更多的方式来满足自己的社会需求。相反，低年级青少年单一的社会活动使他们无法在更多方面满足自我，而手机的便利性和多样性正好为他们提供了途径（张斌、袁孟琪、黎志华、王叶飞、陈芸、邱致燕，2017）；在第四个因子失去控制上，17—18 岁的青少年比 12—14 岁和 15—16 岁的青少年控制感更好，反映出随着年龄的增加，青少年手机使用的自控能力在升高，这点与原作者的研究结果相一致（Chóliz，2012）。

五 结论

本书通过因子分析获得 TMD – C 问卷。（1）量表包含突显性、耐受性和干扰其他活动、戒断症状、失去控制 4 个维度共 20 个项目，量表结构效度良好（$\chi^2 = 371.66$，$df = 162$，$\chi^2/df = 2.29$，RMSEA = 0.056，CFI = 0.922，NFI = 0.895，IFI = 0.923，AGFI = 0.910）；（2）总量表的 Cronbach's α 系数为 0.90，4 个因子的系数在 0.69—0.83；总量表重测信度为 0.76，4 个因子的重测信度在 0.65—0.70；（3）TMD – C 与手机依赖指数中文版、抑郁、孤独感均呈显著正相关，具有良好效标效度，能有效地测量青少年的手机依赖状况。

第二节 子研究二：中文版智能手机成瘾量表简版的信效度检验

一 引言

智能手机作为经济快速增长和通信技术不断进步的产物，因其便携、功能多样而在人们的生活中发挥着重要作用。人们可以通过智能手机更方便地进入互联网，随时随地浏览网页、收发邮件、进行语音通话等。带来极大便利的同时，智能手机引起的负面效应也值得关注，如影响生理健康问题、干扰学习和工作、导致人际关系变化（林悦、刘勤学、邓寒、李羽萱、丁凯旋，2018；Kim, Kim & Jee, 2015；Kuss & Griffiths, 2011；Kwon et al., 2013）。青少年时期面临较大压力，使其需要更多释放和发泄的途径。而智能手机有助于青少年克服挑战，组织日常工作，维持人际交流，娱乐，以及减轻压力等，青少年依赖手机的趋势越来越明显，流行率也在上升。研究表明48%的大学生对智能手机的依赖程度很高（Aljomaa, Qudah, Albursan, Bakhiet & Abduljabbar, 2016）。

Park（2005）借助成瘾行为的表现症状，将不当的手机使用归结为一种问题行为，称作手机依赖（Mobile Phone Dependency）。韩登亮和齐志斐（2005）认为手机依赖是由于某种原因过度地使用手机，而致其出现身心不适的一种症状。师建国（2009）将此定义为一种痴迷状态，表现为个体在手机使用过程中出现失控性，导致身心和社会功能明显受损。

学者们基于已有的研究编制了手机依赖量表。Bianchi 和 Phillips（2005）首先提出问题性手机使用（Problem Mobile Phone Use，PMPU），并且编制了第一份问题性手机使用量表（Mobile Phone Problem Use Scale，MPPUS），该量表包含27个项目，测查了戒断、渴求、耐受性、逃避性、对生活（家庭、工作、社会和经济上）的负面影响5个维度，其内部一致性系数较高。Lin 等（2014）从强迫行为、功能障碍、戒断和耐受性4个维度编制了智能型手机成瘾量表（Smartphone Addiction Inventory，SPAI）。Kim, Lee, Lee, Nam 和 Chung（2014）从干扰适应功能、虚拟生活取向、戒断和耐受性4个维度编制了智能手机成瘾倾向量表（Smartphone Addiction Proneness Scale，SAPS），包含15个项目，信效度较好。

国内学者根据 DSM-IV 编制了大学生手机依赖量表，但是该量表仍需进一步修订以达到较可靠的信度（徐华、吴玄娜、兰彦婷、陈英和，2008）。熊婕、周宗奎、陈武、游志麒和翟紫艳（2012）参考网络成瘾的研究方法和思路和 Young（1998）提出的网络成瘾的基本症状，编制了大学生手机成瘾倾向量表。其信度虽然良好，但缺乏其他效标的效度分析，其适用性有待检验。这些研究有些年代较远，无法跟上智能手机日新月异的变化趋势，有些因为文化差异等原因不适合做中文修订，而其他国内本土化的量表也存在信效度偏低的问题，因此有必要引入其他稳定性和适用性较好的测量工具。

Kwon 等（2013）基于韩国网络成瘾自我诊断程序（K-scale）和智能手机自身的特点，编制了包含 6 个因子的智能手机成瘾量表（Smartphone Addiction Scale，SAS）：干扰日常生活（Daily-life disturlance）、积极预期（Positive anticipation）、戒断症状（Withdrawl）、基于通信关系（Cyber-space-oriented relationship）、过度使用（Overuse）、耐受性（Tolerance），内部一致性较高。为了更好地测量青少年手机依赖的程度，Kwon、Kim、Cho 和 Yang（2013）在 SAS 量表的基础上，发展出了智能手机成瘾量表简版（Short Version of Smartphone Addiction Scale，SAS-SV），由 10 个项目组成，内部一致性较高。Kwon 等（2013）通过 ROC 曲线分析得出了成瘾的临界值，即男生得分高于 31 分或女生得分高于 33 分可判断其智能手机成瘾。Akın，Altundağ，Turan，Akın（2014）和 Lopez-Fernandez（2015）分别展开了 SAS-SV 的跨文化研究，一项在土耳其，另一项在西班牙、比利时，经不断修订，对量表的信效度重新进行了评估，并分析比较性别、年龄差异，结果显示信效度良好。

综上，SAS-SV 具有较高的信效度和有效的诊断功能，在国际上应用广泛，是评定青少年智能手机依赖的权威性量表，且韩国和中国同属于亚洲文化，具有相似的人口学结构和背景，修订量表时可能由于文化差异而导致的问题相对较少，因此可以考虑将 SAS-SV 进行中文翻译修订和信效度检验使之本土化，作为评估青少年手机依赖的一种工具。本书旨在测量 SAS-SV 在中国人群中的心理测量学特性，同时也评估中国青少年手机依赖的潜在流行率。

二 研究方法

（一）被试

采用整群抽样，在湖南省某高校选取共 475 名青少年，年龄在 16—24 岁，平均年龄 19.63±1.55 岁。在班级内发放问卷开展集体施测。四周后，用 SAS-SV 量表对随机选取的 70 名被试进行重测。所有被试都有使用智能手机的经验。共发放 475 份问卷，剔除 16 份无效问卷后有效问卷 459 份占比 96.6%。其中女生 343 人，男生 116 人，非独生子女 254 人，独生子女 205 人，农村生源 213 人，城镇生源 246 人。

（二）工具

1. 智能手机成瘾量表简版中文版

采用 Kwon 等（2013）编制的智能手机成瘾量表简版（Short Version of the Smartphone Addiction Scale，SAS-SV），共 10 个条目，1 "非常不同意"—6 "非常同意"级计分，得分越高即个体手机依赖程度越严重。SAS-SV 中文版的翻译和修订结合国内语言环境，由三名心理学专业硕士研究生独立翻译，形成初步中文版测验。再由两名英语专业研究生进行回译，通过对比反复修改，使其尽量符合原意。在心理学教授指导下，得到最终正式量表。量表的 Cronbach's α 值为 0.87，提示具有良好的信效度。

2. 社交回避与苦恼量表中文版

研究表明社交回避与苦恼和手机成瘾呈显著正相关（张雪凤、高峰强、耿靖宇、王一媚、韩磊，2018）。因此本书采用彭纯子、范晓玲和李罗初（2003）修订的中文版社交回避与苦恼量表（Social Avoidance and Distress Scale，SAD）来验证中文版 SAS-SV 的效标关联效度。该量表共 28 道题目包含了 2 个因子：社交回避、社交苦恼。题目评分采用"是—否"的方式，一半正向计分，一半反向计分，总分越高即个体社交回避或苦恼程度越高。量表的 Cronbach's α 值为 0.91，提示具有良好的信效度。

（三）统计方法

将未作答问卷以及作答一致等不合格的问卷进行剔除。以 SPSS18.0 作为数据统计工具进行项目分析、内部一致性信度、重测信度、效标关联效度及相关分析等,对分数进行描述性统计、t 检验与 F 检验;运用 AMOS17.0 进行验证性因子分析。

三 结果

（一）共同方法偏差检验

由于本书数据均由问卷收集得到,所以要先进行共同方法偏差检验。采用 Harman 单因子检验,结果发现抽取出了两个因子,且第一个因子的方差贡献率为 23%,没有超过 40%。可认为本书数据没有明显的共同方法偏差。

（二）描述性分析

SAS – SV 总分的均数为 37.76 ± 9.18 分,最低分是 10 分,最高分是 60 分;男生在 SAS – SV 的得分为 35.03 ± 9.58 分,女生的得分为 38.68 ± 8.86 分,性别差异有统计学意义（$t = -3.75$, $P < 0.001$）。

SAS – SV 总分在个体学习成绩的满意程度上具有显著差异（$F = 5.44$, $P < 0.001$）,且高满意程度者得分显著低于低满意程度者;SAS – SV 总分在个体对自己是手机依赖者的认同程度上也存在显著差异（$F = 57.12$, $P < 0.001$）,且认同程度高的个体得分显著高于低的。

（三）项目分析

对项目区分度的计算采用临界比率法。从高分到低分对被试的 SAS – SV 总分进行排序,将被试划分为高分组（前 27%）和低分组（后 27%）。采用独立样本 t 检验分析两组被试在每个项目上得分的差异。结果显示,各项目 t 值的绝对值在 10.84—21.43,两组被试在所有项目上的差异显著（$P < 0.001$）。各项目分数与总分均呈显著正相关（$P < 0.01$）,相关系数介于 0.57—0.76。各个项目标准差在 1.20—1.47,显示离散程度均较高。

（四）信度检验

检验结果表明中文版 SAS – SV 的 Cronbach's α 值为 0.87,四周后重测信度为 0.89。

（五）效度检验

1. 结构效度

将样本（$n = 459$）随机分为两半,一部分进行探索性因素分析。

结果提示 KMO 值等于 0.87，且 Bartlett 球形检验结果显著（χ^2 = 2013.43，df = 45，$P < 0.001$），因此，数据适合做因素分析。运用主成分分析法，特征值大于 1 的因素有 1 个，对 10 个题目进行限定抽取因素分析，发现累积方差贡献率为 46.92%。各项目的因素载荷如表 2-5 所示。

表 2-5　　　　　中文版 SAS-SV 量表的项目分析

项目	M	SD	因子负载	删除此项的 α 值
1. 我曾因为使用手机而耽误计划好的学习或工作	4.13	1.25	0.65	0.86
2. 我曾因为使用手机在学习或工作时很难集中注意力	4.18	1.25	0.68	0.86
3. 使用手机时，我感到手腕或后颈疼痛	3.39	1.43	0.53	0.87
4. 没有手机会使我难以忍受	3.65	1.42	0.76	0.85
5. 手机不在身边时，我会感到焦躁和不耐烦	3.55	1.37	0.76	0.85
6. 即使当我没有使用手机时，我也会一直想着它	3.23	1.35	0.76	0.85
7. 即使手机已经严重影响了我的生活，我也不会放弃使用手机	3.34	1.47	0.69	0.86
8. 我经常检查手机，以免错过他人在微信或 QQ（社交网站）上的留言	4.02	1.35	0.55	0.87
9. 我发现自己使用手机的时间比预期时间长	4.37	1.20	0.73	0.86
10. 我曾被告知在使用手机上花费太多时间	3.90	1.41	0.69	0.86

注：微信和 QQ 是中国最为流行的社交软件，本书将原始问卷中的 Twitter 和 Facebook 改为微信和 QQ。

选用极大似然法对因子载荷进行自由估计，拟合指数为 χ^2 = 143.63、df = 31、χ^2/df = 4.63、RMSEA = 0.09、CFI = 0.94、NFI = 0.93、IFI = 0.94、RFI = 0.90，$P < 0.001$，说明拟合度较好。

2. 效标关联效度

本书以 SAD 得分作为检验 SAS-SV 的效标，结果显示，SAS-SV 和 SAD 及其分量表得分均为显著正相关（$P < 0.01$）（见表 2-6）。

表 2-6　　　　SAS-SV 与 SAD 及分量表得分间的相关分析（r）

	SAS-SV	SAD	社交回避	社交苦恼
SAS-SV	1			
SAD	0.23**	1		
社交回避	0.20**	0.93**	1	
社交苦恼	0.23**	0.94**	0.76**	1

注：* $P<0.05$，** $P<0.01$，*** $P<0.001$。

四　讨论

本书旨在对 SAS-SV 进行中文翻译和修订，以检验 SAS-SV 是否适合作为评估手机依赖程度的工具。结果表明，SAS-SV 中文版的 10 个项目的决断值在 10.84—21.43，且每项与 SAS-SV 总分的相关均为显著，相关值在 0.57—0.76。在量表得分上，高分组和低分组的受测者呈现显著性差异说明了 SAS-SV 能较好的区分智能手机依赖，与之前的研究相一致，如韩国样本中项目总相关 0.57—0.74，西班牙样本 0.46—0.71，比利时样本 0.62—0.74（Kwon et al., 2013；Lopez-Fernandez, 2017）。

根据探索性因素分析结果，SAS-SV 包括 1 个维度，共 10 个条目，解释总变异 46.92%。验证性因素分析结果显示 SAS-SV 各项拟合指标良好，具有良好的结构效度。

SAS-SV 的总 Cronbach's α 系数为 0.87，与之前的研究相一致（$α_{韩国}=0.91$，$α_{西班牙}=0.88$，$α_{比利时}=0.90$）（Kwon et al., 2013；Lopez-Fernandez, 2017）。且删除任一项目后，α 系数均不超过 0.87，说明每个项目的存在都会使量表总信度提升，应当予以保留。量表的重测信度也较好，值为 0.89。

禄鹏、卢博和童丹丹（2017）的研究发现，青少年智能手机成瘾量表（SAS-C）总分与社交回避与苦恼量表（SAD）得分呈显著正相关。本书显示，SAS-SV 与 SAD 及各维度得分呈显著正相关，进一步支持了前人的结论，亦说明 SAS-SV 效标关联效度较好，能有效测量青少年手机依赖状况。

根据 Kwon 等（2013）对手机依赖划分的临界值，被试中手机成瘾者男生77人，女生257人，共334人，占总人数的72.77%。本书发现，女生在SAS-SV的得分上显著高于男生，这与其他学者的研究相似（李昌镐，2014）。Van Deursen、Bolle、Hegner和Kommers（2015）的研究也发现女性更易产生智能手机依赖，原因可能与女性比男性在互联网上拥有更多话题、更多的使用智能手机来维持社会关系有关。Kwon等以韩国青少年为对象施测SAS-SV量表的研究同样发现了性别差异。但在西班牙样本和比利时样本中，智能手机依赖的得分在男女生中均无显著差异。这或许是由于被试数目偏小所致（$n_{西班牙}=117$，$n_{比利时}=79$）（Kwon et al.，2013；Lopez-Fernandez，2017）。

众多研究表明，手机依赖与学业表现和学业自我效能感呈负相关，可以通过提高学生的学业自我效能感来改善其手机依赖状况（Samaha & Hawi，2016；刘衍素、向秀清、陈红，2017）。手机依赖同样是影响学习倦怠的重要因素，手机依赖越严重，学习倦怠程度越高（卞樱芳、周俊、王栋、陈晓岗，2018；曲星羽、陆爱桃、宋萍芳、蓝伊琳、蔡润杨，2017；曹美兰，2018）。本书同样得出了类似的结果：学生对自己学习成绩的满意度与智能手机依赖呈显著负相关（$P<0.01$），且不同满意度的个体SAS-SV的得分亦差异显著。

本书的目的是检验中文版SAS-SV在中国青少年中具有较好的测量学特性，以及用来评估中国青少年手机依赖的流行率。结果表明SAS-SV具有良好的信效度。本书发现我国青少年智能手机依赖的流行率高于其他国家，达到72.77%。如同Lopez-Fernandez（2017）在其研究中的建议，需要提高对手机依赖评估的临界分数，以便更好地识别实际的手机过度依赖者，避免产生假阳性的报告，本书也建议适当提高临界分数来筛选真正的手机过度依赖者。

本书仍存在一些局限性。第一，该调查均采用自陈问卷法，由被试主观报告，手机依赖的被试往往有掩饰倾向，使结果不够客观有效。SAS-SV中文版的信效度能否推广得到验证，需要不断检验修正。第二，该调查选取的样本容量比较小，参与者仅限于青少年，未来研究中不同年龄组的人应该被纳入被试选取，且进一步扩大样本量。此外，未来的研究还可以包括其他具有多因子性质的量表，除了对智能手机依赖要有更明确和全面的定义外，还要突出智能手机的独特性，从多个维度不断对量表进行编制、修订,并使之本土化,以适应我国青少年的手机使用模式,进而有效评估和诊断手机依赖,制订相应的干预和治疗计划。

五 结论

(1)探索性因素分析获得 1 个因子,验证性因子分析结果表明量表拟合度良好;SAS-SV 中文版总均分与社交回避与苦恼量表总均分及两个分量表得分均呈显著正相关。(2)本次研究修订的智能手机依赖量表简版具有良好的信效度,是一种有效可行的测量工具。

第三节 子研究三:青少年无手机恐慌症评估标准及其与强迫症状的关系

一 引言

在如今的电子信息时代,手机可以摆脱传统模式下地域性和时段性的束缚,并伴随着时代科技的进步,手机早已从单一的发短信,打电话向多元的音乐、游戏、购物等娱乐应用发展。同时还促进了诸如饮食管理、戒烟、步数计表和慢性病监控等一系列干预措施和 App 的开发。使得越来越多的人将手机视为必需品,沉浸在其中不可自拔。但手机在带给我们无限可能的同时,其引发的一系列社会问题也逐渐显现出来,如人际关系变化、逃避现实、过度使用甚至是成瘾。

近年来,一些研究者借鉴精神疾病的诊断和统计手册(DSM-IV)中诊断物质成瘾或病理性赌博的标准评估手机依赖,将其定义为由于个体过度使用手机,导致其生理、心理和社会功能明显受损的痴迷状态(刘勤学、杨燕、林悦、余思、周宗奎,2017)。而关于手机依赖的研究,目前主要集中在流行率、人口统计学以及相关因素的调查,尤其关注对人格特质的研究。如 Kuss 和 Griffiths(2011)发现网络可以改善人际联系,继而弥补社交中出现的困难,外向的低责任心和内向的高神经质个体都是潜在的成瘾者。同时大量研究表明,自尊可以有效预测手机依赖,低自尊个体由于欠缺主动适应社会环境的心理机制,往往寄希望于手机来缓解不良情绪(Kuss & Griffiths, 2011; Bianchi & Phillips, 2005;廖慧云、钟云辉、王冉冉、唐宏,2016)。然而,关于手机依赖的临床机制及与人格障碍的关系却一直缺乏针对性的研究。有学者曾指出心理问题之间往往具备一些共同的特征,例如,焦虑经常与恐惧症归为一类,同样,强迫症可能也与饮食失调、抑郁、酒精或药物成瘾相结合(Spaniardi, Saenger, Walkup & Borcherding, 2018)。手机依赖是否也存在类似共病现象?而它又有哪些症状学特征?亟待学者去研究。

根据以上启示,Ollendick 和 Hirshfeldbecker(2002)最早发现在社交焦虑障碍个体中,若是剥夺他们使用手机的权限,将会大大加重其疑病与焦虑症状。由此,有研究者在手机认证服务网(SecurEnvoy)上提出了"无手机恐慌症"(Nomophobia)概念——指手机联系不畅通时的恐惧以及焦虑心理(King, Valenca, Alexandre & Nardi, 2010)。Bragazzi 和 Del(2014)进一步通过实证研究发现,患有无手机恐慌症的个体普遍存在一种非理性的恐惧,害怕失去或无法使用他们的智能手机,通过各种尝试来消除失去手机带来的焦虑与痛苦,并建议将无手机恐慌症纳入 DSM-V 进行症状学研究。Yildirim 和 Correia(2015)根据无手机恐慌症状特点,最早编制了针对大学生群体的无手机恐慌症量表(Nomophobia questionnaire, NMP-Q),该量表由四个因子组成:害怕失去联系(not being able to communicate)、害怕失去网络连接(losing connectedness)、害怕无法获得信息(not being able to access information)、害怕失去便利(giving up convenience)。害怕失去联系指因无法使用手机与他人交流而感到不适;害怕失去网络连接是指因无法在网络上建立、保持人际关系而感到不适;害怕无法获得信息是指因无法通过手机获取实时信息而感到不适;害怕失去便利是指因失去手机带来的便利性而感到不适。其中,第一个因子害怕无法获得信息解释了最高比例的方差,为 22.88%。量表采用 7 点计分法,由 20 个项目组成,内部一致性达到 0.95,这是一个较为全面、实用且更符合症状学特点的测量工具。在此基础上,有国内学者对 Yildirim 所编制的无手机恐慌症量表进行了中文版修订,但该研究只检验了量表的项目性能(难度、区分度)以及初步信效度,尚未对结构效度进行深入分析,尤其缺乏诊断的界限分(任世秀、古丽给娜、刘拓,2018)。鉴于无手机恐慌症在手机依赖的研究领域相对较新,并且充分反映了手机依赖个体的临床症状特点,因此,本次研究首先将对 NMP-Q 原版信效度进行综合检验,评估该量表在中国大学生中的适用性,以期为国内手机依赖研究提供新的测评工具。

已有研究表明，在一些具有精神障碍特征的心理疾病当中（如创伤后应激障碍、分离焦虑），手机充当着一种缓冲机制，以抵消来自外部的极度不安全感（Kuhn, Kanuri, Hoffman, Garvert & Taylor, 2017; Vahedi & Saiphoo, 2018）。同时发现，在多动症的青少年中使用手机的频率与时间要显著高于常人（Byun et al., 2013）。但整体来看，目前依然缺乏手机依赖与心理疾病间的关联性研究，如与强迫症之间的关系。根据Billieux等（2015）提出的病理性手机使用路径模型（Problematic Mobile Phone Use，PMPU），认为无法抑制的冲动性是手机依赖最主要的特点，表现在个体不受控制的使用手机，且极易诱发反社会或危险的无序行为，如赌博和药物滥用。而强迫症的典型症状恰恰是失控性，体现在患者经常会感到思想和行为不受自己控制，脑中时不时会涌现出一些莫名的想法和冲动，或反复进行一些不必要的行为（雷辉、朱熊兆、张小崔，2017）。同时，神经心理学研究表明，中脑—皮层—边缘多巴胺系统，也称作奖赏系统是影响成瘾的重要生理机制。通过功能磁共振扫描发现，在成瘾个体中负责奖赏的眶额叶皮层出现功能性退化，使得成瘾者冲动控制能力和预知后果能力减小（Luijten et al., 2017）。而Chamberlain等（2008）通过纳入20例强迫症患者及20名健康对照组进行注意转换任务实验，结果发现，强迫症患者的眶额叶皮层出现了类似的退化现象，致使该区域功能活性降低。基于以上相关的理论以及实证性结果，本次研究拟提出假设：无手机恐慌症与强迫症状存在一定程度的关联性。

综上所述，与以往的手机依赖概念相比，无手机恐慌症强调个体在失去手机之后的一种病态恐惧，更能突出手机依赖个体的症状学特征。因此，本书首先将对NMP-Q原版进行更系统的信效度检验，同时确定其评估标准。其次，本书拟建立无手机恐慌症与强迫症状间的统计模型，通过心理测量来探讨两者之间的关系，以期为日后的手机依赖与人格障碍间的研究提供相关经验。

二 研究方法

(一) 被试

采用网络测验法对大学生进行研究。共发放问卷447份,回收有效问卷420份,有效率为93.96%。年龄16—27岁,平均20.85±1.89岁。其中男生102人,女生318人;农村生源259人,城镇生源161人;独生子女122人,非独生子女298人;90%的大学生为汉族。

(二) 工具

1. 无手机恐慌症量表中文版

本书采用Yildirim和Correia (2015)编制的无手机恐慌症量表 (Nomophobia questionnaire,NMP-Q)。该量表包括四个因子:害怕失去联系、害怕失去网络连接、害怕无法获得信息、害怕失去便利。量表共有20个项目,采用1"完全不符合"—7"完全符合"级计分,得分越高则表明个体无手机恐慌症状越严重。NMP-Q中文版首先由三名拥有留学背景的心理学专业硕士独立翻译,形成初步中文版测验。再由两名英语专业硕士进行回译,通过对比反复修改,使其尽量符合原意。最终在心理学教授指导下,得到正式量表。

2. 手机依赖指数量表

本书采用黄海、牛露颖、周春燕和吴和鸣 (2014)修订的手机依赖指数量表 (Mobile Phone Addiction Index,MPAI)中文版。该量表共包含17个项目,包括四个因子:失控性、戒断性、逃避性以及低效性。量表采用1"从不"—5"总是"级计分。得分越高,表示个体的手机依赖程度越严重。该量表作为评定手机依赖的主流测评工具,在国内外的研究中一直被广泛应用。在本次研究中,其内部一致性系数为0.93。

3. 症状自评量表——强迫症分量表

症状自评量表 (Symptom Checklist 90,SCL-90)共90个项目,采用1"无症状"—5"症状严重"级计分 (冯正直、张大均,2001)。本书选取其中的强迫症因子 (共10个条目)进行施测,其在本书中内部一致性系数为0.91。

(三) 统计方法

问卷筛选后,剔除规律作答以及存在异常值等不合格的问卷。用

SPSS18.0 录入所有数据并进行内部一致性系数、相关分析、受试者工作特征曲线（Receiver Operating Characteristic，ROC）等，运用 Mplus7.0 进行结构效度以及模型的验证性因素分析。

三 结果与分析

（一）共同方法偏差检验

由于本书数据均由被试自我报告获得，因此先要进行共同方法偏差检验。采用 Harman 单因子检验，共得到 7 个特征根大于 1 的因子，且第一个因子解释的变异为 30.68%，没有超过 40%，这表明本书不存在严重的共同方法偏差（Podsakoff，MacKenzie，Lee & Podsakoff，2003）。

（二）结构效度

本书采用验证性因素分析考查量表的结构效度，以检验无手机恐慌症中文版是否能重复原量表的四因子结构。结果显示，该模型拟合较好（$\chi^2 = 427.56$，$df = 161$，$\chi^2/df = 2.66$，$RMSEA = 0.063$，$CFI = 0.933$，$TLI = 0.921$，$SRMR = 0.049$），且各项目的因子负荷均大于 0.40（见表 2-7），表明原量表因子结构同样适用于中国文化背景。

表 2-7　　NMP-Q 各维度的项目及负荷矩阵

	害怕无法获得信息		害怕失去便利		害怕失去联系		害怕失去网络连接	
	项目	负荷	项目	负荷	项目	负荷	项目	负荷
	1	0.44	5	0.73	10	0.76	16	0.46
	2	0.82	6	0.70	11	0.81	17	0.68
	3	0.73	7	0.62	12	0.66	18	0.74
	4	0.50	8	0.68	13	0.83	19	0.74
			9	0.68	14	0.61	20	0.70
					15	0.79		
累计方差（%）	20.47		37.34		51.89		61.99	

采用极大似然估计法对 NMP-Q 进行收敛效度检验，结果显示，四个维度的平均方差萃取量分别为 0.41、0.50、0.57、0.46；组合信度分别为 0.73、0.83、0.89、0.81。根据 Fornell 和 Larcker（1981）提出的问

卷题项的平均方差萃取量大于0.36属于可接受范围，组合信度大于0.70为可接受水平，说明该问卷具有较好的收敛效度。

对NMP-Q进行区分效度检验，表2-8结果显示，四个维度平均方差萃取量的平方根（对角线的值）均大于各维度之间的相关系数的绝对值（下三角的数值），说明该量表的四个维度之间具有较好的区分效度（Fornell & Larcker，1981）。

表2-8　　　　　　　　　NMP-Q的区分效度分析

	AVE	1	2	3	4
1. 害怕无法获得信息	0.41	0.64			
2. 害怕失去便利	0.50	0.63	0.71		
3. 害怕失去联系	0.57	0.44	0.53	0.75	
4. 害怕失去网络连接	0.46	0.46	0.57	0.62	0.68

注：AVE = 平均方差萃取量。

（三）信度检验

NMP-Q总量表的Cronbach's α系数为0.92，分半信度为0.80；分量表害怕无法获得信息、害怕失去便利、害怕失去联系和害怕失去网络连接的Cronbach's α系数分别为0.72、0.82、0.89、0.82，分半信度分别为0.74、0.78、0.88、0.75。

（四）相关分析

选取MPAI作为检验NMP-Q的效标。表2-9显示，NMP-Q总分及四个因子与MPAI总分及各因子得分呈显著正相关（$P<0.01$），相关系数在0.23—0.60，表明NMP-Q拥有良好的效标效度。同时，将NMP-Q与强迫症状做相关分析，结果显示NMP-Q总分及四个因子得分与强迫症状得分呈显著正相关（$P<0.01$），相关系数在0.21—0.34，说明无手机恐慌症与强迫症状存在一定程度的关联性。

（五）ROC分析及评分比较

本书采用ROC分析考查NMP-Q的诊断价值，将MPAI的结果作为诊断标准，绘制手机依赖组与非成瘾组的ROC曲线。图2-1结果显示，NMP-Q在ROC曲线下面积为0.78，$P<0.01$，说明NMP-Q总分对手

机依赖的诊断准确性较高（Hosmer & Lemeshow，2000）。根据约登指数（Youden Index）最大的原则，当取 94.5 为界限分时，敏感度为 0.69，特异度为 0.77，约登指数达到最大（Akobeng，2009）。同时，为了使 NMP‑Q 具有实际操作性，将界限分 93.5（敏感度为 0.69，特异度为 0.74）与界限分 95.5（敏感度为 0.65，特异度为 0.78）进行对比，显示界限分为 95.5 时约登指数更大，最后将界限分 94.5 与 95.5 结合形成 95 分，作为 NMP‑Q 的最佳临床界限分。

表 2‑9　　　　NMP‑Q 与 MPAI、强迫症状间的相关分析（r）

	MPAI 总分	失控性	戒断性	逃避性	低效性	强迫症状
NMP‑Q 总分	0.55**	0.43**	0.60**	0.41**	0.40**	0.34**
害怕无法获得信息	0.44**	0.35**	0.44**	0.35**	0.36**	0.30**
害怕失去便利	0.52**	0.43**	0.54**	0.40**	0.36**	0.33**
害怕失去联系	0.35**	0.29**	0.40**	0.23**	0.24**	0.21**
害怕失去网络连接	0.51**	0.37**	0.59**	0.39**	0.36**	0.28**

注：* P＜0.05，** P＜0.01

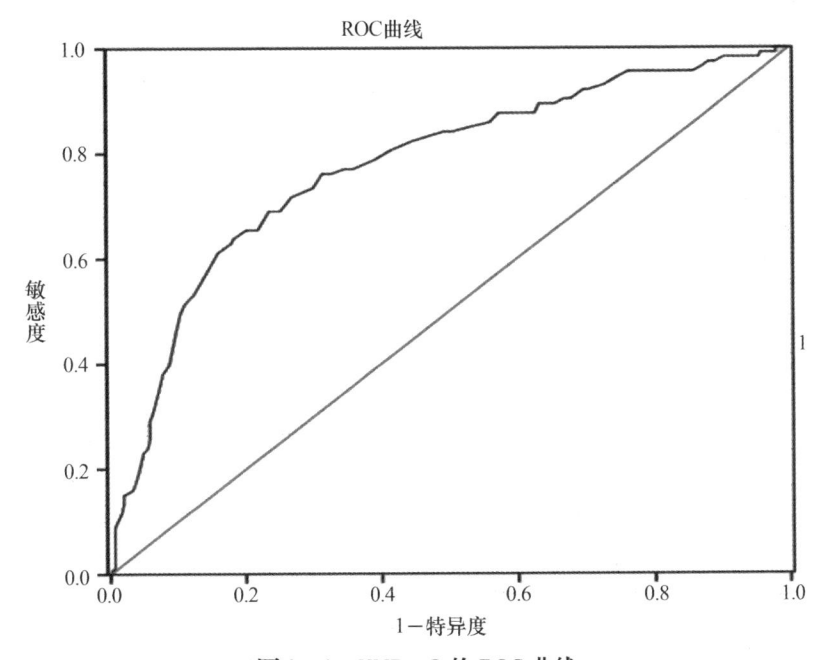

图 2‑1　NMP‑Q 的 ROC 曲线

根据 NMP-Q 的界限分,将所有被试划分为无手机恐慌症组($N=141$)和非无手机恐慌症组($N=279$)。通过独立样本 t 检验考查两组被试在强迫症状上得分的差异性。结果显示,无手机恐慌症组在强迫症状上的得分显著高于非无手机恐慌症组($t=6.25$,$P<0.01$)。

(六)无手机恐慌症与强迫症状的关系模型

采用结构方程模型进一步验证大学生无手机恐慌症与强迫症状的内部关系。首先建立 NMP-Q 总量表与强迫症状的二因子模型,结果显示,潜变量间的相关系数显著(0.38),但该模型拟合指数欠佳(见表2-10),且为了探讨无手机恐慌症四个维度与强迫症状之间更具体的联系,因此建立五因子模型。结果表明,五因子间的相关系数显著(0.23—0.87),模型拟合良好且所有指标均优于二因子模型(见表2-10),两者达到统计学差异,$\Delta\chi^2(8)=509.98$,$P<0.05$,同时五因子模型旋转后的累计方差贡献率相比二因子模型增加了14.79%(见表2-11)。

表2-10　　　　　　　　假设模型拟合指数表

模型	χ^2	df	χ^2/df	RMSEA	CFI	TLI	SRMR
二因子	1414.60	400	3.53	0.078	0.842	0.828	0.065
五因子	904.62	392	2.31	0.056	0.920	0.912	0.046

表2-11　　　　　　　　旋转前后因子的特征值和总方差

模型	因子	初始特征值			旋转平方和载入		
		合计	方差的%	累计%	合计	方差的%	累计%
二因子	NMP-Q	9.38	31.25	31.25	7.91	26.35	26.35
	强迫症状	4.43	14.76	46.01	5.90	19.66	46.01
五因子	强迫症状	9.38	31.25	31.25	5.77	19.23	19.23
	NMP-Q_3	4.43	14.76	46.01	4.33	14.44	33.67
	NMP-Q_2	1.96	6.55	52.55	3.49	11.63	45.29
	NMP-Q_4	1.38	4.66	57.21	2.79	9.31	54.61
	NMP-Q_1	1.08	3.59	60.80	1.86	6.19	60.80

注:NMP-Q_1=害怕无法获得信息;NMP-Q_2=害怕失去便利;NMP-Q_3=害怕失去联系;NMP-Q_4=害怕失去网络连接。

四 讨论

(一) 无手机恐慌症量表的心理测量学属性分析

本次研究以 Yildirim 和 Correia（2015）编制的无手机恐慌症量表（NMP-Q）为基础，结合国内的有关研究，对 NMP-Q 中文版的心理学测量属性展开系统分析。经验证性因素分析显示，NMP-Q 中文版与英文原版结构相一致，其中包含害怕失去联系、害怕失去网络连接、害怕无法获得信息、害怕失去便利四个因子，共 20 个项目，各项拟合指数均符合测量学标准，同时，具有较好的收敛效度和区分效度。信度检验结果显示，总量表及四个因子的 Cronbach's α 和分半信度系数均达到了 Nunnally（1978）建议的 0.70 水平以上。表明 NMP-Q 中文版具有良好的信度、效度。

效标关联效度显示，NMP-Q 总分及四个因子与 MPAI 总分及各因子得分呈显著正相关，这说明 NMP-Q 作为评估个体失去手机后的恐慌、焦虑程度的测量工具，与手机依赖有很大的关联性。由此看出，NMP-Q 具有良好的效标关联效度，同时能够较好地反映出个体手机依赖的状况。

由于在 DSM-V 的成瘾性障碍界定中，没有给出无手机恐慌症或手机依赖诊断标准。因此，本书选用国际上主流测评工具 MPAI 为依据，进行 ROC 曲线面积及界限分划定。结果显示，NMP-Q 在 ROC 曲线下面积为 0.78，$P<0.01$，根据 Hosmer 和 Lemeshow（2000）提出 0.70—0.80 为可接受水平，说明 NMP-Q 诊断准确性较好。综合考虑约登指数最大原则及实际操作性，选取 95 分作为 NMP-Q 的最佳临床界限分。

以上结果表明，无手机恐慌症量表（NMP-Q）中文版具有良好的信度、效度，可用于中国大学生无手机恐慌症的评估。同时，其最佳临床界限分作为症状严重程度的指标，可以有效地将无手机恐慌症大学生和非无手机恐慌症大学生区分开来。

(二) 无手机恐慌症与强迫症状的关系研究

在以往手机依赖的研究中，更多的是关注其与人格特质的关系，而本次研究从人格障碍的角度出发，探讨无手机恐慌症与强迫症状的关联性，从而深入了解与手机依赖有关的共病现象。

相关分析显示，NMP-Q 总分及四个因子得分与强迫症状得分呈显著正相关（$P<0.01$）。同时研究还发现，在强迫症状得分上，无手机恐慌症组显著高于非无手机恐慌症组（$t=6.25$，$P<0.01$）。以往的研究指出，手机依赖者比非手机依赖者存在更多的心理健康问题，同时更容易诱发相关心理疾病（Babadi-Akashe, Zamani, Abedini, Akbari & Hedayati, 2014）。通过以上结果，初步验证了无手机恐慌症与强迫症状之间存在一定程度的关联性。

为了进一步探讨无手机恐慌症与强迫症状之间的模型结构，深入挖掘多个潜变量之间的内部关系，本书采用结构方程模型方法分别建立无手机恐慌症和强迫症状间的二因子与五因子模型。在二因子模型中，NMP-Q总量表与强迫症状得分存在正相关关系，这说明强迫症患者往往会因为失去手机而表现出更多的恐慌与焦虑，反之亦然。但是，该模型与数据的拟合较差，且只能直观反映二者关系。而五因子与二因子模型相比，其拟合指数显著提高，并揭示了强迫症状和无手机恐慌症的四个子成分之间更具体的联系。其中，强迫症状和害怕失去联系、害怕失去网络连接之间的相关可以解释为维持社会关系的稳定性。社会资本理论认为个体所拥有的心理社会资本有助于个体应对压力性生活事件，提高个体的安全感，而维系良好的社会资本的前提便是稳定的社会关系（Maras, 2018）。以往的研究发现，无手机恐慌症的个体普遍担心因失去手机而减少人际联系，造成潜在的社会资本利用率的降低（Gezgin, Cakir & Yildirim, 2018）。而在强迫症的个体中，由于其性格较为刻板且墨守成规，易形成模式化的生活习惯，导致强迫症的个体在建立人际关系时更倾向稳定的、不变的关系模式（Richter & Ramos, 2018）。强迫症状与害怕无法获得信息、害怕失去便利之间的相关性则可以理解为注意力的缺失。以往的研究表明，过度使用手机的个体普遍难以集中注意力，如林悦、刘勤学、邓寒、李羽萱和丁凯旋（2018）将90名被试分为手机依赖组和非成瘾组进行持续注意任务，发现手机依赖者比非手机依赖者维持目标更困难，也更容易造成任务疏忽。他们将这种现象归因于手机提供的便利，由于智能手机的无处不在，它强大的功能让人们几乎不需要努力集中注意力或记忆信息。同时，注意力难以集中也被认为是强迫症的主要症状之一，体现在日常生活总是被并不影响任务的小问题所困扰，造成注意力的分散，或者被导向与当前任务无关的方向，严重者甚至形成注意力固着，无法参加正常工作与学习。

综上所述，本书首先揭示了 NMP-Q 中文版具有较好的心理学测量属性，可用于临床医生或其他专业人员对无手机恐慌症进行有效的识别及诊断。在此基础上，进一步考查了无手机恐慌症与强迫症状间的关系，发现 NMP-Q 及四个维度与强迫症状之间存在紧密联系，表明二者可能存在共病关系。这提示研究者在日后关于无手机恐慌症或强迫症的研究中要考虑到共病的影响。同时，探讨无手机恐慌症或强迫症内在联系，将有助于深入了解共病的发病机制，对减少临床工作中漏诊、误诊有着重要意义。但本次研究仍存在以下不足：首先，本书样本数量有限，未来还需扩大样本，以建立无手机恐慌症的常模。其次，由于 DSM-V 中缺乏无手机恐慌症的金标准，导致本书在临床界限分上提出的临界点可能太低，造成估计的无手机恐慌症人数偏高。最后，本次研究采用被试自我报告的形式，社会赞许效应难以避免，今后的研究可以采取更多样的形式，进一步提高数据的客观性与真实性。

五 结论

（1）NMP-Q 中文版以 95 分为最佳临床分界点，模型结构拟合良好，具有较高的信效度。（2）建立无手机恐慌症和强迫症状的 2 因子与 5 因子模型，经比较，5 因子模型各项指标拟合度更优。（3）本书揭示了 NMP-Q 中文版具有较好的心理学测量属性，并且发现 NMP-Q 及四个维度与强迫症状间存在紧密联系，提示无手机恐慌症与强迫症状可能存在共病关系。

第四节 子研究四：不同手机依赖潜剖面类型青少年的情绪特征

一 引言

随着科技的不断发展，我国智能手机用户不断增加，手机上网比例持续提升，智能手机正日渐成为人们日常生活的必需品，随之而来的便是由于手机过度使用导致的依赖问题。在手机使用的群体中，大学生是新兴主流，他们接受新事物的能力很强，容易受到手机的影响，其过度使用会影响大学生的身心健康。因此，对大学生智能手机依赖进行研究，将手机依赖具体化为不同类别，针对不同类别进行干预，具有重要的意义和价值。

国内很多学者对手机依赖进行了界定。例如刘勤学、杨燕、林悦、余思和周宗奎（2017）认为，手机依赖是由过度对手机使用产生的行为成瘾，能够导致社会功能受损或引发其他心理问题。周喜华（2010）的研究表明，手机依赖不仅不利于大学生的身心健康，还会增加学生之间的攀比心理，对家庭造成负担。Andreassen，Torsheim，Brunborg 和 Pallesen（2012）的研究则表明，过度使用手机在线社交可能导致情绪和行为障碍。此外，还有研究表明，越来越多的人因为过度使用互联网而导致失去控制和痛苦之类的负面结果（Wegmann，Stodt Brand，2015）。

尽管手机依赖研究较多，但是学者们对于其分类各抒己见，尚未达成一致。有根据功能来划分的，例如胡丹丹、徐源、丁娇儿和李江（2017）指出，手机成瘾包括"手机网络信息成瘾""手机网络社交成瘾""手机网络娱乐成瘾""手机网络购物成瘾"。屠斌斌、章俊龙和姜伊素（2010）则从"类型—成瘾倾向"出发，认为手机成瘾由娱乐成瘾、关系成瘾、信息收集成瘾构成。另有研究根据划界分标准将个体分为成瘾组和非成瘾组（王相英，2012）。比如 Leung 和 Louis（2008）在其编制的手机成瘾指数量表（Mobile Phone Addiction Index，MPAI）中，即按照成瘾和非成瘾区分手机成瘾。以上的划分方法可能存在以下问题：（1）组内个体得分虽然可能相同，但是其作答模式可能不同，这就导致组内个体内部实际仍存在差异；（2）划分标准本身具有主观性，缺少客观指标衡量划分结果的准确性（黎亚军、卢富荣、骆方、王耘，2012）。从既往文献来看，研究主要是基于手机成瘾量表的总分，根据分数高低来划分类别，这种模式难以较好地区分群体中不同特征的群组以及群体间的异质性差异。为解决此问题，可尝试采用潜在剖面分析（Latent Profile Analysis，LPA）。这是一种根据拟合指标来确定最佳拟合模型的方法，因此判定结果更客观有效。潜在类别分析（Latent Class Analysis，LCA）是一种以个体为中心角度出发，探讨个体间本质差异的研究方法（黎志华、尹霞云、蔡太生、朱翠英，2014；苏斌原、张洁婷、喻承甫、张卫，2015）。通过该方法，一方面，可在对相同手机依赖症状模式的个体聚类的基础上，分离出不同的子类型，更好地认识不同类型手机依赖的具体表现。另一方面，在此基础上为症状模式相同的个体提供针对性更强的干预措施（Wolf, Miller, Reardon, Ryabchenko, Freund, 2012; Lanza, Rhoades, 2013; 王孟成、任芬、吴艳, 2014）。因此，本书采用潜在类别分析的方法探索大学生手机依赖的潜在类别并提供有针对性的干预建议。

此外，本书还将对手机依赖的潜在类别进行效度方面的验证。由于手机依赖潜在类别完全是基于数据和拟合指数的，为了验证潜在类别的准确性，我们通过探讨不同手机依赖类型的情绪差异进行验证类别的合理性（吴鹏、马桑妮、方紫琼、徐碧波、刘华山, 2016）。邱致燕、吴琦和张斌（2014）对大学生手机依赖不同类别的情绪特征进行研究，能够深入了解手机依赖大学生的心理特点，进而采取更有针对性的干预措施。情绪活动与个体生活关联系紧密，影响广泛。积极情绪能够帮助个体更好地适应社会生活，消极情绪则具有阻碍和抑制作用（高正亮、童辉杰, 2010）。从手机依赖大学生的角度看，手机俨然成为了他们了解世界、沟通外界的主渠道，一旦离开手机，消极情绪便容易产生。从社会认知理论来看，个体行为对其内部心理和外部环境均能产生直接影响。因此，手机依赖行为对个体情绪反应产生影响。祖静、张向葵和左恩玲（2017）研究表明，手机依赖大学生对负性情绪产生了更迅速、更强烈的警觉。拓展—建构理论指出，积极情绪能够扩展个体的认知范围（Fredrickson, Branigan, 2005），因此，更容易从积极层面看问题，适应社会能力更强。

综上所述，从个体为中心的角度来探讨不同手机依赖潜剖面类型大学生情绪特征的研究较少，本书采用潜剖面分析来探究大学生手机依赖类型的潜在类别，并在此基础上进一步探讨其情绪特征。

二 研究方法

（一）被试

对长沙某大学大一至大四的学生进行问卷调查，其中男生143人，女生216人；高考文科生源82人，理科生源277人；农村生源212人，城镇生源147人。共发放问卷400份，回收有效问卷359份，有效率为89.75%。

(二) 工具

(1) 手机成瘾倾向量表 (Mobile Phone Addiction Tendency Scale, MPATS), 该量表由熊婕、周宗奎、陈武、游志麒和翟紫艳 (2012) 编制, 采用 Likert 5 级计分, 得分越高表示手机成瘾越严重, 包括戒断症状、突显性、社交抚慰和心境改变 4 个维度。量表具有良好的信效度。

(2) 正负性情绪量表 (Positive And Negative Affective Scales, PANAS), 该量采用 Likert 5 级计分, 用于评定个体的正性和负性情绪。正性情绪分数高表示个体正性情绪越多; 负性情绪分数高表示个体负性情绪越多。量表具有良好的信度与效度 (黄丽、杨廷忠, 2003)。

(三) 统计方法

采用 Mplus 7.0 软件进行潜在剖面分析 (LPA)。具体步骤: 第一步, 假设只存在一个类别, 建立零模型; 第二步, 逐渐增加潜在类别个数, 并据此计算各模型的参数; 第三步, 比较拟合评价指标, 确定最佳拟合模型; 第四步, 进行分类和命名。模型的适配性指标包括: AIC (Akaike Information Criterion)、BIC (Bayesian Information Criterions) 以及样本校正的 BIC (Sample Size-adjusted BIC, aBIC), 对比期望值与实际值之间的差异, 当统计数值越小时, 表示拟合效果越好。采用基于 Bootstrap 的似然比检验 (Bootstrap Likelihood Ration Test, BLRT) 和 LMR (Lo-Mendell-Rubin, LMR) 进行潜类别分析模型间的差异比较。即 $K-1$ 个类别与 K 个类别模型之间的拟合差异。当 P 值不显著时, 表示 K 个类别的模型拟合效果差于 $K-1$ 个类别模型。另外, 本书还采用 Entropy 来评价分类精确性 (范围为 0—1), 数值越高代表分类效果更好。Lubke 和 Muthén (2007) 指出, Entropy < 0.60 代表个体存在分类错误超过 20%; Entropy = 0.80 代表分类的准确率超过 90%。

三 结果

(一) 手机依赖的潜类别分析结果

由表 2-12 可知, 分类数目增多的同时, AIC, BIC 和 aBIC 不断减少, 当保留 3 个类别时, Entropy 值最高。此外, 保留 3 个类别的 LMR 值能达到非常显著的水平 ($P<0.001$), 而 4 个类别的分类时 LMR 值不再显著, 这表明, 3 个潜在类别的模型明显优于 2 个潜类别的模型, 4 个潜

在类别模型与 3 个潜类别的模型相比没有差异。前人在进行蒙特卡洛模拟研究时发现，LMR 值是对潜在类别进行分类的敏感指标（Nylund, Asparouhov, Muthen, 2007），由此我们选择了 3 个潜在类别的分类（C1, C2, C3），具体如表 2-13 所示。

表 2-12　　　　　潜剖面分析拟合信息汇总表（$n=359$）

模型	AIC	BIC	aBIC	Entropy	LMR	BLRT	类别概率
1 类别	17205.20	17329.46	17227.94				
2 类别	16306.07	16496.35	16340.90	0.836	<0.001	<0.001	0.543/0.457
3 类别	16076.81	16333.11	16123.72	0.843	<0.001	<0.001	0.239/0.521/0.240
4 类别	15982.91	16305.22	16041.91	0.825	0.288	<0.001	0.181/0.039/0.493/0.287

表 2-13　　　　　各潜在剖面被试（行）的平均归属概率（列）

	C1	C2	C3
	$n=86$（24.0%）	$n=187$（52.1%）	$n=86$（23.9%）
C1	0.917	0.083	0.000
C2	0.052	0.917	0.030
C3	0.000	0.080	0.920

由表 2-13 可知，每个类别中的潜在剖面被试（行）归属于每个潜在类别的平均概率（列）从 91.7% 到 92%，这说明 3 个潜在类别分类模型的结果是可信的。

由图 2-2 可知，在潜在类别的分组中 C3 类别在 17 个条目的得分均高于其他两个类别，这一类别比例为 24%，共 86 人，命名为"高依赖组"。C2 类别在各个条目的得分均高于 C1，这一类别比例为 52.1%，共 187 人，命名为"低依赖组"。C1 类别在各个条目的得分均低于 2 分（不太符合），这一类别比例为 23.9%，共 86 人，命名为"无依赖组"。

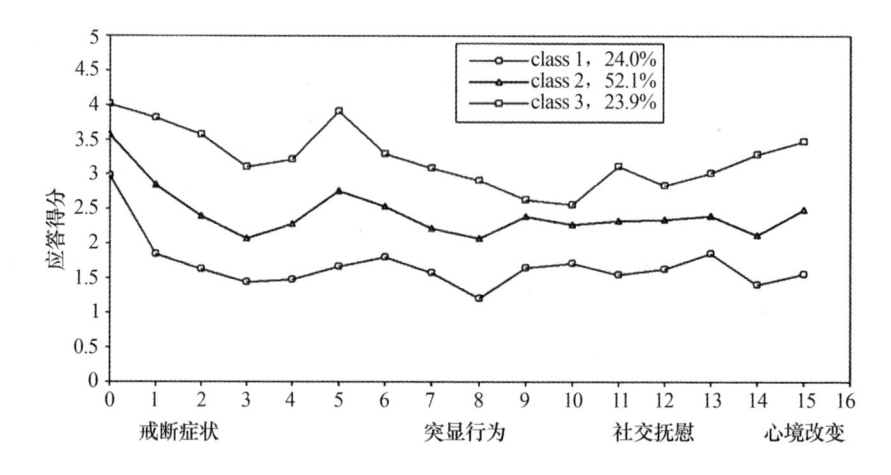

图 2-2　三个类别在 16 个条目上的应答特点

注：作图时，将每个因子的条目聚集在一起，即对应图中的 1—6 条目为戒断症状，7—10 条目为突显行为，11—13 条目为社交抚慰，14—16 条目为心境改变，这样有利于更清晰地反映被试在每项因子中的答题情况。

（二）不同手机依赖类型的特点比较

以手机依赖潜在类型为自变量，手机依赖的 4 个维度及总分为因变量，进行方差分析，发现手机依赖的三个类型在所有因素上差异均显著，如表 2-14 所示。LSD 事后比较检验结果显示，高依赖组在手机依赖维度及总分得分最高，低依赖组得分次之，无依赖组得分最低。

表 2-14　各潜在剖面在手机依赖维度得分比较（$\bar{x} \pm s$）

	剖面			F	事后比较
	C1（无依赖组）	C2（低依赖组）	C3（高依赖组）		
戒断症状	10.85 ± 2.40	15.88 ± 2.50	21.61 ± 3.08	357.08***	3 > 2 > 1
突显行为	6.11 ± 1.74	9.15 ± 1.86	11.94 ± 2.29	190.80***	3 > 2 > 1
社交抚慰	4.78 ± 1.76	6.93 ± 1.82	8.53 ± 2.17	83.50***	3 > 2 > 1
心境改变	4.83 ± 1.61	6.91 ± 1.73	9.79 ± 1.92	173.65***	3 > 2 > 1
手机成瘾	26.57 ± 4.63	38.87 ± 4.10	51.87 ± 5.95	608.48***	3 > 2 > 1

注：* $P < 0.05$，** $P < 0.01$，*** $P < 0.001$（下同）。

（三）不同手机依赖类型的情绪特征比较

以手机依赖类型为自变量，负性、正性情绪为因变量，进行方差分析，手机依赖的三个类型在情绪得分上差异显著（见表 2-15）。LSD 事后比较检验结果显示，高依赖组的负性情绪得分高于低依赖组，且达到显著水平。低依赖者的负性情绪得分高于无依赖组，且达到显著水平；无依赖组的正性情绪得分高于高依赖组和低依赖组，且达到显著水平。高依赖组的正性情绪得分与低依赖组则无显著差异。

表 2-15　　　　各潜在剖面的情绪特征得分比较（$\bar{x} \pm s$）

	剖面			F	事后比较
	C1（无依赖组）	C2（低依赖组）	C3（高依赖组）		
负性情绪	18.66±4.83	21.30±5.14	23.91±6.38	20.09***	3>2>1
正性情绪	31.70±6.87	29.75±5.90	29.55±6.51	3.30*	3，2<1

四　讨论

本书发现，手机依赖存在高手机依赖、低手机依赖和无手机依赖三种潜在类别，这与 Fuster，Lusar 和 Oberst（2017）的研究结果存在差异。他们通过潜剖面分析将拉丁美洲用户的社交网络与手机使用分为如下四类：低参与度的轻度用户、高参与度的重度用户、高参与度的低风险用户和高参与度的高风险用户。在 Fuster 等（2017）的研究中，最后一类用户仅占样本的 7.6%，这些个体被认为有可能对在线社交网络上瘾，而在本书中，高手机依赖组占样本的 23.9%，这种不一致的研究结论可能是因为两者研究分类的性质不一样，Fuster 等（2017）的研究通过测量手机及社交网络使用导致的缺失感，将其分为了四个类别，而本研究在正负性情绪维度上进行效度验证后，发现三个类别更能阐述手机依赖的类别差异，以及也可能存在使用了不同的测量工具，统计方法和社会文化环境等的原因。

研究结果显示，在手机依赖量表总分、戒断症状、突显行为、社交抚慰和心境改变四个分维度上，高手机依赖组得分最高，低手机依赖组得分次之，无手机依赖组最低。这可能是因为，高手机依赖组对手机具有较高的依赖性，离不开手机。因此，当该类群体无法使用手机时，会产生类似挫败的情绪反应。此外，手机成为该类群体逃避社会生活的工具，影响其学习生活和人际交往，这与王小运和伍安春（2012）的研究结果是一致的。在心理状态上，与其他两组相比，高手机依赖者的负性情绪得分最高，而正性情绪得分则最低，说明手机依赖与负性情绪关系密切，刘红和王洪礼（2012）、韦耀阳（2013）的研究也分别表明负性情绪会增加大学生手机依赖。大学生正处于个人自我同一感建立的过程，在这一阶段中，他们的内心有许多的矛盾与冲突，当目标与理想不一致时，焦虑不安、抑郁等情绪会迫使他们更需要释放压力，而手机这一虚拟工具则为他们提供了这一途径。在手机上他们可以制造虚拟的身份，得到许多现实中得不到的成就感，以弥补现实中未获得的社会支持（姜永志、白晓丽，2014）。低手机依赖组在手机依赖量表四个维度上的得分及正负性情绪量表的得分均介于高手机依赖组与无手机依赖组之间，他们不会花过多的时间在使用手机上，不会因为没有短信或者电话就感到焦虑不安，也不会感到过于的不被接受或孤单，对他们来说手机不是生活的全部，他们不完全依赖手机来表达自己的情感，但生理和心理上仍会受到一些影响，这与 Potembska 和 Pawlowska（2012）的研究结论一致。无手机依赖组在手机依赖四个维度上的得分最低，负性情绪得分最低，正性情绪得分最高。这表明无手机依赖者能处理好自己与手机的关系，不会过度使用也没有产生依赖，生活的中心不是手机，也不容易产生负性情绪。Chen 等（2016）的研究结果显示，无手机依赖者在手机使用上花费更少的金钱和时间，更不容易产生负面情绪。

本书发现不同手机依赖的潜在类别在正、负情绪得分上有显著差异，这在一定程度上证明了三种潜在类别的分类具有合理性。从负性情绪具体得分来看，最高为高依赖组，低依赖组次之，无依赖组最低。这表明高依赖组更易产生负性情绪，与以往的研究结果一致（Ha，Chin，Park，Ryu & Yu，2008）。手机依赖会增加苦恼、强化焦虑和抑郁等负性情绪（Dong，Park，Kim & Park，2016；Jun，2016）。汪婷和许颖（2011）的研究表明，手机依赖大学生抑郁水平更高，生活和学习满意度更低，这可能因为他们较为孤僻，加之社会支持水平较低，更加容易有焦虑、抑郁等不良情绪体验。此外，对社交软件、游戏等痴迷的大学生无心学习，从而导致学习成绩下降，而学业成绩不良也会影响情绪（赵淑媛、蔡太生、陈志，2012）。负强化情绪加工模型指出，个体对负性情绪的逃避反应是其成瘾行为维持的深层次动机，例如网络游戏成瘾、手机成瘾等（Roberts & David, 2016; Wan & Chiou, 2006）。

Baker, Piper, Mccarthy, Majeskie 和 Fiore（2004）指出，个体会因逃避消极情绪而发展行为成瘾。由于积极情绪是消极情绪的对立面，因此通过提高积极情绪能够减少消极情绪的水平（郭小艳、王振宏，2007）。因此，可以从提高大学生手机依赖者积极情绪体验的角度入手，减少其对负性情绪的过度敏感（高园园、张欣、陈哲，2017）。具体可从学校和个人两方面入手。对个人来说：（1）改变认知，加强自我关注。可回忆父母、朋友曾经对自己的帮助，体验到自己是被周围人所关爱的，增强自身社会支持感。通过社会支持获得心灵满足，而非依靠手机寻求慰藉，进而降低对手机的需求（韩雪，2014）。（2）转移注意力，排解不良情绪。例如可通过体育锻炼、社交等方式排解不良情绪，能够自行化解焦虑和抑郁，降低精神压力和孤独感，减少手机使用频率（杜立操、熊少青，2009）。对学校来说：（1）针对性开展心理疏导，通过团体辅导对手机依赖的大学生进行心理疏导，增强其自我控制能力，降低他们对手机的依赖（陈秀清，2014）。（2）加强对学生的关注，老师应当多倾听他们的内心需求，并及时给予回馈，使其感到被关爱和重视。同时多开展团体活动、宿舍文化节等集体项目，丰富大学生的日常生活（高峰强、张雪凤、耿靖宇、胥兴安、韩磊，2017）。

五 未来研究方向

其一，本书只对手机依赖群体的情绪特征进行了研究，未来可进一步增加研究变量，例如人格特征、自我效能感等，更加全面了解手机依赖群体的心理特征。其二，本书仅从潜在类别结构角度探讨了不同类型的手机依赖群体的情绪特征，并未探讨对潜在结构有预测作用的变量在其中的作用（如自我控制水平等），今后可以加入这些预测变量进行研究。其三，本书中，手机依赖群体负性情绪较非手机依赖群体高，这体现了手机依赖群体对负性情绪更易感。未来可以在这种高敏感性的基础上增加有关变量,建立手机依赖风险模型,探索手机依赖形成机制。

六 结论

(1)潜在剖面模型结果显示,大学生手机依赖类型可分为三个潜在类别:高手机依赖组(n=86,24.0%),低手机依赖组(n=187,52.1%)和无手机依赖组(n=86,24.0%)。(2)不同手机依赖类型在情绪体验上存在差异,在负性情绪体验上,高依赖组得分高于低依赖组和无依赖组。在正性情绪体验上,无依赖组得分高于低依赖组和高依赖组。

第三章

青少年手机依赖的元分析研究

一 引言

移动终端的出现使得传统的网络生活向移动互联网扩展，这也导致手机依赖群体规模呈现逐年上升的趋势，尤其是在青少年群体中得到迅速蔓延。据调查显示，青少年中手机依赖的比例在多个地区均达到30%以上，对青少年学业成绩、职业发展、身心健康等方面产生的负面影响日趋明显，引起了社会各界的广泛关注（刘庆奇、周宗奎、牛更枫、范翠英，2017；Roh et al.，2018）。手机依赖的特征表现在个体由于无法控制地使用手机，导致生理、心理、社会功能明显受损（Billieux et al.，2015）。目前，国内手机依赖的测评工具主要是通过参考Young编制的一系列网络成瘾量表并结合访谈结果改编而来。大致分为熊婕修订版本以及部分自编量表（刘勤学、杨燕、林悦、余思、周宗奎，2017）。同时，大量研究探讨了手机依赖的风险因子，发现手机依赖除了受到外部环境影响外，还与个体自身因素密不可分，其中人格特质被认为在青少年手机依赖的形成过程中扮演着重要角色（张斌等，2017；Desola, Rodríguez & Rubio，2016）。

通过回顾以往文献，在手机依赖与人格特质的关系研究中，国内研究者较多地使用艾森克人格量表作为测评手机依赖个体人格特质的工具。例如，章群等人（2018）研究发现外倾性与手机依赖存在中等程度的显著负相关（$r = -0.46$），他们认为这个结果充分地反映了社会增强理论，即对于低外倾性的个体，通过使用手机可以有效增强他们与外界的联系，以弥补其语言表达技巧和社交能力的不足，同时还能避免由于现实接触而造成的尴尬，这些都间接地造成了个体频繁甚至过度地使用手机，增加成瘾的风险（Bahtiyar，2015）。但是，也有研究得出完全相反的结果。如张军（2016）的研究指出，外倾性与手机依赖存在显著正相关（$r = 0.13$），并尝试通过最佳唤醒理论来解释两者之间的关系，认为人的最佳唤醒水平之间存在个体差异，相比于低外倾性，高外倾性的个体由于本身具备更高的感觉需求，因此也需要更多的外界刺激来不断满足其唤醒水平（Hussain, Griffiths & Sheffield，2017）。就刺激源来看，手机浩瀚的信息量，丰富、新颖的信息类型，正好满足了高外倾性对刺激的需求。此外，在手机依赖与精神质的相关研究中，一些研究发现二者之间存在显著正相关，并从进化心理学的角度指出，由于人类自然力量的局限性驱使人们选择群居以弥补自身的不足，社会化也逐渐进化为个体的基本需求（贺金波、祝平平、聂余峰、应思远，2017）。而对于社会化程度较低的高精神质个体，当其面临生活压力时，往往缺乏有效应对策略只能独自承担，因此也更可能依赖手机来逃避现实压力。但也有部分研究认为精神质与手机依赖可能并不存在显著相关关系，如邱致燕等人（2014）对手机依赖组和非手机依赖组的人格特质水平进行了调查，发现两组成员在精神质得分上不存在显著差异。史滋福等人（2017）对476名大学生进行了量表施测，结果也并未发现精神质与手机依赖存在显著相关。因此，手机依赖与精神质之间相关程度到底如何，仍需进一步证明。同样，在手机依赖与神经质的研究中也存在不小争议，尽管大多数研究基于情绪宣泄理论（Li, Jiang & Ren，2017），认为高神经质个体长期处于情绪不稳定的状态当中，需要不断寻求应对负性情绪的方法，而智能手机触手可及和多元化的娱乐方式为他们调节情绪提供了更多的可能，二者之间呈显著正相关。但研究之间结果差异较大，r 值从 0.03 到 0.50。

综上所述，目前国内手机依赖与艾森克人格特质研究积累了丰富的实证成果，但各项研究在关系强度、方向及显著性上仍存在分歧。主要原因很可能是因为研究之间存在测量工具、被试年龄、研究区域等差异，导致研究结果不尽相同。虽然有研究曾尝试对手机依赖与人格维度的关系进行元分析，但相关文献仅16篇，可能无法有效代表目前手机依赖与艾森克人格特质的研究水平，且调节变量仅考查了测量工具和文献类型，也并未分析以往研究不一致的原因（郭璐，2018）。因此，有必要在对相关文献进行充分梳理的基础上，进行更全面的元分析研究。基于对以上问题的思考，本书拟运用元分析技术对国内手机依赖与艾森克人格特质的研究进行定量的整合分析，并系统探讨可能对二者关系产生影响的调节变量，以澄清现有文献在研究结论上的争议。从而更加客观、准确地评价我国青少年依赖手机的人格特质倾向，为评估及预防青少年手机依赖提供理论依据。

二 研究方法

（一）文献搜索与筛选

本书对中文和英文文献进行了全面搜索，检索时间跨度从 2012 年至 2020 年。中文数据库包括中国知网、维普、万方数据库。英文数据库包括 EBSCO、Web of Science、Psy INFO、Google Scholar。主要检索词为：手机依赖（Smartphone addiction）、手机依赖（Mobile phone dependence）、人格（Personality）、神经质（Neuroticism）、外倾性（Extraversion）、精神质（Psychoticism）等。为了避免遗漏，同时对下载到的论文参考文献进行二次搜索。检索到的文献均通过以下标准进行筛选：（1）必须是关于手机依赖和艾森克人格维度之间的定量实证研究；（2）至少报告了手机依赖量表总分或全因子分与人格量表某一维度得分的相关系数 r 值（或能转化为 r 值的其他效应量）；（3）研究之间相互独立，排除交叉样本或重复发表的文章；（4）研究对象均为中国青少年，且排除如精神疾病、留守儿童等特殊群体；（5）样本量明确。

（二）文献编码

对文献进行如下编码：文献信息（作者名 + 文献时间），出版年，女性占比，样本量，被试平均年龄，报告质量，研究区域（东部、东北部、中部、西部），手机依赖测量工具（熊婕、自编）等（如表 3-1 所示）。对每个样本进行独立编码，若一篇论文包含多个独立样本或结局指标，则相应分为多个效应量。同时，为保证结果的准确性，文献中调节变量若未报告或不清晰的，将不纳入分析。该过程首先经作者查阅资料编制文献编码表。然后，由 2 名编码者依据文献纳入和排除标准各自独立完成，再将两份结果进行反复校对，核查数据的准确性。通过对比发现，编码的一致性接近 98%。

表 3-1　　　　　　　　　　纳入元分析研究的基本资料

作者（发表时间）	样本量（份）	女性（%）	平均年龄	报告质量	研究区域	测量工具	结果变量	效应量（r）
肖祥, 2012	529	0.44	不详	学位	中部	熊婕	E & P & N	0.05 & 0.36 & 0.29
刘鹏, 2014	392	0.67	不详	学位	中部	王正翔	E & P & N	0.01 & 0.13 & 0.46
张锐, 2017	459	0.59	16.82	学位	中部	梁永炽	E & P & N	-0.02 & 0.07 & 0.33
熊思成, 2019	421	0.71	20.28	学位	中部	Kwon	N	0.50
曾宇豪, 2018	395	0.59	不详	学位	中部	熊婕	E & P & N	-0.04 & 0.17 & 0.39
迟宝华, 2019	968	0.39	21.43	核心	东北	苏双	E & N	-0.46 & 0.45
杜立操, 2012	390	0.54	不详	一般	西部	自编	E & P & N	0.12 & 0.07 & 0.19
史滋福, 2017	476	0.62	不详	一般	中部	韩永佳	E & P & N	-0.34 & -0.06 & 0.13
徐华丽, 2017	586	0.68	20.62	一般	东北	熊婕	P & N	0.18 & 0.24
高晓华, 2017	518	不详	不详	一般	西部	Bianchi	E & P & N	-0.01 & 0.03 & 0.03
张建育, 2019	859	0.59	20.27	一般	中部	熊婕	E & P & N	-0.12 & 0.11 & 0.35
吴玉, 2015	340	0.72	不详	一般	东部	熊婕	E & P & N	0.07 & 0.21 & 0.28
王相英, 2012	287	0.60	不详	核心	东部	熊婕	E & P & N	0.04 & 0.30 & 0.36
张军, 2015	307	0.69	不详	一般	中部	熊婕	E & P & N	0.13 & 0.25 & 0.39
邱致燕, 2014	376	0.60	19.40	一般	中部	熊婕	E & P & N	0.01 & -0.02 & 0.30
李海迪, 2014	232	不详	不详	一般	东北	自编	P & N	0.16 & 0.27
葛缨, 2013	323	0.50	不详	核心	西部	自编	P & N	0.51 & 0.41
郭璐, 2017	317	0.66	不详	一般	不详	熊婕	E & P & N	-0.09 & 0.09 & 0.22
洪艳萍, 2013	266	0.57	20.12	一般	中部	自编	P	0.12
徐宏图, 2018	491	0.43	19.71	一般	中部	熊捷	E	-0.18
张军, 2016	276	0.70	不详	一般	不详	熊婕	P & N	0.31 & 0.48
章群, 2016	901	0.45	不详	核心	东部	自编	E & N	-0.41 & 0.45
梁挺, 2016	966	0.57	19.30	一般	不详	熊婕	N	0.47
朱玲玲, 2016	2092	0.41	18.82	一般	东部	熊婕	E & P & N	-0.11 & 0.25 & 0.38
甘良梅, 2015	302	0.46	20.15	一般	东部	熊婕	E & P & N	-0.02 & 0.14 & 0.26
吴玉芳, 2015	168	0.55	16.00	一般	东部	自编	P & N	0.07 & 0.19
陈雪红, 2018	1073	0.66	不详	一般	不详	熊婕	E & P & N	-0.02 & 0.14 & 0.26
朱其志, 2017	516	0.54	不详	一般	东部	自编	N	0.25

续表

作者 (发表时间)	样本量 (份)	女性 (%)	平均 年龄	报告 质量	研究 区域	测量 工具	结果 变量	效应量(r)
何安明，2019	471	0.75	20.43	核心	中部	梁永炽	E & N	-0.12 & 0.37
赵彧儒，2016	350	0.47	不详	学位	东北	王小辉	E & N	-0.06 & -0.08 & 0.30
Wong，2019	359	不详	不详	不详	东部	自编	E & P & N	0.09 & 0.18 & 0.17
Gao，2017	722	0.71	20.50	不详	东北	不详	N	0.32

注：(1) 手机依赖测量工具中显示的为编者姓名。(2) 结果变量中，E = 外倾性；P = 精神质；N = 神经质。

（三）数据处理

选用 CMA 2.0（Comprehensive Meta Analysis 2.0）进行数据处理，以相关系数 r 值作为评估人格维度与手机依赖关系的效应量。同时，对于仅报告了 F 值、t 值、χ^2 值，而未报告二者之间的相关系数的部分文献，本书将根据相应的公式对其进行系统转换。采用 Q 检验和 I^2 指标评价数据的异质性，当研究结果同质，选用固定效应模型，结果异质，则采用随机效应模型（Berkeljon & Baldwin，2009）。并进一步分析其异质性的来源，将可能导致异质性的调节变量进行亚组分析。依次运用漏斗图（Funnel Plot）、Egger's 检验、失安全系数（Rosenthal's Classic Fail-safe N，N_{fs}）综合评估研究的发表偏倚，排除由于样本缺乏代表性或研究结果不显著而未发表对真实结果造成的影响。

三 结果与分析

（一）文献纳入结果

本书根据以上标准对相关文献进行检索，最终录入文献 32 篇，共计 76 个效应量，被试总数为 17128 人。其中英文文献 2 篇（研究对象为中国样本），中文文献 30 篇，筛选过程如图 3-1 所示。特征编码显示，研究样本量为 168—2092；调查涵盖中国东部、东北部、西部、中部各地区，共计 15 个省级行政区域；研究对象均为中国青少年，平均年龄在 16.00—21.43 岁；因中国智能手机普及起始年份为 2012 年（谢虹，2013），考虑到智能手机与非智能手机在成瘾机制上可能存在差异，所以本次元分析选取时间为 2012—2020 年，以排除非智能手机研究造成的干扰。

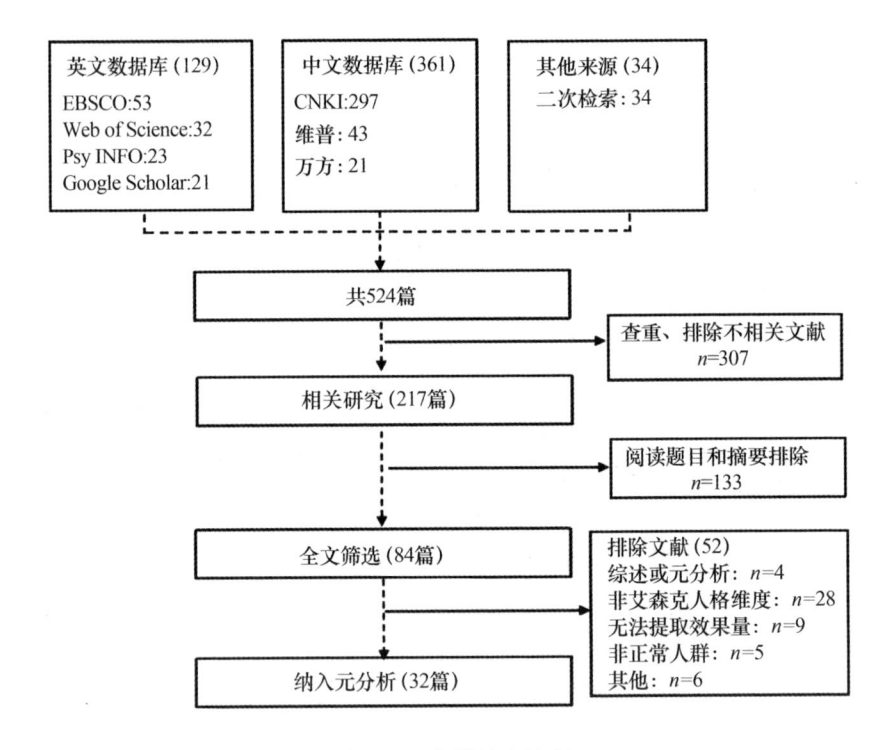

```
┌─────────────────────┐  ┌─────────────────────┐  ┌─────────────────────┐
│ 英文数据库 (129)    │  │ 中文数据库 (361)    │  │ 其他来源 (34)       │
│ EBSCO:53            │  │ CNKI:297            │  │ 二次检索: 34        │
│ Web of Science:32   │  │ 维普: 43            │  │                     │
│ Psy INFO:23         │  │ 万方: 21            │  │                     │
│ Google Scholar:21   │  │                     │  │                     │
└─────────────────────┘  └─────────────────────┘  └─────────────────────┘
              │                     │                     │
              └─────────────────────┼─────────────────────┘
                                    ▼
                          ┌──────────────────┐
                          │   共524篇        │────────►  查重、排除不相关文献
                          └──────────────────┘           n=307
                                    │
                                    ▼
                          ┌──────────────────┐
                          │ 相关研究 (217篇) │────────►  阅读题目和摘要排除
                          └──────────────────┘           n=133
                                    │
                                    ▼
                          ┌──────────────────┐           排除文献 (52)
                          │ 全文筛选 (84篇)  │────────►  综述或元分析: n=4
                          └──────────────────┘           非艾森克人格维度: n=28
                                    │                    无法提取效果量: n=9
                                    ▼                    非正常人群: n=5
                          ┌──────────────────┐           其他: n=6
                          │ 纳入元分析 (32篇)│
                          └──────────────────┘
```

图 3-1 文献纳入流程

（二）效应量与异质性检验

依据异质性检验标准，当 Q 值呈显著水平，说明各项研究存在异质性。同时，当 I^2 指数处于 25%、50%、75% 的临界值时，分别表示异质性低、中、高水平（Huedo-Medina, Sánchez-Meca & Marín-Martínez, 2006）。表 3-2 结果显示，本书三个结局指标 Q 值均呈显著水平（$P<0.01$），且 I^2 大于 75%，故采用随机效应模型分析效应量。根据 Lipsey 和 Wilson（2001）的评判标准，当相关系数 $r \leqslant 0.10$ 时为小效应；$0.10<r<0.40$ 时为中效应；$r \geqslant 0.40$ 时为高效应。本书通过综合各项研究效应量，发现手机依赖与外倾性（$r=-0.07$, $P>0.05$）的效应量不显著，为小效应；手机依赖与精神质（$r=0.16$, $P<0.01$）和神经质（$r=0.32$, $P<0.01$）的效应量均显著，为中效应。综合结果可知，精神质和神经质维度上得分

越高，青少年罹患手机依赖的可能性越高。

表3-2　　　　　　　效果量的异质性检验及发表偏倚结果

结局指标	k	N	r	异质性检验			发表偏倚检验			
				Q值	df	I^2	N_{fs}	Egger's intercept	SE	95% CI
外倾性	22	12652	-0.07	387.69**	21	94.58	547	6.22	3.02	[-0.07, 12.53]
精神质	24	11672	0.16**	191.46**	23	87.99	1626	-1.55	1.96	[-5.61, 2.51]
神经质	30	16371	0.32**	234.60**	29	87.64	3527	-2.86	1.78	[-6.51, 0.79]

注：k 代表效应量；N 为被试总数；* $P<0.05$，** $P<0.01$，下同。

（三）发表偏倚

为了确保纳入的文献能全面地代表研究的总体，需要对元分析进行发表偏倚检验。首先，通过漏斗图（fuunel plot）观察文献是否大致分布在总效应量的两侧，直观评判研究风险性（Viechtbauer, 2007）。图3-2、图3-3、图3-4均显示，手机依赖与各人格维度关系的研究文献基本围绕平均效应量对称分布，表明研究不存在严重的风险。其次，采用失安全系数（N_{fs}）进行评估，根据 Borenstein 等人（2009）的建议，N_{fs} 越大，发生

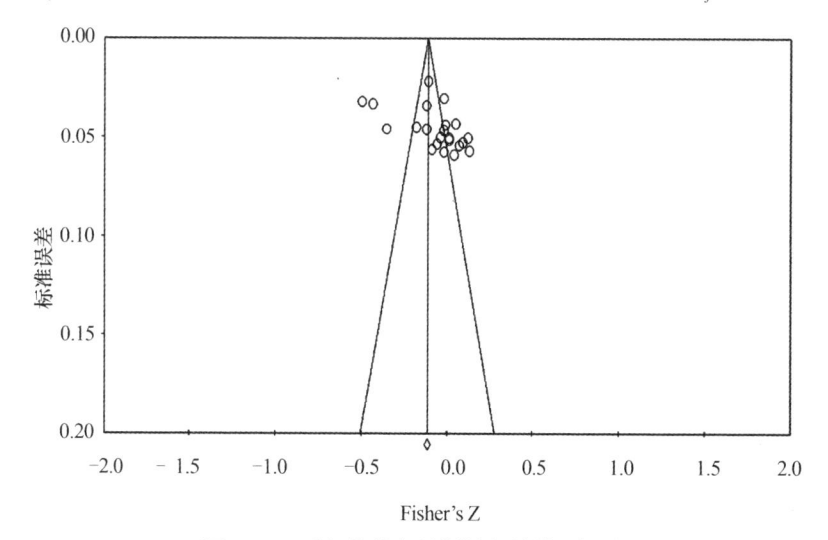

图3-2　手机依赖与外倾性相关关系漏斗

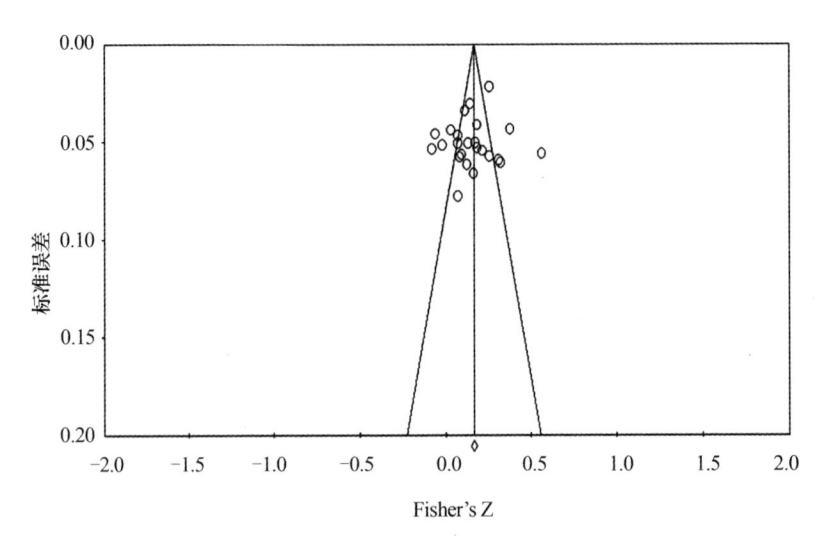

图 3-3　手机依赖与精神质相关关系漏斗

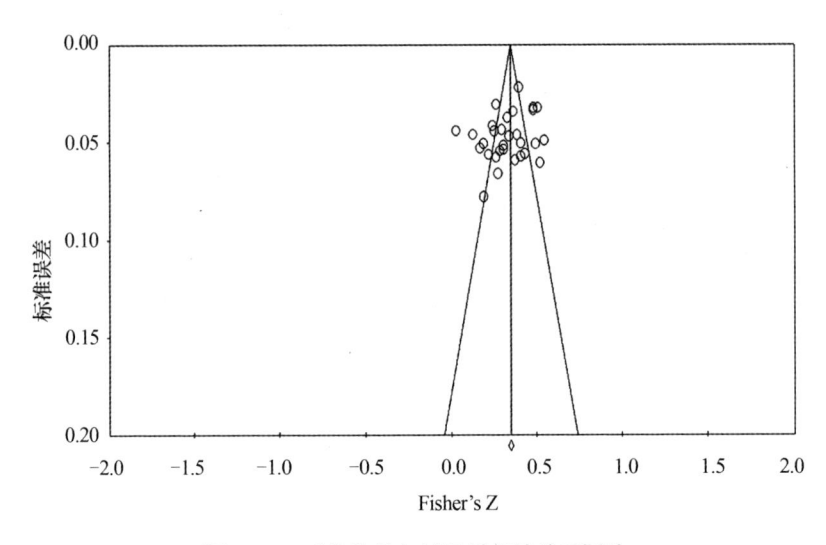

图 3-4　手机依赖与神经质相关关系漏斗

偏倚的风险性越小，当 N_{fs} 值大于 $5k+10$（k 为研究的数目）时，表明发表偏倚得到有效控制。表 3-2 显示，外倾性、精神质、神经质 N_{fs} 分别为 547、1626、3527，均大于 $5k+10$，同样表明不存在发表偏倚。最后通过 Egger 线性回归进行验证，若得到结果不显著，则提示发表偏倚可以忽略（Egger & Smith，1998）。结果显示，各人格维度与手机依赖的关系在 Egger

线性回归的95%置信区间均包含0。综合可知，本书的结论真实有效。

（四）敏感性分析

由于个别文献中的极端值可能对元分析的结果造成干扰，因此本书采用敏感性分析，将每个研究逐次移除后计算总效应大小，再与原效应量进行对比，通过考查是否发生明显变化，从而判断极端值的影响（李梦龙、任玉嘉、蒋芬，2019；丁凤琴、赵虎英，2018）。结果显示，在手机依赖与各个人格维度的关系上，删除任何一篇文献，效应量均无明显变化。其中，外倾性效应值的最大变化量为0.014；精神质与神经质效应值的最大变化量均为0.010。反映出剔除任一数据前后总效应量比较接近，结果稳定性较好。

（五）调节效应分析

异质性检验提示，手机依赖与各人格维度关系的效应量均呈高异质性，表明可能存在显著的调节变量。考虑到手机依赖与外倾性的效应量不显著，分析调节效应并无实际意义（卢谢峰、韩立敏，2007），故本研究仅对报告质量，研究区域，测量工具等6个变量在手机依赖与精神质、神经质关系中的调节效应进行探讨（见表3-3、表3-4）。结果显示，报告质量、性别对手机依赖与精神质、神经质的关系均有显著影响。而出版年代仅对手机依赖与精神质的关系有显著影响。具体来看，在报告质量上，核心期刊在手机依赖与精神质、神经质的关系中效应量最大，学位论文次之，普通期刊最低。元回归分析显示，女性占比显著负向调节手机依赖与精神质、神经质的关系；出版年代显著负向调节手机依赖与精神质的关系。而研究区域、手机测量工具和被试年龄均对手机依赖与精神质、神经质的关系无显著影响。

表3-3　　　　　　　　手机依赖与精神质调节效应分析

调节变量		k	N	r/slope	95% CI	HeterogeneityQ
报告质量	学位	5	2125	0.13	−0.01—0.28	5.74*
	普通	16	8578	0.12	0.07—0.18	
	核心	2	610	0.41	0.19—0.60	

续表

调节变量		k	N	r/slope	95% CI	HeterogeneityQ
研究区域	东部	6	3548	0.19	0.13—0.26	2.31
	东北	3	1168	0.09	-0.08—0.25	
	中部	9	4059	0.13	0.04—0.21	
	西部	3	1231	0.21	-0.10—0.49	
手机测量工具	熊婕	13	7739	0.19	0.13—0.24	0.01
	自编	6	1738	0.19	0.04—0.34	
出版年		24	11672	-0.02	-0.03—-0.01	22.67**
被试年龄		8	5108	-0.01	-0.02—0.02	0.01
女性%		21	10563	-0.37	-0.56—-0.19	15.55**

注：r 代表分类变量的效应量；slope 为连续变量的效应量，下同。

表3-4　　　　　　　手机依赖与神经质调节效应分析

调节变量		k	N	r/slope	95% CI	HeterogeneityQ
报告质量	学位	6	2546	0.38	0.31—0.45	16.69**
	普通	17	9794	0.28	0.22—0.34	
	核心	5	2950	0.42	0.38—0.46	
研究区域	东部	8	4965	0.30	0.23—0.37	2.26
	东北	5	2858	0.32	0.23—0.41	
	中部	10	4685	0.35	0.29—0.41	
	西部	3	1231	0.21	-0.01—0.42	
手机测量工具	熊婕	14	8705	0.34	0.29—0.38	0.97
	自编	7	2889	0.28	0.18—0.38	
出版年		30	16371	0.01	-0.01—0.01	0.74
被试年龄		12	8390	0.02	-0.01—0.03	2.72
女性%		27	15262	-0.22	-0.36—-0.08	9.07**

四　讨论

本书采用 meta 分析的方法，综合评估了手机依赖与艾森克人格特质的关系。发现在青少年群体中，手机依赖与外倾性相关程度不显著（r =

-0.07)。该结果佐证了社会增强理论与最佳唤醒理论，即对于低外倾性的个体，通过频繁地使用手机，可以有效增强其社交技能，改善人际环境。同时，对于高外倾性的个体，手机所提供的海量信息与极具诱惑的应用软件，能满足其对于刺激的需求，提高唤醒水平。这说明随着智能手机的普及，其独特的魅力以及实用性对于内向和外向性格的青少年都具有极强的吸引力。因此，在一定程度上两者之间相互抵消，导致外倾性与手机依赖的关系不显著。此外，本书发现手机依赖与精神质呈中等程度正相关（$r=0.16$）。精神质反映着个体的精神心理疾病的易感性和反社会行为趋势，相比于低精神质，高精神质个体社会化程度普遍较低，体验到较高的孤独感，以及对他人抱有更多的敌意（Dunlop，Morrison & Koenig，2012）。研究表明，高精神质者由于其个性特点很难融入周围环境，心中长期积压的愤懑情绪，便渴望通过暴力、破坏的形式进行宣泄（王丽芳等，2014）。但由于现实中存在法律和条例，这种行为会产生较高的社会风险成本，而采用网络攻击的方式则能使社会风险成本相对降低（贺金波、祝平平、聂余峰、应思远，2017）。因此，网络中的暴力视频、游戏、恐怖电影等，便成为了他们自我宣泄的主要途径，这也增加了其使用手机等网络媒介的频率。最后，本书还发现手机依赖与神经质呈中等程度正相关（$r=0.32$），该结果也与大部分研究相吻合，充分说明了高神经质的个体因频繁受到情绪波动而苦恼，而沉浸在手机提供的虚拟世界中对这些烦恼有慰藉作用（Gao，Xiang，Zhang，Zhang & Mei，2017）。尤其是在青少年时期，处于"疾风怒涛期"的他们，更易受到情绪不稳定的困扰，再加上此阶段青少年自我管理和约束力普遍较弱，而手机相对其他互联网媒介又具有便携性、广泛性、隐蔽性的特点，导致在青少年群体中，手机依赖与神经质的关系可能更为紧密（熊思成，2019）。

针对以往研究之间存在的分析，本书对可能影响手机依赖与艾森克人格特质关系的多个因素展开调节效应分析。结果发现，文献报告质量对手机依赖与精神质、神经质的关系均有显著影响。其中，核心期刊效应量最高，学位论文次之，普通期刊最低。有学者曾提出不同期刊类型对研究结果可能有影响，显著的结果比不显著的结果更易发表（Viechtbauer，2007）。为了排除研究结果不显著而未发表对真实结果造成的干扰，本书通过漏斗图、Egger's 检验、失安全系数逐步排除发表偏倚，确保了纳入的文献结果相对可靠。然而，本次研究虽表明期刊类型的差异并未构成发表偏倚，但也提醒研究者在引用高质量文献结论时，应综合考虑其他类型文献，避免造成对研究结果的过高估计。

经元回归分析显示，在性别方面，女性占比显著负向调节手机依赖与精神质、神经质的关系。表明随着女性数量增加，手机依赖与精神质、神经质的关系呈逐步减弱趋势。以往调查显示，男女在手机内容的使用上存在差异，女性偏好通过手机进行社交、购物，男性则更多地用于游戏与观看视频（Desola, Rodríguez & Rubio, 2016）。相对于女性，男性接触到的暴力游戏和视频更多，卷入程度也更高（Vangeel et al., 2017）。因此，在高精神质的个体中，男性更倾向通过手机暴力游戏舒缓压力，从而增加了手机依赖的可能性。导致在手机依赖与精神质的关系上男性大于女性。而在手机依赖与神经质的关系中，同样发现女性在二者相关程度上更低。这可能是因为女性的情绪智力水平、情绪调节策略均优于男性（张亚利等，2018），处于情绪波动期的她们，将拥有更多的方式去调节，如向人倾诉、哭泣等，而不仅仅是通过手机。在出版年代方面，本次研究将发表于 2012 年至 2020 年的文献纳入分析，发现出版年代显著负向调节手机依赖与精神质的关系。说明越是新近发表的文献，手机依赖与精神质的相关程度就越低。近年来，随着国家持续加强对网络安全监管，取缔了大量暴力游戏、视频及不良网络信息，导致个体通过手机接触暴力视频和游戏的概率逐渐减少（孙司芮，2016）。因此，在一定程度上削弱了精神质与手机依赖的关系。同时，本书还发现手机依赖与神经质之间关系随年代无显著变化，这再次验证了智能手机作为现代人的主要工具，可以调适个人情绪和压力，但也容易导致情绪不稳定的个体对手机产生依赖性，且这种关系保持长时期的稳定。

此外，本书显示，研究区域对手机依赖与精神质、神经质的调节效应不显著。表明在中国范围内，手机依赖与精神质、神经质的关系不受区域经济、文化差异的影响。同时，手机测量工具调节效应不显著，反映出不同手机测量工具之间具有较强的一致性，这可能是因为无论是熊婕修订版还是其他自编量表，理论基础均来自网络成瘾量表，测验内容也基本都在 20 个项目左右（刘勤学、杨燕、林悦、余思、周宗奎，

2017）。因此，二者之间具有较强的同质性，排除了测量工具对研究结果的干扰。值得一提的是，以往研究表明，手机依赖倾向会随着个体年龄增长而出现下降趋势（Hwang, Yongsuk & Park, 2017）。而本次研究发现，被试年龄调节效应不显著，这说明手机依赖与精神质、神经质的关系在青少年时期并无明显变化，可能具有阶段稳定性。但同时也应注意，本次研究纳入被试年龄范围为16.00—21.43岁，未包含整个青少年阶段，未来可进一步扩大年龄范围以验证该结论是否稳健。

五 研究不足与展望

本次研究共纳入文献32篇，样本量17128人，分析结果相对稳定。尽管无法确认手机依赖与艾森克人格特质之间的因果关系，但基本可以认为在精神质和神经质维度上得分越高的青少年，其伴随手机依赖的风险性就越高。研究不足：（1）本次研究基于艾森克人格理论，考查手机依赖与艾森克人格特质之间的关系，未能充分兼顾到所有的人格类型，如大五人格。未来可进一步扩大研究范围，全面了解手机依赖与各人格维度的联系。（2）在进行亚组分析时，各调节变量数量分布不够均衡，以及个别样本量偏少，这可能会影响研究结果。（3）本次研究仅考查了报告质量、研究区域、测量工具等6个变量的调节效应。可能还有其他因素对手机依赖与艾森克人格特质之间的关系有着调节作用，未来有必要进一步研究。

六 结论

（1）手机依赖与精神质（$r=0.16$，$P<0.01$）、神经质（$r=0.32$，$P<0.01$）存在中等程度正相关，而与外倾性（$r=-0.07$，$P>0.05$）相关不显著。（2）调节效应检验表明，报告质量、性别对手机依赖与精神质、神经质的关系有显著影响；而出版年代仅对手机依赖与精神质的关系有显著影响。

第四章

青少年手机依赖形成的心理社会因素

第一节 子研究一：青少年人格特质与手机依赖的关系：情绪体验的中介作用

一 引言

随着新兴技术的发展，手机作为一种通信工具，突破了人们在交往过程中的地域性和时间性的限制，极大地便利了人们的沟通与交流。各种各样的功能在手机中得到了广泛的应用，这些功能不仅涵盖了即时通信，还包括了影视、音乐、游戏、购物、网上约车等各种与生活方式息息相关的应用，这些功能使得手机成为一种必需品。截至2019年6月，中国共有网民人数8.47亿，网民中手机使用的比例由2018年年底的98.6%提升至2019年的99.1%（中国互联网络信息中心，2019）。然而，尽管智能手机集众多优点于一身，但一系列心理、生理及社会问题也逐渐涌现，如逃避现实、过度使用手机、手机依赖等。手机依赖又被称为手机成瘾或是问题性手机使用，对于它的定义有多种，Goswami 和 Singh（2016）认为手机依赖是个体在过度使用手机的状态下，出现的心理、生理及社会功能显著受损的现象；Kim，Lee 和 Choi（2015）则认为手机依赖是个体在不合理地使用智能手机时产生的身心适应困难的一类病症，并提出其标准有如下三点：过度使用手机；手机对个体的工作、学业与日常生活产生了负性的影响；以及当个体无法正常使用手机时，心理、生理会出现适应困难症状。现今对于手机依赖仍缺乏一致的定义，但较多学者表示手机依赖作为强迫性依赖行为，应被纳入行为成瘾范围。随着手机用户数量的增加，手机依赖人数呈逐年上升趋势，尤其是在热衷于追求新颖事物的青少年中，智能手机成为其追随社会热点与彰显自我身份的最主要工具。有调查表明，57.4%的大学生在缺乏手机的状态下会感到焦虑与难以适应（周挥辉、党波涛、蒋永红，2011）。

许多研究表明，人格特质是影响手机依赖的重要因素之一（Billieux，2012；刘勤学、杨燕、林悦、余思、周宗奎，2017）。有研究者发现，外倾性高的个体更倾向于频繁地使用手机，个体的外倾性与神经质得分越高，以及宜人性与责任心得分越低，越倾向于使用智能手机的短信服务功能，且宜人性得分较低的个体更倾向于使用手机的游戏功能（Phillips，Butt & Blaszczynski，2006；Butt & Phillips，2008）。神经质得分高的个体使用社交网站的频率更高（Wolfradt & Doll，2001），并且更易通过使用网络来缓解孤独感（Amichai-Hamburger & Ben-Artzi，2003）。Seo（2013）在韩国女性大学生群体中开展的研究发现，大五人格对Facebook成瘾具有显著影响，外倾性与神经质对Facebook成瘾具有正性影响，而责任心、开放性与宜人性与Facebook成瘾没有显著关系。Cho（2014）发现，在中学生群体中，只有神经质对智能手机依赖的易感性具有显著影响。国内学者也发现，高外倾性与神经质的个体发生手机依赖的可能性更大（陈少华、陈少惠、胡兆云、刘倩，2005；秦曙，2009）。杜立操和梁杰华（2010）的研究也证实神经质与内外向可以显著预测个体的手机依赖行为。

个体的情绪体验与人格特质具有紧密的联系。有学者指出，神经质可以显著地预测个体的消极情绪（Rodriguez & Church，2003）。耿耀国、李飞、苏林雁和曹枫林（2006）的研究指出在网络成瘾的青少年群体中，神经质得分高的个体更易受到焦虑等负性体验的困扰。吴凡和吴江颖（2012）也表示对于情绪不平衡、稳定性差、外倾性高的酒精依赖者，其患有情绪障碍的可能性较大。此外，个体的情绪体验也会影响其使用手机的行为。根据物质使用障碍的自我治疗模型，饱受抑郁情绪困扰的青少年可能会通过上网或是发送短消息来改善自身的情绪，因为这种方式更为便利且伤害更小（Lu et al.，2011）。Demirci、Akgönül和Akpinar（2015）的研究表明，高手机使用组的抑郁与焦虑水平显著高于低手机使用组，手机使用的强度与抑郁、焦虑呈显著正相关。在很长一段时间内体验到消极情绪的个体倾向于采用物质滥用与依赖的方式来逃避这种不愉快的体验（Acharya，Acharya & Waghrey，2013）。同时，国内研究者王欢、黄海和吴和鸣（2014）也发现在大学生群体中，焦虑对于手机依赖具有预测作用。周芳、刘儒德、郭明佳和蒋舒阳（2017）也指出个体的负性体验对于网络成瘾具有预测作用。

因此，综上所述，本书拟考虑大学生的人格特质通过情绪体验作用于手机依赖，旨在探讨在大学生人格特质与手机依赖的关系中，情绪体验是否发挥中介作用，以期深入、系统地剖析青少年手机依赖的具体机制，为干预青少年手机依赖、帮助青少年健康成长提供可行的理论根据。

二 研究方法

（一）被试

采取随机整群抽样，选取来自长沙某高校的大学生作为研究对象。共有400名学生参与本书，在获得教师和学生的知情同意后，研究者在班级发放调查问卷，并强调了所填答案的真实性、独立性以及数据的保密性。筛选出错误作答和不完整作答的问卷后，有效问卷数为359份。包括女生216人，男生143人；农村生源212人，城镇生源147人。

（二）工具

1. 手机成瘾倾向量表

采用熊婕、周宗奎、陈武、游志麒、翟紫艳（2012）编制的手机成瘾倾向量表（Mobile Phone Addiction Tendency Scale，MPATS），共有16项条目，包含4个因子，分别为戒断症状、突显性、心境改变和社交抚慰。量表使用1—5级计分，分数越高，手机依赖的程度越深。量表具有良好的信效度。

2. 正负性情绪量表

采用黄丽、杨廷忠和季忠民（2003）修订的正负性情绪量表（Positive And Negative Affective Scales，PANAS），国内学者引进并加以修订。共20项题目，包括10道正性条目与10道负性条目，量表使用1—5级计分。个体的正性条目得分高代表其处于正性、愉悦、积极的情绪状态，正性条目得分低表明其情感淡漠；负性条目得分高代表其处于负性、困扰、消极的情绪状态，得分低则代表其情绪稳定。该量表广泛应用于情绪的研究当中，信效度较高。

3. 艾森克人格问卷简式量表中国版

采用钱铭怡、武国城、朱荣春和张莘（2000）编制的艾森克人格问卷简式量表中国版（Eysenck Personality Questionnaire Short Scale for Chinese，EPQ-RSC）。共48项条目，涵盖4个分量表，分别为内外向（Extrovision，E）、精神质（Psychoticism，P）、神经质（Neuroticism，N）和掩饰性（Lie，L）。该量表信效度较高。

三 结果与分析

（一）手机依赖的描述性统计

本研究中的大学生手机依赖得分的分布区间为16—78分，平均得分为39.17±9.92分，基本为正态分布。手机依赖量表得分前6项的描述性统计如表4-1所示。

表4-1　手机依赖量表得分前6项的描述性统计［例数（％）］

症状	($\bar{x}\pm s$)	非常不符合	不太符合	一般	比较符合	非常符合
一段时间没带手机会马上查阅短信或电话。	3.52±1.23	30(8.4)	43(12.0)	87(24.2)	104(29.0)	95(26.5)
长时间没用手机感觉难受。	2.84±1.11	45(12.5)	90(25.1)	131(36.5)	65(18.1)	28(7.8)
没手机感觉失落。	2.77±1.16	56(15.6)	101(28.1)	103(28.7)	70(19.5)	29(8.1)
学习效率下降。	2.54±1.08	63(17.5)	131(36.5)	90(25.1)	61(17.0)	14(3.9)
手机故障时会焦躁不安。	2.50±1.17	89(24.8)	94(26.2)	104(29.0)	53(14.8)	19(5.3)
手机不在身边时感觉孤独。	2.49±1.12	80(22.0)	109(30.4)	100(27.9)	55(15.3)	15(4.2)

（二）相关分析

如表4-2显示，内外向与正性情绪呈显著正相关，与负性情绪呈显著负相关，与手机依赖相关不显著；神经质与正性情绪呈显著负相关，与负性情绪呈显著正相关，与手机依赖呈显著正相关；精神质与正性情绪呈显著负相关，与负性情绪呈显著正相关，与手机依赖相关不显著；正性情绪与手机依赖相关不显著，负性情绪与手机依赖呈显著正相关。

表4-2　　　　　　人格特质、情绪体验和手机依赖的相关分析

	($\bar{x} \pm s$)	内外向	神经质	精神质	正性情绪	负性情绪
内外向	7.55 ± 2.61	1				
神经质	5.09 ± 3.10	-0.242***	1			
精神质	2.85 ± 1.70	-0.032	0.090	1		
正性情绪	30.15 ± 6.33	0.449***	-0.228***	-0.108*	1	
负性情绪	21.32 ± 5.68	-0.126*	0.515***	0.232***	-0.048	1
手机依赖	39.17 ± 9.92	0.009	0.312***	-0.022	-0.084	0.294***

注：* $P<0.05$，*** $P<0.01$，**** $P<0.001$（下同）。

（三）中介效应检验

由于自变量、中介变量与因变量三者之间需两两相关方可进行中介效应检验，而本书发现神经质、负性情绪与手机依赖满足以上条件，因此在此三个变量中进行中介作用分析。

如表4-3所示，自变量神经质对因变量手机依赖（$\beta=0.312$，$t=6.206$，$P<0.001$）及中介变量负性情绪（$\beta=0.515$，$t=11.341$，$P<0.001$）具有显著预测作用。纳入中介变量负性情绪后，神经质对手机依赖的预测作用由0.312降低为0.219，但依然显著（$P<0.001$），并且负性情绪对于手机依赖也具有预测作用（$\beta=0.181$，$t=3.124$，$P<0.01$），表明在神经质与手机依赖的关系中，负性情绪起部分中介作用。中介效应占总效应的百分比为$0.515 \times 0.181/0.312 = 29.88\%$。

表4-3　　负性情绪在神经质人格与手机依赖关系中的中介效应检验

	标准化回归方程	R^2	B	SE	β	t
第一步	$Y=0.312X$	0.097	0.997	0.161	0.312	6.206***
第二步	$M=0.515X$	0.265	0.942	0.083	0.515	11.341***

续表

	标准化回归方程	R^2	B	SE	β	t
第三步	$Y = 0.181M$	0.121	0.316	0.101	0.181	3.124**
	$+ 0.219X$		0.699	0.185	0.219	3.778***

注：X 指神经质人格，M 指负性情绪，Y 指手机依赖。

四 讨论

本研究结果表明，79.7%的大学生在一段时间没带手机后会立即查阅短信或电话；62.4%的大学生在长时间没用手机时会觉得难受；56.3%的大学生随身不携带手机时会体验到失落的情绪；46%的大学生认为使用手机会降低学习效率；49.1%的大学生报告当手机经常不能连接网络，收不到信号时，会感到焦躁不安；47.4%的大学生没有手机在身边时，会体验到孤独。以上结论与已有的研究保持一致（刘红、王洪礼，2011），表明大学生群体中手机依赖倾向的发生率较高。智能手机不仅便利了青少年的生活，迎合了其心态，也增加了其对于手机的过分依赖。

本书通过相关分析表明，不同人格特质的个体，其情绪状态不同。正性情绪与内外向呈显著正相关，与神经质、精神质呈显著负相关。负性情绪与内外向呈显著负相关，与神经质、精神质呈显著正相关。这表明，积极乐观、外向开朗的人格特质更易产生正性、愉悦的情绪，而消极悲观、内向的人格特质更易产生负性、低落的情绪。情绪不稳定、高神经质、高精神质的个体以负性情绪为主，反之，情绪稳定且平衡、低神经质、低精神质的个体则以正性情绪为主。以上研究结果得到了以往研究的支持（王欢等，2014）。此外，相关分析显示，正性情绪与手机依赖之间不存在显著相关，负性情绪与手机依赖之间呈显著正相关，根据艾里克森发展的八阶段理论，大学生正面临同一性整合的困难以及亲密对孤独的冲突，当其理想中的自我与现实自我产生矛盾时，或是在追求亲密的过程中遭遇了挫折，很容易陷入负性情绪当中无法自拔，此时手机这一集多功能于一身的产品在很大程度上成为了其逃避消极体验的工具，由此便增加了大学生手机依赖的可能性（张斌、邱致燕、蒋怀滨、崔润红，2015）。此外，本书还发现个体的人格特质与手机依赖存在一定的联系，神经质与手机依赖存在显著正相关。神经质得分较低的个体，其情感体验较为稳定，较少长时间沉溺于负面情绪，且在负性情绪被激发的早期阶段倾向于采用有效的应对方式以改善自身的情绪，故而产生手机依赖的可能性较低。而神经质得分越高的个体，其陷入强烈情感反应的可能性更大，情感体验平衡性差，易冲动行事，且常常采取退行、逃避现实的方式来应对消极情绪，在日常生活中容易出现人际交往问题，因而常常转向虚拟世界，通过手机进行社交或是上网娱乐等来调节自身的不良情绪，寻求精神寄托（Phillips et al., 2006），故而产生手机依赖的可能性更高。

本书通过回归分析发现，一方面，神经质直接影响手机依赖，这说明不同人格特质的个体手机依赖易感性不同，神经质的个体更倾向于发生手机依赖的问题，因此解决手机依赖问题首先要培养个体良好的个性特点。另一方面，神经质通过负性情绪间接作用于手机依赖，负性情绪在神经质和手机依赖之间起部分中介作用，这表明高神经质的个体由于情感体验不稳定，在现实生活中容易产生人际关系适应不良等问题，从而受到负性情绪的困扰，而个体使用智能手机可以体验到交流的隐匿性以及互动的即时性，这在很大程度上有助于其摆脱现实生活中的不良情绪，并产生愉悦感，由于自身的情绪控制能力较为薄弱，使得这种愉悦感较为轻易地被占据和控制，从而驱使其将更多时间投入到手机使用中，直至手机依赖。与此同时，这也证实了改善情绪、减少痛苦是物质滥用的主要动机（张斌等，2015）。从心身医学的观点来看，负性情绪不仅威胁着个体的心理健康程度，还对人们的生理健康带来了挑战，因此我们应指导大学生学会在应对负性情绪时如何疏导与排解，掌握情绪调节与管理的方法，并进一步提升情绪调节自我效能感，从而最终减少手机依赖发生的可能性。

五 结论

（1）内外向与正性情绪呈显著正相关，与负性情绪呈显著负相关，与手机依赖相关不显著；神经质与正性情绪呈显著负相关，与负性情绪呈显著正相关，与手机依赖呈显著正相关；精神质与正性情绪呈显著负相关，与负性情绪呈显著正相关，与手机依赖相关不显著；正性情绪与手机依赖相关不显著，负性情绪与手机依赖呈显著正相关。（2）负性情绪在神经质人格与手机依赖的关系中起部分中介作用。

第二节 子研究二：孤独感对青少年手机依赖的影响：一个有调节的中介模型

一 引言

"为什么你越玩手机却越孤独？"随着科学技术的飞速发展，手机从单纯的通信工具发展为集游戏、影音、工作、社交、学习等为一体的多功能智能设备。与此同时，我们也不能忽略手机使用带来的负面影响，手机借助语义网络、人工智能等网络预测技术，通过获取用户的使用偏好并推送相关资讯，一定程度上增加了人们使用手机的时间和频率，其强度甚至可能达到成瘾水平（Roberts，Yaya，Manolis，2014）。调查显示，网民中以学生群体规模最大，手机依赖对学生课堂学习（Kim et al.，2019；曹美兰，2018）、人际关系（Roberts & David，2016；张亚利 等，2018）、道路安全（Mourra et al.，2020）等产生消极影响。其中，因拥有更充足的休闲时间和不被监管的私人空间，大学生相比于其他学生群体有着更多使用手机的机会，手机依赖的可能性也相对更大。因此，探讨何种因素将导致大学生手机依赖以及依赖的具体机制，已逐渐成为研究者关注的重点。

已有研究表明，并非所有上网者都会成瘾，手机依赖大多在一些性格孤僻、社交回避、内向羞怯以及自我效能感较低的人群中出现（Kayiş et al.，2016）。孤独感是一种存在于实际关系和感知关系之间的主观痛苦状态，是由于渴望的社会接触水平和已达到的社会接触水平之间存在差异而产生的负面感知（Peplau & Perlman，1982）。根据网络成瘾的失补偿假说，在生活中一些大学生由于身心发展的不平衡和社会关系的转变，更容易与家庭、朋辈间存在疏离，产生孤独感，倾向于利用手机网络去寻求友谊、情感寄托和社会支持作为补偿，以此来逃避现实生活中的社交不良（Seki，Hamazaki，Natori & Inadera，2019）。

但是，以往的研究多关注孤独感与手机依赖之间的直接关系，而对孤独感到底"如何"影响手机依赖（中介作用），又是在何种情况下会对手机依赖产生更强或更弱的作用（调节作用）缺乏深入分析。根据 Davis（2001）的"认知—行为"模型，个体的成瘾行为往往是受到远端因素（如环境线索、人格特质、精神病理学因素）和近端因素（非适应认知）的共同影响，并且一般性网络成瘾与个体社会背景有关，社交孤立以及社会支持的缺乏产生的孤独感会诱导一般性网络成瘾。因此，为了进一步明确青少年手机依赖的形成及发展机制，本书将从多个视角，同时探讨孤独感（社会背景）、负性情绪（精神病理学因素）以及压力知觉（非适应认知）对手机依赖（病理行为）的综合影响，以此更为全面和系统地梳理孤独感与大学生手机依赖的内部关系。

（一）孤独感负性情绪的中介作用

除了失眠、肩颈疼痛、视听能力下降等生理困扰，手机依赖者在许多情况下还会有负性情绪相伴，抑郁、焦虑水平高的个体更容易过度使用智能手机（胡月、黄海、张雨晴、周春燕，2017；张斌等，2019）。值得注意的是，孤独感同样是一种消极的情绪体验，那么孤独感与负性情绪是各自独立地影响手机依赖，还是孤独感通过不良的情绪体验进而预测个体手机依赖倾向呢？

研究发现，处在孤独状态的青少年情绪敏感性、易激动性及不稳定性明显高于普通人群，持续性的孤独感会引发个体自尊、自信和自我评价降低，使人感到无助、失望、丧失兴趣（王希林、任桂英、赵晓明，2000）。Peele（1985）认为，成瘾行为的主要动机是避免痛苦，减轻抑郁、焦虑等负性情绪，可以看作一种逃避行为。Flores（2004）指出，如果人们对稳定和亲密的本能欲望长期无法得到满足，就容易被不愉快的情绪牵制，并且增加成瘾（如酒精成瘾、饮食失调和病态赌博）的可能性。因此，根据动机理论中的驱力理论，高孤独感的个体在现实生活中可能由于不擅长人际沟通，难以获得充足的社会支持，易引发抑郁、焦虑等消极体验，为逃避负性情绪带来的困扰，这些大学生过度增加在手机上投入的时间和精力，可能增加手机依赖倾向（李宗波、王婷婷、梁音、王明辉，2017）。基于以上论述，我们假设：负性情绪在孤独感与手机依赖的关系中起中介作用（H1）。

(二) 压力知觉的调节作用

尽管负性情绪是手机依赖的风险因素,但是个体在负性情绪下对成瘾的易感性仍然存在差异,其中可能存在某些缓和或推动作用(Hernández, Ottenberger, Moessner, Crosby & Ditzen, 2019)。压力知觉是个体对生活环境和适应能力的持续评估,包括对压力事件的情感体验、应对策略和认知反应(Roos, Kiluk, McHugh & Carroll, 2020),是危害个体身心健康的风险因素。压力知觉越大的个体更难以应对生活中的负面变化,也更容易受到不良情绪的困扰(Lee et al., 2019; 刘霞、陶沙, 2005)。根据成瘾的非稳态模型,个体生活中未解决的压力本身会成为非稳态负荷的一个来源,从而刺激高度敏感的神经系统,诱导压力和奖赏系统的进一步适应,从而维持持续的抑郁症状对成瘾的消极影响(Koob & Schulkin, 2019)。也就是说,同样是由孤独感这一应激源引发的情绪低落,压力知觉本身作为一个风险因素,增加个体手机依赖的可能。据此,我们尝试提出假设:压力知觉在负性情绪对手机依赖的影响中起调节作用(H2)。

综上所述,本书基于 Davis 的"认知—行为"模型,拟对孤独感、负性情绪、压力知觉与手机依赖的关系及其作用机制进行探讨并将上述变量整合为一个有调节的中介模型(见图 4-1)。

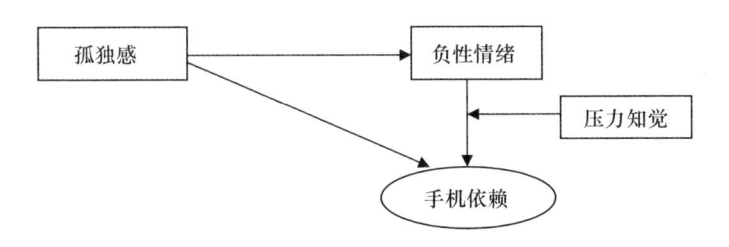

图 4-1 有调节的中介作用假设模型

二 研究方法

(一) 被试

采用问卷调查法,在长沙市某高校随机抽取大一至大四的学生进行调查。共有 400 名大学生参加了本次调查,剔除数据缺失的受试者后,样本包括 359 名受试者,有效率为 89.75%。其中女生 216 人,男生 143 人,来自农村生源 212 人,城镇生源 147 人;独生子女 139 人,非独生子女 220 人。

(二)工具

1. 手机成瘾倾向量表(Mobile Phone Addiction Tendency Scale,MPATS)

由熊婕等(2012)编制,共 16 个项目,包括 4 个维度。量表采用 1(非常不符合)—5(非常符合)级计分,得分越高表示手机依赖越严重,量表信度为 0.83、效度系数达 0.9 以上。

2. 孤独量表(Loneliness Scale University of California at Los Angel,UCLA)

由 Russell(1996)编制,共 20 个条目,采用 1(从不)—4(一直)级评分,得分越高表明个体孤独感越强。量表 Cronbach's α 系数为 0.92。

3. 负性情绪量表(Negative Affect Scale,NAS)

由 Watson D 等(1988)编制,该量表含 10 个情绪描述词测项,采用 1(非常轻微或没有)—5(极强)级评分,高分表示个体主观感觉困惑且痛苦。量表总 Cronbach's α 系数为 0.78。

4. 中文版压力知觉量表(Chinese Perceived Stress Scales,CPSS)

由杨廷忠等(2003)修订。共 14 个项目,包括 2 个维度。量表采用 1(几乎从不)—5(总是如此)级评分。分数越高,代表感知到的压力越大。量表的 Cronbach's α 系数为 0.78。

(三)统计方法

采用统一指导语,由经过专业培训的心理学专业研究生对调查对象进行施测,并向被试说明问卷的保密性、填写的真实性、注意事项以及方法,在被试理解后单独作答,完成后当场收回问卷。对不符合条件的被试进行剔除,然后用 SPSS18.0 和 AMOS20.0 进行数据处理与分析。

三 结果与分析

(一)共同方法偏差检验

根据周浩和龙立荣(2004)推荐的方法进行共同方差偏差的检验,用验证性因素分析,设定公共因子数为 1,结果发现拟合指数(χ^2/df = 3.58,GFI = 0.72,CFI = 0.76,NFI = 0.74,RMSEA = 0.121)不理想,表明本研究数据不存在严重的共同方法偏差。

(二) 变量的相关系数

表4-4显示,孤独感与负性情绪、压力知觉、手机依赖呈显著正相关,负性情绪与压力知觉、手机依赖呈显著正相关,压力知觉与手机依赖呈显著正相关。

表4-4 变量的相关分析

	($\bar{x} \pm s$)	孤独感	负性情绪	压力知觉	手机依赖
孤独感	52.42 ± 5.14	1			
负性情绪	21.32 ± 5.68	0.20**	1		
压力知觉	39.44 ± 6.14	0.15**	0.38***		
手机依赖	39.17 ± 9.92	0.11*	0.29**	0.25***	1

注:* $P<0.05$,** $P<0.01$,*** $P<0.001$,下同。

(三) 负性情绪的中介作用检验

通过建立无中介作用模型与中介作用模型,来检验孤独感对手机依赖的影响路径是否要经过负性情绪。模型拟合结果显示(见表4-5),两个模型的$\Delta \chi^2 = 43.21$,$P<0.001$,模型得到了进一步的改善。在中介作用模型中,孤独感会对负性情绪的影响路径显著($\beta = 0.20$,$P<0.001$),负性情绪对手机依赖的影响路径显著($\beta = 0.30$,$P<0.001$),直接路径不显著($\beta = 0.05$,$P>0.05$),因此,负性情绪在孤独感与手机依赖之间起着完全中介作用。

表4-5 负性情绪的中介作用模型拟合指数

模型	χ^2	df	χ^2/df	RMSEA	GFI	TLI	CFI
$M_{无中介}$	54.63	10	5.46	0.112	0.96	0.88	0.92
$M_{中介}$	11.42	8	1.43	0.035	0.99	0.99	0.99

(四) 压力知觉的调节作用检验

将中介变量和调节变量中心化后,考查压力知觉与负性情绪的交互项对手机依赖的预测是否显著,以检验压力知觉的调节作用是否显著。

分析结果的各拟合指标分别为：$\chi^2/df = 6.06$，RMSEA = 0.119，GFI = 0.95，TLI = 0.83，CFI = 0.90。压力知觉和负性情绪的交互项对手机依赖的路径系数显著（$\beta = -0.11$，$P < 00.05$），说明压力知觉在负性情绪对手机依赖的预测作用中存在调节效应。

为进一步检验压力知觉的调节作用，进行简单斜率分析，具体以压力知觉 M + 1SD 为高分组，M - 1SD 为低分组。结果表明，负性情绪对手机依赖的影响受到压力知觉的调节，当个体的压力知觉较小时，随着负性情绪的增加，个体的手机依赖倾向表现出上升的趋势；而当个体的压力知觉较大时，随着睡眠质量负性情绪的增加，个体的手机依赖倾向同样表现出上升的趋势，但趋势相对缓和（见图 4 - 2）。因此，负性情绪对手机依赖的影响会因个体压力知觉水平的不同而表现出强度上的差异，即随着压力知觉的增大，负性情绪对大学生手机依赖的影响在逐渐减弱。

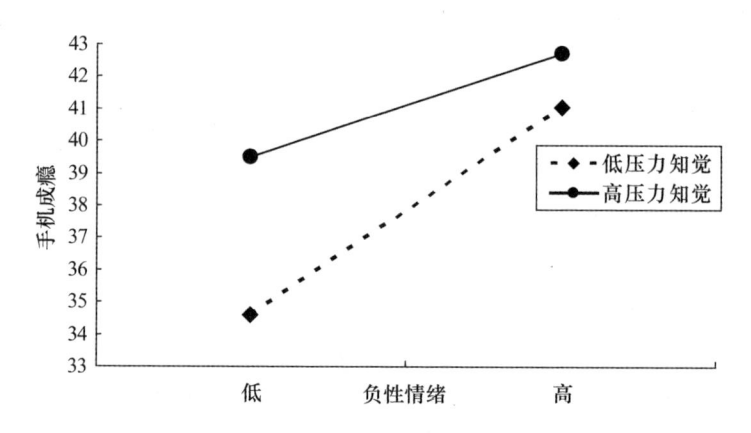

图 4 - 2　压力知觉在负性情绪对手机依赖预测作用中的调节效应

负性情绪在孤独感和手机依赖之间具有完全中介作用，而压力知觉对负性情绪与手机依赖之间具有调节作用，这预示着在孤独感、负性情绪、压力知觉与手机依赖的关系中，压力知觉可能是有调节的中介变量。对此，进行模型的整合验证，各项拟合指标分别为：$\chi^2/df = 1.57$，RMSEA = 0.04，GFI = 0.98，TLI = 0.98，CFI = 0.99，模型拟合良好。如图 4 - 3 所示，孤独感对负性情绪的影响路径系数显著（$\beta = 0.15$，$P < 0.01$），负性情绪对手机依赖的影响路径系数显著（$\beta = 0.26$，$P <$

0.001），负性情绪与压力知觉的交互作用对手机依赖的影响路径系数显著（$\beta = -0.11$，$P < 0.05$）。这一结果验证了负性情绪对手机依赖的影响是有调节的中介效应。

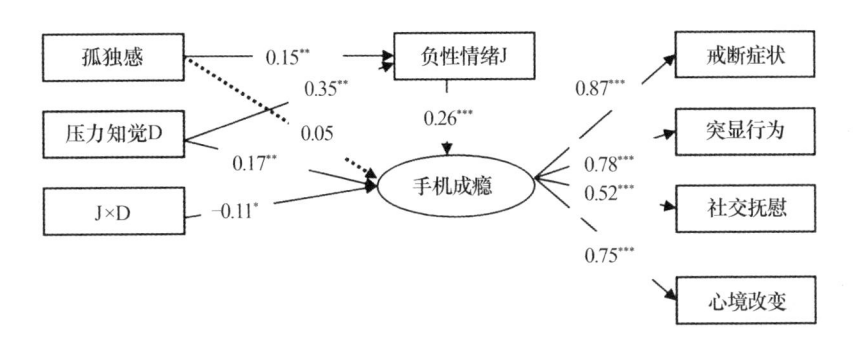

图4-3 有调节的中介作用的结构方程模型

四 讨论

（一）孤独感与手机依赖的关系

孤独感作为当代大学生较为常见的一种典型封闭型的情绪体验，可以显著预测其手机依赖倾向，这与以往研究结果一致（李丽、梅松丽、牛志民、宋玉婷，2016；刘红、王洪礼，2012）。成年早期是个体同一性发展和独立自主意识不断增强的关键时期，在这一阶段大学生的主要任务就是建立亲密感对抗孤独感。自我同一性发展失衡，使得大学生出现了人际关系不和谐、适应困难等问题，进而产生孤独感。且高孤独感状态下的个体更容易体验到自我内部的分离以及自我与外界的疏离，在缺乏或不愿意寻求有效的外部支持和援助措施的情况下，高孤独感的大学生可能更多采用逃避或者冲动的极端行为作为主要手段和途径。作为人际交往的重要平台和工具之一，智能手机具有虚拟性、便携性、全时性、智能性等优势，手机网络游戏集社交和娱乐为一体，同时具有自主性、潮流性和参与性等特征的，俨然成为他们寻求刺激和发泄消极情绪的"精神食粮"，匿名社交软件更是成为他们寻求交流沟通获得亲密感的"精神寄托"。

（二）负性情绪的中介作用

基于以往研究，我们纳入负性情绪这一变量作为中介以深入探讨孤独感对手机依赖的作用机制。结果发现，负性情绪在孤独感与手机依赖之间起着完全中介作用。表明手机依赖的诱发因素是个体在孤独状态下产生的负性情绪，而不是孤独感本身，验证了 H1。

频繁的孤独体验会给大学生的生活满意度和自我效能感带来显著的消极影响，从而引发抑郁、焦虑等负性情绪反应，减少对活动参与的主动性（Hojat, 1982）。根据网络成瘾的失补偿理论，孤独感与内向性、社交回避和述情障碍相关，高孤独感个体经常以自我为中心，不善于表达自己的思想情感，很容易引发一些人际交往上的问题，在现实生活中缺失正常的人际互动和依恋行为，因而寄希望问题行为来弥补，并借此回避现实压力事件和负性情绪（Zimmermann, Rossie, Meyer & Gaillard, 2005）。对于表达情感和建立人际关系有困难的个体，因为无须面对面交流，手机社交可能是一种受欢迎的媒介（McKenna & Bargh, 2000）。基于以上论述，可以认为，手机依赖是在孤独感引发的抑郁、不安、焦虑等负性情绪下，为了使自己维持相对正常的生活，而不至于产生更为严重的心理障碍所做出的一种功能失调性应对方式。

（三）压力知觉的调节作用

本研究发现，负性情绪对手机依赖的影响会因个体压力知觉水平的不同而表现出强度上的差异，即负性情绪对手机依赖的影响受到压力知觉的调节，验证了 H2。基于研究结果，首先，相比于低压力知觉，压力知觉大个体不论情绪水平如何，手机依赖总是保持较高水平，且难以随着负性情绪的缓解而得到改善。其次，对于压力知觉较小的个体，负性情绪对手机依赖的预测作用更大；而在压力知觉较大的人群中，负性情绪对手机依赖的预测作用相对较小，即随着压力知觉的增大，负性情绪对手机依赖的预测作用呈逐渐缓和趋势。

步入成年早期的大学生被期待承担更多的责任，各种压力扑面而来，并且随着时间的推移，更为频繁的人际活动中同伴冲突也随之增加，使一些大学生可能容易陷入孤独，并引发消极情绪。根据社会交换理论，人们往往希望获得最大的利益和付出最小的代价，且决定个体采取何种态度行动的关键是诱因的强度。手机设备的便携性、社交软件的匿名性以及强大的娱乐功能所带来的积极情绪体验可以随着时间变化得到积累（应通，2015）。压力知觉较小的个体，拥有足够的内部资源（如掌控力和自尊），可以帮助个人更有效地应对压力事件和缓解不良情绪（Bovier et al., 2004）。而在高压力知觉下，压力事件本身可以成为一种非稳态负荷的来源，刺激压力和奖赏系统，加重抑郁、焦虑等消极情绪体验，并促使个体通过使用智能手机来缓解这些症状，研究结果有效地验证了成瘾的非稳态模型。

此外，产生这一结果还有可能是由于负性情绪与压力知觉呈正相关，因而一个风险因子（负性情绪）对手机依赖的预测作用可以在一定程度上部分地被另一个风险因子（压力知觉）对手机依赖的预测作用所解释。表明当压力知觉较大时，大学生的手机依赖倾向本身就已经达到一个较高的水平，负性情绪的作用反倒不易显现出来，因此预测作用表现出减弱的趋势。

五 教育建议

手机依赖对个体的身心健康会产生诸多危害，为有效控制孤独感带来的负性情绪对个体手机依赖的影响，可以从以下几点开展工作。

从心理动力学角度分析，手机依赖是个体为了避免超我的焦虑和痛苦，同时使本我得到满足所采取的消极应对方式，是一种回避的防御机制。对此，可以采用认知领悟疗法和箱庭疗法，使大学生的无意识整合到意识中，认识到自己问题的根源。

从认知行为主义角度分析，引起消极情绪导致大学生手机依赖的不是生活中压力事件本身，而是其对压力事件的态度、看法、评价等认知性内容。对此，可以采用合理情绪疗法，鼓励大学生在压力事件下积极面对，采取积极成熟、接近问题的应对策略；增强他们主动寻求帮助和支持的积极性，并为其提供相应的支持途径。

综上所述，同伴支持的经验可以使大学生降低人际交往中的消极期望，反过来也可以促使大学生在其他心理社会领域适应性地发展。在孤独感这一压力源下，应鼓励大学生采取积极的应对方式、掌握有效的压力应对策略；注重现实社交，充分发挥主动参与性；培养适宜的交往技巧，促使其建立良好的同伴关系；增强现实互动以获得情感支持，减少负性情绪。

六 结论

（1）孤独感对手机依赖有显著的预测作用。（2）孤独感对手机依赖的预测作用通过负性情绪的完全中介实现。（3）负性情绪的中介作用受到压力知觉的调节，即负性情绪对手机依赖的影响会因为知觉压力水平的不同而发生变化。

第三节 子研究三：人际适应对青少年手机依赖的影响：情绪调节自我效能感的中介及反刍的调节

一 引言

在如今的电子信息时代，手机可以摆脱传统模式下地域性和时段性的束缚，并伴随着时代科技的进步，手机早已从单一的发短信、打电话向多元的音乐、游戏、购物等娱乐应用发展，同时还促进了诸如饮食管理、戒烟、步数计表和慢性病监控等一系列干预措施和 App 的开发。这使得越来越多的人将手机视为必需品，沉浸在其中不可自拔，但手机在带给我们无限可能的同时，其引发的一系列社会问题也逐渐显现出来，如逃避现实、过度使用甚至成瘾。手机成瘾也被称为问题性手机使用或手机依赖（Choliz, 2010; Gao et al., 2018），虽然目前学术界对于手机依赖的定义尚缺乏统一的标准，但许多学者通过借鉴精神疾病的诊断和统计手册（DSM-IV）中诊断病理性赌博或物质成瘾的标准，如认知冲突性、情绪调节失败、失控、耐受性、戒断、冲突和复发等，将手机依赖定义为一种特殊的行为成瘾并逐步得到人们认可（Griffiths, 2005; Billieux et al., 2015）。

随着手机使用人数的不断攀升，手机依赖倾向也呈现逐年上升的趋势（连帅磊、刘庆奇、孙晓军、周宗奎，2018），尤其是在青少年群体中，青春期的他们喜欢通过追求自主性和新颖事物来获得身份认同和愉悦感，而智能手机作为新时代的文化产物具有个性化、新奇、前沿等特点，不仅能满足青少年对时尚文化的追求，也能成为他们获得同龄人认可的炫耀资本（刘庆奇、周宗奎、牛更枫、范翠英，2017; Yang, Lin,

Huang & Chang，2018）。同时多个国家的调查研究显示，手机依赖在青少年中的比例均在30%以上（Yen et al.，2009；Roh et al.，2018）。因此，探讨何种因素将导致青少年手机依赖以及成瘾的具体机制，已逐渐成为近年来研究者所关注的焦点。

（一）人际适应与手机依赖

以往研究发现人际适应是影响手机依赖的重要因素之一，根据Maslow（1943）提出的社会需要理论（Social Needs Theory），人际交往是个体社会化的基础，每个人均有与他人交往和被关爱的需要，若个体在现实中无法满足人际需求，就会通过其他途径来获得满足如手机、互联网等。这种现象在青少年时期体现尤为明显，由于青春期个体身心发展的不平衡和社会关系的转变，易引发其不稳定、极端的情感反应，加上半独立半依赖、半成熟半幼稚的心理特征（Bi，Ma，Yuan & Zhang，2016），导致处于这个特定时期的个体在与他人交往中经常以自我为中心，也不善于表达自己的思想情感，很容易引发一些人际交往上的问题（Zimmermann，2004）。而根据Davis的"认知—行为"理论，个体的成瘾行为往往是受到消极因素（易感素质）的影响，人际适应困难作为易感素质的重要组成部分，是诱发成瘾行为的关键因素（廖雅琼、叶宝娟、金平、许强、李爱梅，2017）。研究发现，较低的人际信任和人际交往困难的个体，其罹患药物成瘾（Garami et al.，2018）、赌博成瘾（Milani et al.，2017）以及网络游戏成瘾（kaupová，Kateina & Blinka，2016）的概率显著高于一般群体。此外，社会增强理论（Social Enhancement Theory）也指出对于人际适应困难的个体，通过使用手机可以有效增强他们与外界的联系，以弥补其语言表达技巧和社交能力的不足，同时还能避免由于现实接触而造成的尴尬，这些都间接地造成了个体频繁甚至过度地使用手机，最终导致成瘾（Bahtiyar，2015）。但是，目前关于人际适应与手机依赖的研究多是以大学生为被试（Lee，Kim，Choi & Yoo，2018），而从实际情况来看，青少年群体表现出的人际适应问题更加突出，手机依赖倾向相应也可能更为严重，因此，本书首先将以青少年为被试，从人际适应的视角探讨影响青少年手机依赖的因素。其次，以往的研究多关注人际适应与手机依赖之间的直接关系（Bahtiyar，2015），而对人际适应到底"如何"影响手机依赖（中介作用），又是在何种情况下会对手机依赖产生更强或更弱的作用（调节作用）缺乏深入分析。因此，本研究将重点探讨情绪调节自我效能感在二者关系中的中介作用以及反刍对该中介效应的调节作用。

（二）情绪调节自我效能感的中介作用

情绪调节自我效能感（Regulatory Emotional Self-Efficacy，RES）是指个体依据自身情绪调节能力而产生的主观信念，这种信念会影响个体的情绪状态，以及个体情绪调节的实际效果。根据 Campos 等人（2010）提出的情绪调节过程模型（Emotion Regulation Process Model），个体情绪调节的主要目的之一在于协调来自外部环境的情境冲突，以便更好地适应各类社会团体，但长期处于冲突环境（人际冲突）的个体，大量负性情绪的累积效应，易造成情绪调节过载，甚至衰竭。已有研究发现，人际适应困难的个体往往存在情绪调节方面的缺陷，由于在面临负面的社会评价时无法有效调节自己，导致人际适应困难者在处理人际关系中经常流露出自卑、不安以及恐惧的消极情绪（Ziv, Goldin, Jazaieri, Hahn & Gross, 2013）。同时元情绪模型也指出，长期处于人际关系紧张的个体情绪上有不稳定、烦躁冲动等特点，这会加深个体的自我消极信念，影响其对元情绪的评价，导致人际适应困难的个体情绪调节效能感可能较低（吴晓薇、黄玲、何晓琴、唐海波、蒲唯丹，2015）。因此，人际适应可能会正向影响个体的情绪调节自我效能感。此外，情绪调节自我效能低的个体由于对自我调节能力的不自信，在面临外界压力时多采取麻痹自我、逃避等消极应对方式，这往往是造成成瘾行为的开端（Zullig, Teoli & Valois, 2014）。以往研究表明低水平的情绪调节自我效能感能显著预测酒精、药物成瘾以及烟草成瘾（Yuan et al., 2018），同时社会认知理论（Social Cognitive Theory）也指出，自我效能感在各种行为机制中具有普遍意义且起着核心作用，个体是否能够做出行为并努力达到预期，取决于他对自己参与行为能力的核心信念（Bandura, 1986）。因此，情绪调节自我效能感越高的个体，在面临压力以及负性情绪时就越能坚持，也更愿意尝试通过自身去调节负面情绪，直面挑战。相反，情绪调节自我效能低的个体一旦判定自身无法有效调节负面情绪，便会开始转向外界寻求慰藉，而手机对现实的麻痹性和补偿性，则可能成为他们缓和不良情绪的一剂"良药"（叶宝娟等，2017）。所以，情绪调节自我效能感可能会负向影响个体的手机依赖倾向。基于以上论述，本研究假设，情绪调节自我效能感在人际适应对青少年手机依赖的影响中起中介作用（H1）。

（三）反刍的调节作用

反刍是指个体经常无休止地反复思考消极情境及其带来的消极后果，并长期沉浸在负面情绪中无法自拔（Nolen-Hoeksema, Wisco & Lyubomirsky, 2008），反刍作为一种稳定的人格特质，经常被看作导致负性情绪和问题行为的"催化剂"。相关研究表明，反刍不仅是抑郁、社会焦虑的显著风险因子（Michl, Mclaughlin, Shepherd & Nolen-Hoeksema, 2013），还是诱发精神痛苦，导致攻击、网络欺负行为（金童林等，2018）、自杀行为（Miranda, Tsypes, Gallagher & Rajappa, 2013）的重要因素。

根据反应风格理论（Response Style Theory）的观点，高反刍会加剧消极因素对情绪适应的负面影响（Nolen-Hoeksema, Wisco & Lyubomirsky, 2008），从而持续扩大个体对不良情绪的体验，造成情绪调节自我效能感的低下。实证研究也表明，反刍是被动性社交网站使用（消极因素）与抑郁（个体不良情绪）之间关系的重要调节变量（张丛丽、周宗奎，2018）。因此，本研究假设，人际适应困难（消极因素）对情绪调节自我效能感的负面影响可能在反刍水平高的个体中更显著，即人际适应对青少年手机依赖影响的前半路径受到反刍的调节（H2）。反刍的压力应激模型（The Stress-reactive Model of Rumination）指出，反刍作为一种经验逃避策略，表现在高反刍个体持续体验到压力事件所带来的负性情绪时，更倾向于反复思考这些消极情境和负性体验，而不是采取建设性的行动去应对负性情绪，并容易对自己的处理能力产生怀疑，以至于逐渐采用放弃、逃避以及替代性补偿等非适应性方式来解决问题（Smith & Alloy, 2009）。而手机多元化的娱乐方式为处理压力提供了更多的选择，一旦遇到自身难以解决的困难，手机便成为他们理想中的"避风港"。大量实证研究也支持了反刍压力应激模型的观点，如 Aker, Harmer 和 Landro（2014）对高反刍的女性进行研究发现，她们拥有正常的认知功能，却伴随较高的抑郁情绪以及较差的情绪调节策略。同时，相比于低反刍，高反刍个体在面临社交恐惧与焦虑等负性情绪时，更倾向于选择手机、互联网等媒介作为面对面情境的替代品（Murdock, Gorman & Robbins, 2015）。因此，本书假设，由于低情绪调节自我效能感而造成的不良后果

（手机依赖）可能在反刍水平高的个体中更显著，即人际适应对青少年手机依赖影响的后半路径受到反刍的调节（H3）。

综上所述，根据个体—情境交互作用理论，个体的行为问题是消极情境因素和个体特质因素交互作用的结果（Lerner, Lerne, Almerigi & Theokas, 2006）。因此，本书从多个视角，综合探讨消极情境因素（人际适应困难）、自我信念（情绪调节自我效能感）以及人格特质（反刍）对青少年手机依赖的中介及调节作用（见图4-4）。以期更为深入、系统地剖析青少年手机依赖的具体影响机制，进而为教育管理部门及时预防与干预手机依赖提供相关理论依据。

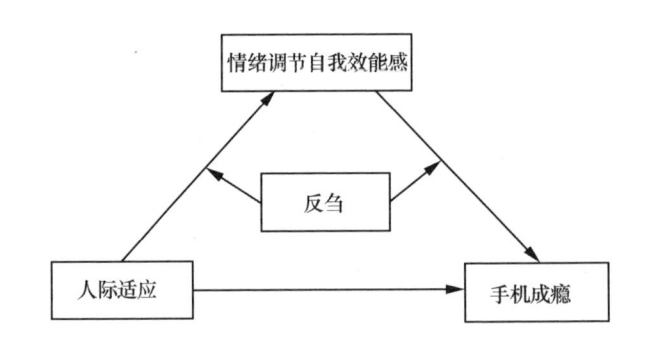

图4-4 有调节的中介模型

二 研究方法

（一）被试

采用整群抽样法对湖南5所学校的1321名初、高中生进行问卷调查，共得到有效问卷1275（96.5%）。所有被试年龄在11—19岁（14.89±1.62），其中女生627人（50.8%），男生648人（49.2%）；初一年级249人（19.5%），初二年级176人（13.8%），高一年级488人（38.3%），高二年级362人（28.4%）。由于初三、高三年级被试面临会考和高考，手机使用受到大幅度的限制，无法真实反映该年级阶段手机使用状况，故本研究将初三、高三的所有被试予以筛除。

（二）工具

1. 智能手机依赖量表简版

采用Kwon等人（2013）编制的智能手机成瘾量表简版（Short Version of the Smartphone Addiction Scale，SAS – SV）。在进行研究之前，先将量表翻译成中文并就相关语言表述进行讨论，通过对比反复修改，使其尽量符合原意，在心理学教授指导下，得到中文版量表。该量表共有10个项目，采用1"非常不同意"—6"非常同意"级计分，所有项目得分相加求平均即为智能手机依赖总均分，得分越高则表明个体手机依赖程度越严重。在本研究中，该量表内部一致性系数为0.87。

2. 人际关系适应量表

采用方晓义等人（2005）编制的中国大学生适应量表中的人际关系适应维度。人际关系适应分量表共有10个项目，采用1"不同意"—5"同意"。在统计分析时，对反向问题进行重新编码，所有项目得分相加求平均即为人际关系适应总均分，得分越高则表示人际适应状况越好。在本研究中，该量表内部一致性系数为0.81。

3. 反刍思维量表

采用 Nolen-Hoeksema 和 Morrow（1991）编制，韩秀和杨宏飞（2009）修订的反刍思维量表中文版（Ruminative Responses Scale，RRS）。该量表共22个条目，采用1"从不"—4"总是"计分，包含了症状反刍、强迫思考、反省深思三个维度。所有项目得分相加求平均即为反刍思维总均分，得分越高，表明反刍思维倾向越严重。在本研究中，该量表内部一致性系数为0.94。

4. 情绪调节自我效能感量表

采用Caprara等人（2008）编制，文书锋、汤冬玲和俞国良（2009）修订的情绪调节自我效能感量表中文版（Regulatory Emotional Self-Efficacy，RES）。该量表共有12个项目，采用1"非常不符"—5"非常符合"级计分，包含了表达积极情绪的自我效能感、调节沮丧/痛苦情绪的自效能感和调节生气/愤怒情绪的自我效能感三个维度。所有项目得分相加求平均即为情绪调节自我效能感总均分，得分越高则表明个体调节自身情绪的能力越强，在本研究中，该量表内部一致性系数为0.84。

（三）统计方法

以班级为单位，在征得学校及其本人知情同意后，由五名心理专业研究生在现场进行团体施测。采用SPSS 18.0以及Hayes（2013）编制的SPSS宏程序PROCESS对数据进行统计分析。参考以往研究经验，性别、年龄、家庭类型等人口统计学变量对手机依赖可能存在一定影响（连帅磊、刘庆奇、孙晓军、周宗奎，2018；Desola, Rodríguez & Rubio, 2016）。因此，本书将以上人口统计学变量作为控制变量纳入分析。

三　结果与分析

（一）共同方法偏差检验

由于数据均由被试自我报告获得，因此先要进行共同方法偏差检验。本研究首先在程序上通过设计反向计分题、匿名调查的方式对数据进行了一定控制。其次，采用 Harman 单因子检验，共得到 12 个特征根大于 1 的因子，且第一个因子解释的变异为 22.48%，远小于 40%，这表明本研究不存在严重的共同方法偏差（Podsakoff, MacKenzie, Lee & Podsakoff, 2003）。

（二）各变量的描述统计及相关矩阵

在本研究中，手机使用调查显示，77.5% 的青少年平均每日使用时间都在 1 小时以上，45.7% 的青少年每日使用时间在 3 小时以上；79.8% 的青少年手机使用年限都在 2 年以上，37.0% 的青少年手机使用年限达到 4 年以上。相关分析显示，手机依赖与反刍呈显著正相关，与人际适应、情绪调节自我效能感呈显著负相关；人际适应与情绪调节自我效能感呈显著正相关，与反刍呈显著负相关；反刍与情绪调节自我效能感呈显著负相关（见表 4-6）。

表 4-6　　各变量的描述统计及相关矩阵

	M	SD	1	2	3	4
1. 手机依赖	3.32	1.02	1			
2. 人际适应	3.43	0.70	-0.14**	1		
3. 反刍	2.25	0.62	0.36**	-0.25**	1	
4. 情绪调节自我效能感	3.35	0.65	-0.24**	0.41**	-0.29**	1

注：*$P<0.05$，**$P<0.01$，下同。

（三）中介作用检验

采用 Hayes（2013）编制的 SPSS 宏中的 Model 4（Model 4 为简单的

中介模型），依据温忠麟和叶宝娟（2014）推荐的方法，先检验情绪调节自我效能感的中介效应，再检验反刍的调节效应，并将所有分数进行标准化处理。

在控制性别、年龄、家庭类型以及是否独生子女等人口学变量的情况下对人际适应与手机依赖之间的关系的中介效应进行检验。表4-7结果表明，人际适应对手机依赖的负向预测作用显著（$\beta = -0.12$，$t = -4.02$，$P < 0.01$），放入中介变量情绪调节自我效能感后，人际适应对手机依赖的直接预测作用不显著（$\beta = -0.03$，$t = -0.89$，$P > 0.05$）；人际适应对情绪调节自我效能感的正向预测作用显著（$\beta = 0.40$，$t = 14.75$，$P < 0.01$）；情绪调节自我效能感对手机依赖的负向预测作用显著（$\beta = -0.22$，$t = -7.37$，$P < 0.01$）。同时，人际适应对手机依赖中介效应的Bootstrap 95%置信区间上、下限均不包含0（见表4-8），且中介效应占到总效应的75%，表明情绪调节自我效能感在人际适应与手机依赖之间起完全中介作用。假设1得到验证。

表4-7　　　　　　　情绪调节自我效能感的中介作用

回归方程		拟合指数			回归系数显著性			
结果变量	预测变量	R	R^2	F	β	Boot CI 下限	Boot CI 上限	t
手机依赖	人际适应	0.18	0.03	8.14**	-0.12	-0.17	-0.06	-4.02**
情绪调节自我效能感	人际适应	0.40	0.16	44.88**	0.40	0.34	0.44	14.75**
手机依赖	情绪调节自我效能感	0.27	0.07	16.14**	-0.22	-0.28	-0.16	-7.37**
	人际适应				-0.03	-0.09	0.03	-0.89

注：Boot 标准误、Boot CI 下限和 Boot CI 上限分别指通过偏差校正的百分位 Bootstrap 法估计的间接效应的标准误差、95% 置信区间的下限和上限；所有数值通过四舍五入保留两位小数，下同。

表 4-8　　　　　　　　　　　中介效应分析

	效应值	Boot 标准误	Boot CI 下限	Boot CI 上限	相对效应值
总效应	-0.12	0.03	-0.17	-0.06	
直接效应	-0.03	0.03	-0.09	0.03	25%
中介效应	-0.09	0.01	-0.12	-0.06	75%

（四）调节作用检验

采用 Hayes（2013）编制的 SPSS 宏中的 Model 58（Model 58 假设中介模型的前、后半路径受到调节，与本书的理论模型一致），在控制人口学变量的条件下对反刍的调节作用进行检验，表 4-9 结果显示，人际适应显著预测情绪调节自我效能感（$\beta = 0.36$，$t = 13.15$，$P < 0.01$），情绪调节自我效能感显著预测手机依赖（$\beta = -0.15$，$t = -5.03$，$P < 0.01$）；此外，人际适应与反刍的交互项显著预测情绪调节自我效能感（$\beta = -0.05$，$t = -2.05$，$P < 0.05$），且情绪调节自我效能感与反刍的交互项显著预测手机依赖（$\beta = 0.06$，$t = 2.56$，$P < 0.05$）。说明反刍对人际适应—情绪调节自我效能感—手机依赖这一中介过程的前后两段路径都起到了调节作用，验证了假设 2 和假设 3。

进一步以反刍得分高于平均数加一个标准差为高分组，低于平均数减一个标准差为低分组，通过简单斜率分析检验反刍的调节作用。由图 4-5 可知，低反刍水平的青少年，人际适应对情绪调节自我效能感具有显著的正向预测作用，$simple\ slope = 0.40$，$t = 4.68$，$P < 0.01$；而对于高反刍水平的青少年，人际适应对情绪调节自我效能感具有显著的正向预测作用，但其预测作用相对较小，$simple\ slope = 0.26$，$t = 3.13$，$P < 0.01$，表明随着青少年反刍水平的提高，人际适应对情绪调节自我效能感的预测作用呈逐渐降低趋势。由图 4-6 可知，低反刍水平的青少年，情绪调节自我效能感对手机依赖具有显著的负向预测作用，$simple\ slope = -0.38$，$t = -5.27$，$P < 0.01$；而对于高反刍水平的青少年，情绪调节自我效能感对手机依赖预测作用不显著，$simple\ slope = -0.08$，$t = -1.03$，$P > 0.05$，表明随着青少年反刍水平的提高，情绪调节自我效能感对手机依赖的预测作用呈逐渐降低趋势。

表4-9 情绪调节自我效能感的中介作用

回归方程		拟合指数			回归系数显著性			
结果变量	预测变量	R	R^2	F	β	Boot CI 下限	Boot CI 上限	t
情绪调节自我效能感	人际适应	0.45	0.20	42.24**	0.36	0.30	0.41	13.15**
	反刍				-0.21	-0.26	-0.15	-7.60**
	Int1				-0.05	-0.09	-0.01	-2.05*
手机依赖	情绪调节自我效能感	0.41	0.17	30.90**	-0.15	-0.20	-0.09	-5.03**
	人际适应				0.02	-0.04	0.07	0.60
	反刍				0.33	0.28	0.39	11.75**
	Int2				0.06	0.01	0.11	2.56*

注：Int1 = 人际适应 × 反刍，Int2 = 情绪调节自我效能感 × 反刍。

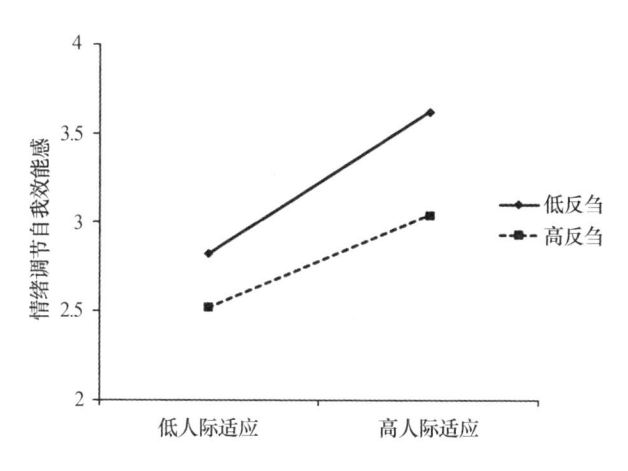

图4-5 反刍在人际适应与情绪调节自我效能感之间的调节作用

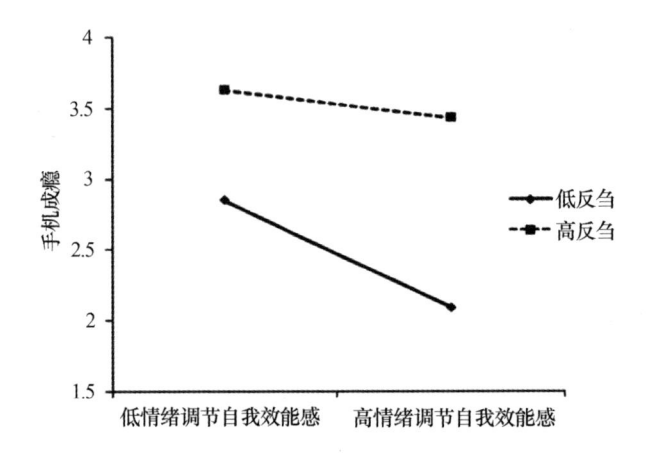

图 4-6　反刍在情绪调节自我效能感与手机依赖之间的调节作用

四　讨论

随着智能手机的普及以及各类手机软件的开发，青少年手机使用的频率与时间与日俱增，手机依赖已然成为影响当代青少年身心发展的主要问题之一，并逐渐引起了社会各界的广泛关注（连帅磊、刘庆奇、孙晓军、周宗奎，2018）。本书在前人的基础上，首先，证实了人际适应对青少年手机依赖具有显著负向预测作用，该结果同以往关于人际适应与手机依赖的研究相一致（Bahtiyar, 2015；Lee, Kim, Choi & Yoo, 2018），同时也契合了社会补偿理论的观点（Social Compensation Hypothesis），即人际适应困难的个体往往寄希望于通过手机等社交媒介来弥补现实生活中的不足（Mckenna, Green & Gleason, 2002）。其次，本书基于个体—情境交互作用理论，考查了情绪调节自我效能感在人际适应与手机依赖关系中的中介作用以及反刍对该中介效应的调节作用。这不仅扩展了个体—情境交互作用理论的应用范围，而且对人际适应"如何影响"青少年手机依赖（情绪调节自我效能感的中介作用），以及在什么情况下对手机依赖的影响更显著的问题做出了解释（反刍的调节作用）。

（一）情绪调节自我效能感的中介作用

本书发现，情绪调节自我效能感在人际适应与手机依赖之间起完全中介效应，说明人际适应对手机依赖的影响，主要是通过情绪调节自我效能感来发挥作用。首先，人际适应显著正向预测情绪调节自我效能感，该结果有效地验证了情绪调节过程模型，即人际适应困难的个体，长期的冲突环境（人际冲突），易造成情感的衰竭，导致个体无力调节自身情绪，同时伴随着自信心下降与效能感降低（Campos et al.，2010）。以往研究表明，存在人际障碍以及社交焦虑的个体，普遍在消极情绪管理上得分较低，这种情绪管理方面的不足很大程度上影响着个体情绪调节的自我评价，使得其无法及时宣泄内心的痛苦而造成负面情绪的长久积压（吴晓薇、黄玲、何晓琴、唐海波、蒲唯丹，2015）。关系文化理论（Relational-cultural Theory）也指出，绝大多数的心理成长都发生在人际关系中，构建良好的人际氛围，不仅有助于情绪稳定性的进一步提升，还能有效促成个体情绪调节信念的成长（Duffey & Somody，2011）。其次，情绪调节自我效能感对青少年手机依赖的负向预测作用也得到了以往研究的支持，如 Mesurado 等人（2018）的研究发现情绪调节自我效能感是消极行为（攻击、物质滥用、成瘾）的重要预测变量。蒋怀滨等人（2018）的研究也表明低水平的情绪调节自我效能感会显著增加个体罹患手机依赖的风险。此外，依据 Westphal 和 Bonanno（2001）提出的自我情绪调节理论，情绪调节困难的个体普遍存在社会适应障碍和内部自我状态的失衡，尤其是在青少年阶段，本身正处于情绪的"疾风怒涛期"的他们，使得情绪调节难度进一步增大。在此情况下手机使用的便捷性、沟通的及时性以及聊天的隐蔽性便成为他们满足心理需求、建立内心平衡的重要渠道，致使手机依赖现象在青少年群体中迅速蔓延，这一结果也表明自我情绪调节理论可以在一定程度上解释青少年手机依赖现象。由此可见，本书揭示了人际适应通过正向影响情绪调节自我效能感，进而负向影响青少年手机依赖的可能性。

（二）反刍的调节作用

本书发现反刍对人际适应——情绪调节自我效能感——手机依赖这一中介过程的前后两段路径都起到了调节作用。具体而言，随着青少年反刍水平的提高，人际适应对情绪调节自我效能感的预测作用呈逐渐降低趋势。该结果表明，相比于低反刍个体，高反刍个体随着人际适应增高，情绪调节自我效能感依然保持较低水平，也反映出反刍在消极因素导致个体情绪适应困难中充当着"催化剂"作用。这与以往研究结果一致，良好的人际适应关系，能有效促进个体对积极情绪的表达与管理，进而提高个体的情绪调节自我效能感（Aydogdu，Bilge，Hilal & Halil，2017）。但相比于低反刍，高反刍的个体对消极情绪更敏感，因此会降低自身对积极情绪的关注，致使在和谐的人际关系中，高反刍的个体依然无法体验到应有的愉悦和幸福感，这在很大程度上影响着个体情绪调节的自我评价（Nolen-Hoeksema，Wisco & Lyubomirsky，2008）。同时，依据脱离损伤假说（Impaired Disengagement Hypothesis），对消极信息的连续加工是反刍思维的一个典型特征，而导致消极信息加工延长的主要原因是个体注意脱离能力的受损，致使其无法在消极情境中及时抽离（Koster，Lissnyder，Derakshan & Raedt，2011）。因此，高反刍的个体由于注意脱离能力受损，在人际交往时一旦遇到难以处理的情境，就很容易引发自我责难，并长期沉浸在"自己不如他人""没人愿意与自己交往"等消极自我信念中，这不仅加重了个体的社交焦虑与恐惧等消极情绪，更易导致情绪调节的失衡，从而影响个体的情绪调节自我效能感。

此外，本书还发现随着青少年反刍水平的提高，情绪调节自我效能感对手机依赖的预测作用呈逐渐降低趋势。说明了相比于低反刍个体，高反刍个体手机依赖水平居高不下，且不会随着情绪调节自我效能感的提高而得到改善。该结果验证了反刍的压力应激模型，即高反刍的个体在面临压力事件所带来的负性情绪时，由于自身欠缺积极有效的调节策略，所以往往寄希望于外界（手机、互联网等媒介）的帮助来缓解不良情绪（Smith & Alloy，2009）。Murdock，Gorman 和 Robbins 的研究也发现，反刍不仅作为一种人格特质，也是一种适应不良的应对方法，而问题性技术使用（手机、互联网等）作为不良应对方式的一种，在结构上与反刍存在相关性。因此，相比于低反刍，高反刍水平的个体更倾向于使用手机来缓解外界压力带来的焦虑、抑郁（Elhai，Tiamiyu，Weeks & Cheung，2018），从而增加了罹患手机依赖的可能性，并进一步削弱了情绪调节自我效能感对手机依赖的影响力。

（三）研究意义和不足

本书将个体—情境交互作用理论作为解释人际—手机依赖关系的理论基础，通过建立有调节的中介模型揭示了消极情境因素（人际适应困难）、自我信念（情绪调节自我效能感）对手机依赖的中介机制，以及人格特质（反刍）在此之间的调节机制，为人际适应影响手机依赖的内在机理给出了一个崭新的理论解释。同时，本研究从情绪调节自我效能感的角度出发，拓展了自我情绪调节理论的应用范围，并将其作为解释青少年手机依赖原因的理论依据。这不仅丰富并发展了相关理论及实证文献研究，也为青少年手机依赖行为的干预和预防提供了参考依据。具体而言，教育管理部门首先应充分重视人际适应问题在预防青少年手机依赖中的作用，尤其是要努力提升青少年的情绪调节自我效能水平，这将有助于阻断人际适应困难青少年对手机依赖的消极影响。同时，要求家长和教师充分把握青少年发展的阶段性，引导青少年学习情绪调节策略、提升情绪调节自我效能水平，并鼓励青少年在遇到人际压力时，学会通过自我调节来排忧解难，以弱化不良情绪在人际适应与手机依赖之间的桥梁作用。其次，反刍作为负性情绪问题行为的催化剂，会降低人际适应对情绪调节自我效能感的影响，以及情绪调节自我效能感对手机依赖的作用。虽然作为一种人格特质，反刍具有稳定性的特点，但在青少年阶段也兼具一定的可塑性（刘庆奇、周宗奎、牛更枫、范翠英，2017）。因此，家长和教师也可以通过针对性的学习和培训来帮助个体减少反刍水平，从而缓解青少年手机依赖的倾向。

尽管本书具有一定价值，但仍存在一些地方需要完善和改进。首先，本书采用的是横断设计，难以确定变量之间的因果关系，未来可以考虑加入纵向追踪设计，以明确变量间的关系以及长期效应。其次，本书由于在人口学变量年级上，被试分布不太均匀（高中被试多于初中被试），可能会使实验结果受到部分影响，未来可以考虑扩大初中被试样本，进一步完善数据。最后，本次研究依据大部分学者的观点，将反刍定义为消极的人格特质，但也有部分学者认为，反刍具有正性的"反思"成分，通过自我思考的方式可能有助于个体采取积极的手段来处理问题（Treynor, Gonzalez & Nolen-Hoeksema, 2003）。因此，反刍的积极效应是否也会影响手机依赖将是未来值得深入研究的话题。

五 结论

（1）人际适应对青少年手机依赖具有显著负向预测作用。（2）情绪调节自我效能感在人际适应与青少年手机依赖之间起完全中介作用。

(3) 人际适应对青少年手机依赖影响的前半路径受到反刍的调节。即随着反刍水平的提高，人际适应对情绪调节自我效能感的预测作用呈逐渐降低趋势。(4) 人际适应对青少年手机依赖影响的后半路径受到反刍的调节。即随着反刍水平的提高，情绪调节自我效能感对手机依赖的预测作用呈逐渐降低趋势。

第四节 子研究四：社会支持对青少年手机依赖的影响：抑郁和孤独感的链式中介作用

一 引言

在现代技术快速发展的今天，智能手机的功能变得越来越丰富，社交、网购、打车等都能轻松完成。短短几年，智能手机已经从以通信为唯一目标的工具变成了集多种功能于一身的必需品。然而，过度使用以技术为基础的产品和服务可能会导致对其的依赖，这一点在手机使用上表现得十分明显，有学者发现，长时间地沉迷于智能手机会造成手机依赖行为的发生（Chen et al. 2016）。Chóliz（2010）将手机依赖类比技术依赖后，指出手机有许多属性和特征，使它在青少年中非常有吸引力。据估计，在大学生群体中，手机依赖的流行率为10%—46%，而在12—18岁的中学生群体中，手机依赖的流行率为10%—30%，由此可见其发生的比例在青少年中较高（Jun, 2016; Lian, You, Huang & Yang, 2016）。青少年所创造的媒体景观，既能表达他们的个人空间，又能展现自我和定义与他人的关系，使他们更加喜欢这一沟通方式（Oksman & Turtiainen 2004；张斌等，2017）。据调查显示，42.6%的土耳其大学生有"无手机恐惧症"，表现为在没有手机时害怕无法交流和获取信息（Yildirim, Sumuer, Adnan & Yildirim, 2016）。许多用户清晨醒来后第一件事便是检查手机，用来结束这一天的最后一项活动也是查看手机（Lee, Chang, Lin & Cheng, 2014）。与此同时，研究表明智能手机依赖具有许多明显的消极作用，包括损害身体健康、降低睡眠质量、引发人际问题、降低学习成绩和理解能力等（Billieux, Van Der Linden & Rochat, 2008）。

已有研究表明，智能手机依赖的成因有许多，其中缺少社会支持是非常重要的一个因素。社会支持指社交网络在个体面对压力时所提供的心理和物质资源（Cohen，2004）。根据 Herrero、Uruena、Torres 和 Hidalgo（2019）建立的交叉滞后模型，社会支持可以预测一年后个体的智能手机的依赖倾向，个体拥有更少的社会支持时，一年以后出现智能手机依赖的可能性更大。Kwak 和 Kim（2017）在进行双向网络综合分析，即社会支持的线上线下模型分析后指出，社交关系愈差，个体在网络世界和现实世界所能获得的社会支持就愈少，其依赖于手机的倾向更为严重。Salehan 与 Negahban（2013）的研究显示，手机依赖者习惯性地使用手机与害怕错过信息以及与人际交往有关，虽然智能手机提供了丰富的信息和社交，但频繁的网络交流会增加手机依赖的风险。国内学者赵建芳、张守臣、杜雨来、姜永志与刘勇（2017）的研究发现，社会支持能提供积极的资源，缓解大学生的感觉寻求，并进而帮助其在合理范围内使用手机。

抑郁被认为是个体身心健康的一个关键性指标。近年来，许多研究者都对抑郁的产生和发展机制进行了探究，Herman 和 Petersen（1996）等研究发现，个体的抑郁反应与社会支持水平有着重要的内在联系，抑郁可能和不充分的个人资源和环境资源存在紧密的关系，患有抑郁症的青少年往往存在与父母、同伴相处不融洽的问题。国内学者也证实了这一点，即拥有良好社会支持水平的学生患抑郁症和焦虑症的概率小（李伟、陶沙，2001）。根据 Davis（2001）建立的病态网络使用认知—行为模型，一个有抑郁、社交焦虑和物质依赖倾向的个体易沉迷于网络，并进一步演变为病态网络使用。手机依赖和网络成瘾同属于行为成瘾，并且此二者有许多共同特征，故抑郁对手机依赖也可能存在一定的预测作用（Billieux，Maurage，Lopez-Fernandez，Kuss & Griffiths，2015）。

因此，综上所述，本书提出如下假设：社会支持和抑郁之间的关系为负相关，抑郁和手机依赖之间的关系为正相关，抑郁在其二者中起中介作用。

孤独感是指盼望融洽的人际关系的个体在对自己的人际交往感到不满意时而引发的消极情绪。以往有证据显示，社会支持能显著地预测孤独感，充分的社会支持能缓解一定的消极情绪，社会支持中的情感支持维度是影响孤独感中的一个关键因素（Hombrados-Mendieta，García-Martín & Gómez-Jacinto，2013），当个体渴望的情感支持和可获得的情感支持之间存在差异时，就会感受到较强的孤独感（Blazer，2002）。同时，有研究者发现孤独感高的个体，其发生手机依赖的概率更高（卿再花、吴彩虹、曹建平、刘小群、邱小艳，2017）。国外研究表明，较高的孤独感水平使个体更容易产生病态的网络使用，他们通过在网络上结交同伴和伴侣来弥补现实世界中无法获得的情感支持，从而体验到快乐和归属感（Cacioppo，Hawkley & Thisted，2010）。网络可以为孤独的个体提供一个理想的社交环境，允许个体与他人进行互动，从而使其更容易沉迷于网络。

因此，综上所述，本书提出如下假设：社会支持与孤独感之间的关系为负相关，孤独感与手机依赖之间的关系为正相关，孤独感在其二者中起中介作用。

关于抑郁与孤独感的关系，在流调用抑郁量表（Center for Epidemiological Survey，Depression Scale，CES – D）（Radloff，1977）中，"我感到孤独"等条目被纳入抑郁症的诊断标准，这提示抑郁与孤独感存在紧密的联系，二者都是使人感到厌恶和消极的情绪状态。自我厌恶指一种消极的自我意识情绪图式，它反映了个体对自我以及自己某些行为的厌恶（Overton，Markland，Taggart，Bagshaw & Simpson，2008）。有研究表明，具有抑郁特征的个体自我厌恶水平更高（Ypsilanti，Lazuras，Powell & Overton，2019）。以往研究也表明，自我厌恶水平高的个体可能具有更高的社交焦虑，从而影响个体与他人的交流交往，导致个体出现孤独感（Amir，Najmi，Bomyea & Burns，2010）。

因此，综上所述，本书提出如下假设：抑郁与孤独感之间的关系为正相关，抑郁和孤独感在社会支持和手机依赖的关系中发挥链式中介的作用。

二 研究方法

（一）被试

采用随机整群抽样，选取来自湖南省衡阳市两所中学的中学生和长沙市某高校的大学生作为研究对象，共有1400名学生参与本研究。在获得教师和学生的知情同意后，被试在课堂上完成了匿名问卷的填写，所有被试均为自愿参加，研究者向其强调了所填答案的真实性、独立性以及数据的保密性，参与研究的每位被试都得到了一份小礼物（笔记本或钢笔）。筛选出错误作答和不完整作答的问卷后，有效问卷数为 1120 份。被试年龄区间在 12—23 岁，包括男生 449 人，女生 671 人；初中生 225 人，高中生 329 人，大学生 566 人；农村生源 760 人，城镇生源 360 人。

（二）工具

1. 手机依赖指数量表

采用 Leung（2008）编制，黄海、牛露颖、周春燕、吴和鸣（2014）修订的手机依赖指数量表（Mobile Phone Addiction Index, MPAI），共有 17 项条目，包含 4 个因子，分别为失控性、戒断性、逃避性和低效性。量表使用 1—5 级计分，分数越高，手机依赖的程度越深。该量表的中文版修订版作为评定手机依赖的主流测评工具，在中国中学生和大学生中具有较高的信效度（Lian et al., 2016; Liu et al., 2017）。本书对该量表进行验证性因素分析，发现拟合度良好，$\chi^2/df = 6.22$，NFI = 0.92，TLI = 0.92，GFI = 0.93，RMSEA = 0.07，Cronbach's α 系数为 0.909。

2. 抑郁自评量表

采用 Zung（1965）编制的抑郁自评量表（Self-Rating Depression Scale, SDS），共 20 个项目，采用 1—4 级计分。根据分数高低，得分为 53—62 分、63—72 分以及 73 分以上分别划为轻、中、重度抑郁。量表信效度良好。本研究中全量表的 Cronbach's α 系数为 0.909。

3. 孤独感量表

采用 Russell、Peplau、Cutrona（1980）编制的孤独感量表（UCLA Loneliness Scale, UCLA），包括 20 项条目，使用 1—4 级计分，总分越高提示其孤独感的程度越深。量表信效度良好。本书中全量表的 Cronbach's α 系数为 0.811。

4. 青少年社会支持量表

采用叶悦妹和戴晓阳（2006）编制的青少年社会支持量表（Adolescent Social Support Scale, ASSS），共有 17 项条目，包括 3 个因子，分别为主观支持、客观支持以及对支持的利用度。主观支持指个体在主观世界层面（如情绪、情感上）获得的来自外界的帮助，客观支持指个人获得的来自他人的实际帮助，对支持的利用度则是在他人提供资源的情况下个体对这些资源的使用情况。该量表采用 1—5 级评分，总分越高代表被试所获得的社会支持程度越高。该量表在中国中学生和大学生中具有较高信效度（罗杰、崔汉卿、戴晓阳、赵守盈，2014；叶悦妹、戴晓阳，2008）。本书中全量表的Cronbach's α系数为0.935。

（三）统计方法

通过SPSS 18.0考查被试的人口学特征以及变量间的相互关系。采用结构方程模型（SEM）分析社会支持、抑郁、孤独感和手机依赖之间的关系，采用极大似然法，通过Amos 18.0建立结构方程模型，采用Bootstrap检验，重复抽样5000次，并计算95%的置信区间。

三　结果与分析

（一）共同方法偏差检验

通过Harman单因素检验法，对所有变量的74项条目进行主成分因素分析，共析出15个特征根大于1的因子，其中第一个因子解释的变异为23.96%，未达到40%，因此本书不存在显著的共同方法偏差。

（二）相关分析

相关分析表明，社会支持各维度与抑郁、孤独感以及手机依赖呈显著负相关；抑郁与孤独感、手机依赖呈显著正相关；孤独感与手机依赖呈显著正相关（见表4-10）。

表4-10　　社会支持、抑郁、孤独感和手机依赖的相关分析

	1	2	3	4	5	6	7	8	9	10	11
1. 主观支持	1										
2. 客观支持	0.663***	1									
3. 支持利用度	0.675***	0.661***	1								
4. 社会支持	0.873**	0.877**	0.894**	1							
5. 抑郁	-0.529***	-0.484***	-0.425***	-0.540***	1						

续表

	1	2	3	4	5	6	7	8	9	10	11
6. 孤独感	-0.719***	-0.511***	-0.534***	-0.661***	0.673***	1					
7. 失控性	-0.314***	-0.277***	-0.290***	-0.332***	0.398***	0.396***	1				
8. 戒断性	-0.197***	-0.213***	-0.170***	-0.218***	0.321***	0.298***	0.515***	1			
9. 逃避性	-0.182***	-0.142***	-0.109***	-0.161***	0.266***	0.315***	0.452***	0.539***	1		
10. 低效性	-0.304***	-0.276***	-0.306***	-0.335***	0.410***	0.398***	0.681***	0.475***	0.409***	1	
11. 手机依赖	-0.318***	-0.289***	-0.280***	-0.334***	0.439***	0.441***	0.881***	0.783***	0.721***	0.782***	1
M±SD	3.54±0.97	3.89±0.88	3.49±0.96	3.65±0.83	1.96±0.41	2.15±0.48	2.75±0.83	2.13±0.96	2.95±1.11	2.30±0.94	2.56±0.75

注：$*P<0.05$，$**P<0.01$，$***P<0.001$（下同）。

（三）链式中介效应检验

本书建立了结构方程模型来明确社会支持、抑郁、孤独感和手机依赖四者之间的关系，结果表明模型拟合指数良好：$\chi^2/df=4.05$，NFI = 0.94，TLI = 0.92，GFI = 0.95，RMSEA = 0.08。中介效应能解释因变量（手机依赖）的 29% 的变异（$R^2=0.29$）。图 4-7 显示，社会支持在手机依赖上的路径系数为 -0.05，不具备显著性，其余路径系数均为显著，表明在社会支持与手机依赖的关系中，抑郁和孤独感起完全中介作用。

为进一步明确结果，如表 4-11 所示，各标准化间接效应的置信区间未包括 0，表明在社会支持作用于手机依赖的具体机制中，存在以下三条路径：社会支持通过抑郁作用于手机依赖；社会支持通过孤独感作用于手机依赖；社会支持作用于抑郁，进而引起孤独感，最终对手机依赖产生影响。本书进一步对间接效应进行差异显著性分析，结果表明，抑郁与孤独感分别作为中介变量所产生的间接效应差异并不显著（$Z=-0.645$，$P=0.519$），但两者分别的间接效应均高于其在社会支持与手机依赖之间的链式中介效应（$Z=-3.622$，$Z=-4.292$，$P<0.001$）。

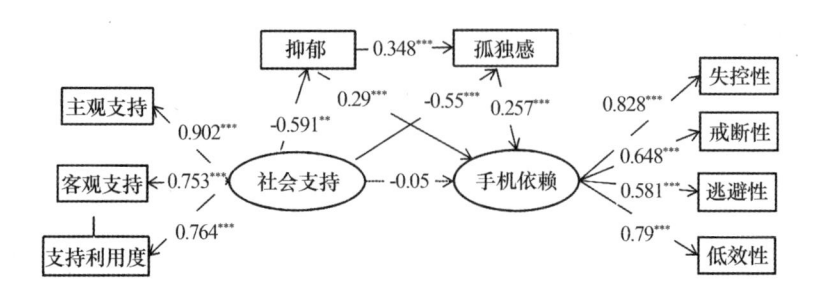

图 4-7　社会支持与手机依赖的链式中介作用模型

表 4-11　基于 Bootstrap 的特定中介效应检验分析

路径	标准化间接效应值	95%的置信区间		相对中介效应
		下限	上限	
社会支持—抑郁—手机依赖	-0.172	-0.229	-0.125	41.35%
社会支持—孤独感—手机依赖	-0.141	-0.203	-0.085	33.89%
社会支持—抑郁—孤独感—手机依赖	-0.053	-0.077	-0.031	12.74%
总间接效应	-0.366	-0.446	-0.292	87.98%

四　讨论

本书通过构建一个多重中介模型，阐明了社会支持作用于手机依赖的具体机理。但值得注意的是，社会支持对青少年手机依赖的直接影响仅占总效应的 12%左右，而通过抑郁和孤独感两个中介变量作用于手机依赖的间接影响占到了总作用的 87.98%，因此，社会支持更多地通过这两个变量的完全链式中介作用对青少年手机依赖产生影响，而不是直接作用于手机依赖。

具体来说，本书发现：第一，抑郁在社会支持和手机依赖之间发挥中介作用。青少年拥有的社会支持水平愈低，抑郁的程度愈严重，其发生手机依赖的概率愈高。有元分析表明，更多的社会支持可以预防抑郁症，而较少的社会支持水平则是抑郁症发作的风险因素（Rueger, Malecki, Pyun, Aycock & Coyle, 2016）。根据社会支持的主效应模型，来自外界的帮助可以改善情绪状态，维持积极的情绪体验，并提升身心健康水平（林初锐、李永鑫、胡瑜，2004）。根据艾克森发展的八阶段理论，青少年在应对不同的社会需求与矛盾时会陷入困境并体验到困惑,而当获得的社会支持不足时,他们无法得到良好的建议和安全感,帮助自己解决当前的问题,从而会产生挫败感及抑郁等消极情绪。而适当的手机使用可以减缓患者的抑郁情绪,青少年为了避免这种抑郁情绪,就可能借助手机构建线上网络关系来扩大自己社会支持的来源,如此便增加了手机依赖问题发生的可能性(Li, Jiang & Ren, 2017)。

第二,孤独感在社会支持与手机依赖之间发挥中介作用。具体而言,以下原因可以解释孤独感在这二者之间的发生机制。青少年时期被认为是人生中最孤独的阶段,尤其是当其家庭关系和人际关系不良时,由于无法得到足够充分的支持,这种孤独感程度更为严重。在一项在华留学生的孤独感与手机依赖现状的研究中,发现超过一半的参与者表现出各种各样的成瘾症状,当异国学生无法获得足够的社会支持时,则会经历严重的孤独感,从而表现出极强的手机依赖易感性(Jiang, Li & Shypenka, 2018)。具有强孤独感体验的青少年可能不会在现实世界中交朋友,而是通过手机来构建虚拟关系网络,获得网络社会支持,从而缓解自己的孤独感。Engelberg 和 Sjöberg(2004)的研究也表明,体验到孤独感的个体在同时缺乏良好社交技能时更可能产生手机依赖的症状。

第三,研究假设中抑郁和孤独感的链式中介作用得到了支持。当个体拥有的来自他人的支持不够充分时,会感受到较多抑郁情绪。抑郁情绪除了会降低个体的学业、办公效率外,还会影响个人的社会交往,包括亲密、安全、相互信赖的交流与沟通。当个体对自身的人际关系感到不满意时,便会体验到孤独的情绪(王希林、任桂英、赵晓明,2000)。孤独感是个体感到孤独、隔离以及缺乏亲密感的一种体验,故个体可能会通过使用手机的方式来逃避孤独感、改善情绪状态和获得社会支持,由此便增加了使用智能手机的频率,最终增加了手机依赖产生的可能性。

此外,本书通过对间接效应进行差异显著性分析发现,抑郁和孤独感分别作为中介变量所产生的中介效应差异并不显著,但两者分别的中介效应均高于其在自变量与因变量之间发挥的链式中介效应。研究不同路径所产生的间接影响能够帮助确定哪一个中介变量最为有效,从而可以根据最有效的因素探讨进一步的干预措施,以减少青少年的手机依赖。

本书仍存在一定的局限性。第一,研究的横断面设计使得无法对研究变量进行因果推断,因此,未来的研究应采用纵向和实验设计。第二,有研究表明孤独感与抑郁之间存在互惠作用(Qualter, Brown, Munn & Rotenberg, 2010)。因此,在本书探讨的机制中,孤独感是否影响抑郁将是一个值得深入探讨的课题。此外,本书采用的自我报告的方式可能会导致数据的有效性受到社会赞许效应的影响,为了克服此局限,未来的研究应采用多等级评估法,例如收集被试、家属、老师和同伴等人的数据。

尽管存在以上局限,本书在青少年手机依赖的防控与管理方面仍做出了一定贡献。鉴于手机在青少年日常生活中的普及率以及手机依赖可能带来的不良后果,阐明社会支持和手机依赖之间的具体机制存在一定的必要性。本书表明,抑郁和孤独感在社会支持与青少年手机依赖的关系之间扮演着重要的作用,因此我们可以从以下三个方面预防与干预青少年手机依赖:第一,提高青少年的社会支持水平可以被视为预防青少年手机成瘾的重要目标,我们应该帮助青少年懂得积极获取社会支持。第二,降低抑郁在青少年群体中的发生率,从而预防出现手机依赖等不良后果。第三,帮助青少年群体减少孤独感体验亦具有重要性,这也可能因此降低手机依赖发生的风险。

五 结论

(1)社会支持各维度与抑郁、孤独感、手机依赖呈显著负相关;抑郁与孤独感、手机依赖呈显著正相关;孤独感与手机依赖呈显著正相关。(2)抑郁和孤独感分别在社会支持与手机依赖间起中介作用。(3)抑郁和孤独感在社会支持与手机依赖间起链式中介作用。

第五章

青少年手机依赖对身心健康的影响研究

第一节 子研究一：手机依赖与青少年认知失败的关系：反刍思维和正念的链式中介作用

一 引言

手机因其强大的娱乐、社交等功能和便携式、可移动等特点，已经成为 21 世纪信息化时代最具影响力和最受欢迎的移动终端（Yang, Lin, Huang & Chang, 2018）。手机在带给我们生活和学习巨大便捷的同时，其引发的一系列社会心理问题也逐渐凸显，如青少年的逃避现实、过度使用甚至成瘾行为等（Billieux, 2012）。手机依赖又称为手机依赖（Seo, Park, Kim & Park, 2016）或问题性手机使用，是指个体由于过度沉迷使用手机，并对其身心健康造成不良影响的手机使用行为（刘勤学、杨燕、林悦、余思、周宗奎，2017）。以往研究发现，手机依赖可能导致个体抑郁、焦虑等负性情绪（刘庆奇、周宗奎、牛更枫、范翠英，2017），并对个体的认知能力和人际关系等产生消极影响（Chen et al., 2016）。研究还表明，青少年手机使用率较高，其成瘾的比例在 10%—30%（Roh et al., 2018; Yen et al., 2009），已成为学界关注的热点问题。

以往研究表明，手机依赖可能会导致个体认知功能障碍——认知失败（Hadlington, 2015）。认知失败是指个体在执行认知加工任务时，由于认知能力不足或认知能力受损，导致个体无法做出正确的认知判断（Clark, Parakh, Smilek & Roy, 2012）。注意超载理论认为，个体的心理资源是有限的，在执行认知任务时，需维持对认知目标的注意，这会消耗心理资源。当个体心理资源不足时，就会导致持续性注意失败（Head & Helton, 2014）。以往研究发现，个体的持续性注意会受到多种因素的影响，如认知因素、情绪因素、行为因素，从而导致认知失败（高文斌、陈祉妍, 2006; Berggren & Derakshan, 2013; Mills et al., 2016）。手机依赖青少年会长时间沉溺于虚拟的网络世界，他们过度地使用手机查询资料、获取信息和进行社交互动等，都会消耗个体大量的认知资源，并可能造成青少年的注意力不集中和抗干扰能力下降等，进而导致认知任务的失败。而以往研究多是考查手机依赖对认知失败的直接作用，较少关注其内部机制。事实上，手机依赖对认知失败的影响很有可能是间接的。因此，有必要探讨手机依赖对青少年认知失败的具体作用机制。

青少年手机依赖是如何导致认知失败的呢？以往研究表明，反刍思维和正念可能是两个重要的影响因素（杨秀娟, 2018）。反刍思维是一种与负性情绪相关的适应不良的应对方式，表现为个体在挫折情境时反复和被动地思考情绪本身及其产生的原因和可能带来的消极后果（Nolen-Hoeksema & Lyubomirsky, 2008），却不采取积极的方式解决问题。反刍的压力应激模型认为，个体在努力缩短目标状态与现实状态的差距失败时，会感觉到心理压力，这会促使个体产生反刍思维（Watkins, 2008）。因此，对于青少年来说，过度沉溺于手机使用会使他们与现实生活脱节，容易产生焦虑、抑郁等不愉悦的情绪体验，并导致个体的心理压力倍增，从而诱发反刍思维（Wang, Wang, Wu, Xie & Lei, 2018）。同时根据Hobfoll（2002）提出的资源保护理论，个体产生反刍思维后，会消耗大量的认知资源，并使个体聚焦于自身无法摆脱的消极情绪，难以有效地分配可利用的认知资源，进而导致个体认知任务失败（赵静, 2015）。手机依赖的个体往往面临着更多的学业和人际问题（Chen et al., 2016; Hawi & Samaha, 2017），这会使他们产生大量的消极情绪和负性体验。当个体沉浸在过去的消极体验之中反复思考时，对于当下正在做的事情就很难做出正确的认知判断，从而导致认知失败。因此，本书假设手机依赖通过反刍思维的中介作用影响青少年认知失败（H1）。

正念是个体对当下一切不加评判、有目的、有意识的一种觉察方式，它强调对自身体验的开放和接纳（Bishop et al., 2004）。Bowlby（1969）认为人类与生俱来就有一种内在依恋系统，其功能为促使个体维持与重要客体的亲密关系。当与首要客体的亲密关系不可维持时，为获取安全感个体往往会采取更换依恋客体的措施，其中包括非人类客体，如手机。手机依赖者通常表现出高度的敏感性和高水平的反刍思维，这与依恋焦虑的心理特征较为相似（Shaver, Lavy, Saron & Mikulincer, 2007）。此时手机依赖个体的依恋系统可能会被过度激活，致使个体精神高度紧张，把注意力全放在可能出现的外部威胁之上，进而阻碍个体不加评判的正念注意觉知过程（Caldwell & Shaver, 2013; Stevenson et al., 2017）。因而，手机依赖可能负向预测正念能力。同时正念的二因素模型认为，正念强调个体对此时此刻所发生的一切不加评判的保持注意（Bishop et al., 2004），使个体能够全面客观地认知事物，以做出正确的认知判断，保持较高的认知水平。因而，正念可能负向预测认知失败。此外，正念的认知模型认为，个体对事物的认知有赖于个体的正念能力，正念水平高的个体在认知事物时会自动抑制不相关的认知过程和行为，以保持个体认知的灵活性和流畅性（Holas & Jankowski, 2013）。因此，本书假设手机依赖还可能通过正念的中介作用影响青少年认知失败（H2）。

研究发现，正念也会受到个体反刍思维的影响（杨秀娟，2018; Vinothkumar et al., 2016）。正念的再感知模型认为，正念是一种去自动化、去中心化的认知方式。正念个体更多的关注是当下，而不是沉湎于过去或未来（Bishop et al., 2004）。与此相反，反刍思维的个体更多地沉浸于过去的不良情绪及后果，这阻碍了个体对当下经验的觉知和体验的认知方式。以往研究还发现，边缘型人格障碍可以通过反刍思维的中介作用影响个体的正念能力（Selby, Fehling, Panza & Kranzler, 2016）。因此本书假设"反刍思维→正念"可能也是青少年手机依赖影响认知失败的重要路径（H3）。

综上，以往研究大多集中于手机依赖对个体认知失败的直接影响，但手机依赖与认知失败直接的联系很大程度上可能是间接的。本书基于不同的认知方式来构建反刍思维和正念的中介模型，旨在更加系统、全面地考查青少年手机依赖与认知失败之间的关系，并进一步探讨反刍思维到正念在手机依赖对认知失败影响中的链式中介作用，既丰富了影响青少年认知失败发展的研究领域，又为科学预防和有效控制青少年认知失败提供理论依据。

二 研究方法

(一) 被试

选取湖南省长沙市两所中学高一和高二年级的学生作为样本,共发放问卷850份,回收有效问卷816份,有效率为96%。被试年龄区间在13—19岁(15.86±0.794),包括男生403人(49.39%),女生413人(50.61%);高一470人(57.60%),高二346人(42.40%)。

(二) 工具

1. 手机成瘾量表简版

采用Kwon等人(2013)编制的手机成瘾量表。在进行研究之前,先将量表翻译成中文并就相关语言表述进行讨论,通过对比反复修改,使其尽量符合原意,得到原作者的同意之后,由心理学教授指导,得到中文版量表。探索性因素分析表明,单个条目的因子载荷均在0.45以上,可解释总变异的46.92%;验证性因素分析结果表明,χ^2/df = 4.63,CFI = 0.94,NFI = 0.93,IFI = 0.94,RFI = 0.90,RMSEA = 0.09,提示量表结构效度较好。量表共有10个项目,采用1"非常不同意"—6"非常同意"6点计分,得分越高则表明个体手机依赖程度越高。在本研究中,该量表的Cronbach's α系数为0.85。

2. 正念注意觉知量表

采用由Brown和Ryan(2003)编制,陈思佚、崔红、周仁来和贾艳艳(2012)修订的正念注意觉知量表。该量表共15个条目,采用1"几乎总是"—6"几乎从不"6点计分,得分越高表明个体的正念水平越高。在本研究中,该量表的Cronbach's α系数为0.88。

3. 反刍思维量表

采用Nolen-Hoeksema和Morrow(1991)编制,韩秀和杨宏飞(2009)修订的反刍思维量表。该量表共22个条目,采用1"从不"—4"总是"4点计分,量表包含了症状反刍、强迫思考、反省深思3个维度。问卷得分越高,表明反刍思维倾向越严重。在本书中,该量表的Cronbach's α系数为0.94。

4. 认知失败问卷

采用由Broadbent、Cooper、Fitzgerald和Parkes(1982)编制,周扬

等人(2016)修订的认知失败问卷。该问卷共 25 个条目,包含干扰、记忆、人际失误、运动协调、人名记忆 5 个因子,采用 1 "从不"—5 "总是" 5 点计分。问卷得分越高,表示个体出现因认知错误引发的行为过失越多。验证性因子分析表明,五因子模型对数据拟合良好,$\chi^2/df = 4.12$,RMSEA = 0.06,NFI = 0.91,IFI = 0.92,TLI = 0.93,CFI = 0.91,均达到可以接受的水平。在本书中,该量表的 Cronbach's α 系数为 0.90。

上述问卷均未涉及不同年龄段身心特质及行为表现等方面的问题,验证性因子分析结果良好,表明在青少年群体中使用同样可以接受。

三 结果与分析

(一) 共同方法偏差检验

采用 Harman 单因素检验法(周浩、龙立荣,2004)对本次问卷调查中可能存在的共同方法偏差进行检验。对所有变量的 72 个项目进行未经旋转的主成分因子分析,共析出 14 个特征根大于 1 的因子,能够解释 58.20%,其中第一个因子的方差解释率为 25.48%,未达到 40% 的临界值,因此本书不存在显著的共同方法偏差。

(二) 各变量的描述性统计及相关分析

表 5-1 呈现了各个变量的均值、标准差及相关关系。结果发现,手机依赖与反刍思维、认知失败及各维度呈显著正相关;正念与手机依赖、反刍思维、认知失败及各维度呈显著负相关。

表 5-1　手机依赖、反刍思维、正念和认知失败的相关分析

	1	2	3	4	5	6	7	8	9
1. 手机依赖均分	1								
2. 干扰	0.427**	1							
3. 记忆	0.328**	0.730**	1						
4. 人际失误	0.257**	0.588**	0.470**	1					
5. 运动协调	0.319**	0.680**	0.682**	0.486**	1				
6. 人名记忆	0.223**	0.511**	0.481**	0.405**	0.417**	1			

续表

	1	2	3	4	5	6	7	8	9
7. 认知失败均分	0.409**	0.934**	0.855**	0.734**	0.792**	0.624**	1		
8. 反刍思维均分	0.370**	0.538**	0.444**	0.460**	0.423**	0.317**	0.562**	1	
9. 正念均分	-0.377**	-0.605**	-0.502**	-0.454**	-0.509**	-0.421**	-0.630**	-0.581**	1
$M \pm SD$	3.49±0.90	2.76±0.66	2.23±0.66	2.65±0.85	2.33±0.74	2.12±0.84	2.52±0.59	2.28±0.61	3.89±0.77

（三）反刍思维和正念在青少年手机依赖与认知失败间的链式中介作用分析

以手机依赖得分为预测变量，认知失败总分及各维度分为结果变量，反刍思维与正念为中介变量，运用 AMOS22.0 建构结构方程模型。结果显示模型拟合效果较好（$\chi^2 = 64.06$，$df = 16$，$\chi^2/df = 4.00$，$RMSEA = 0.06$，$TLI = 0.97$，$CFI = 0.98$）。模型各路径系数如图 5-1 所示。手机依赖不仅能直接预测认知失败，而且可以通过反刍思维和正念的链式中介作用间接预测认知失败。

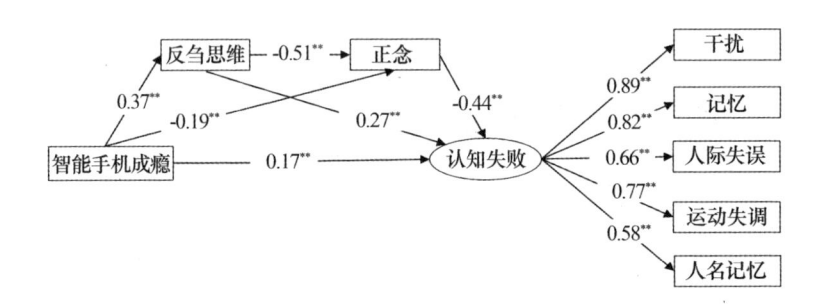

图 5-1 反刍思维和正念在手机依赖与认知失败关系间的中介作用

采用偏差校正的百分位 Bootstrap 检验，重复取样 5000 次，计算 95% 的置信区间。各标准化间接效应的置信区间均未包含 0，表明链式中介效应显著，各中介变量的标准化间接效应值，置信区间及相对中介效应，如表 5-2 所示。

表 5-2　　基于 Bootstrap 的特定中介效应检验分析　　单位：%

路径	标准化间接效应值	相对中介效应	95% 的置信区间	
			下限	上限
手机依赖—反刍思维—认知失败	0.100	23.04	0.058	0.148
手机依赖—正念—认知失败	0.084	19.36	0.044	0.131
手机依赖—反刍思维—正念—认知失败	0.083	19.12	0.071	0.087
间接效应	0.267	61.52		
直接效应	0.167	38.48		

链式中介效应的分析结果显示：反刍思维和正念在手机依赖与认知失败之间起链式中介作用，中介效应值为 0.267，占手机依赖对认知失败影响总效应（0.434）的 61.52%。具体来看，这一中介效应由三条途径产生的间接效应组成：手机依赖通过反刍思维间接影响认知失败，中介效应值为 0.100，相对中介效应为 23.04%；手机依赖通过正念间接影响认知失败，中介效应值为 0.084，相对中介效应为 19.36%；手机依赖诱发反刍思维，影响正念水平，间接导致认知失败，中介效应值为 0.083，相对中介效应为 19.12%。进一步对中介效应进行差异显著性检验，结果表明，反刍思维和正念分别在手机依赖与认知失败之间的中介效应差异不显著（$Z = -0.010$，$P = 0.583$），两者的中介效应与反刍思维和正念在手机依赖和认知失败之间的链式中介作用效应差异不显著（$Z = 0.009$，$Z = -0.001$，$P > 0.05$）。各个变量联合起来可以解释青少年认知失败 52% 的变异。

四　讨论

手机作为移动互联网发展的优良载体，已成为越来越多青少年的日常生活必备品，过度使用手机已经成为阻碍青少年身心健康发展的不利因素（连帅磊、刘庆奇、孙晓军、周宗奎，2018）。本书通过构建反刍思维和正念的链式中介，揭示了这两种不同的认知方式在手机依赖与青少年认知失败关系中的作用机制。

研究发现，手机依赖可以显著地预测青少年认知失败，与以往的研究相对一致（Hadlington，2015）。这一结果也契合了注意超载理论的观点，青少年在过度使用手机时，个体的认知资源会被大量消耗。而个体的认知资源是有限的，超负荷的消耗会打破个体心理注意机制的平衡，进而导致青少年在日常生活中对低刺激性水平信息的注意能力降低。当个体对目标刺激的注意不能维持时，就难以做出正确的认知判断，并导致个体的认知失败。此外，中介分析表明，在手机依赖对青少年认知失败的影响机制中，反刍思维和正念分别起着独立的中介作用，这验证了本书的假设 1 和假设 2。手机依赖能显著正向预测反刍思维，且反刍思维显著正向预测青少年认知失败。这一结果验证了反刍压力应激模型和资源保护理论，表明消极的思维方式是互联网时代青少年问题性手机使用诱发其认知失败的关键因素。同时，手机依赖显著负向预测青少年正念水平，且正念水平显著负向预测认知失败，这一结果支持了内在依恋系统理论和正念的二因素模型。以往研究认为，高正念水平的青少年个体对此时此刻的情绪和经历的事件往往持有一种开放和接纳的态度，相比于低正念水平的个体，他们更容易集中精神做出正确的认知判断（Eddy，Wertheim，Hale & Wright，2018；Sindermann，Markett，Jung & Montag，2018）。

此外，本书还发现"反刍思维→正念"构成的链式中介也是手机依赖影响青少年认知失败的重要途径，这验证了本书的假设 3。反刍思维个体对消极信息存在加工偏好，容易使个体沉浸在消极情绪和负性体验之中，进而降低个体对此时此刻心理体验的感知能力（Lawrence，Haigh，Siegle & Schwartz-Mette，2018）。此外，情绪的拓展建构理论（Foster & Lloyd，2007）认为，当个体处于积极情绪状态时，能够进行积极有效的自我建构，有利于提高其对当下的感知能力，即能提高正念水平；而当个体处于消极情绪状态时，其对当下的觉知能力会受到影响，即会降低正念水平，进而影响积极的自我建构。因此，手机依赖诱发反刍思维后，个体可能会自发性和弥散性地长期沉浸在消极情绪和负性体验之中，进而可能导致正念水平降低，阻碍积极的自我建构。以往研究表明正念是个体认知失败的重要因素（Karing & Beelmann，2018），因此，"反刍思维→正念"构成的链式中介也是手机依赖影响青少年产生认知失败的重要途径。

本书揭示了手机依赖影响青少年认知失败的具体作用机制，发现手机依赖是青少年认知失败的直接预测因素，也是影响青少年认知失败的远端因素，而反刍思维和正念则是手机依赖影响青少年认知失败的近端因素。这进一步表明，过度的手机使用对青少年的情绪和认知具有消极影响，反刍思维和正念是行为或环境影响个体认知功能的重要因素（James & Rimes，2018）。同时，根据情绪的拓展建构理论分析手机依赖如何通过"反刍思维→正念"的链式中介作用对青少年认知失败产生影响，从而有效地整合了反刍的压力应激模型和正念的二因素模型，对揭示反刍思维和正念在手机依赖与青少年认知失败之间的联合作用具有重要意义。此外，本书还比较了以上三条中介作用路径的间接效应，结果显示间接效应差异并不显著，这表明反刍思维和正念在手机依赖影响青少年认知失败中起着同等重要的作用。

　　本书结果对于引导青少年合理使用手机及预防认知失败的发生具有一定的启示意义。首先，手机依赖对青少年认知失败有显著的直接影响，青少年应该加强自我控制训练，通过控制手机的过度使用，抑制手机使用的心理渴求感，避免现实生活中认知失败的发生。其次，手机依赖可能会破坏青少年的情绪平衡并诱发反刍思维，进而导致任务加工中的认知失败。因此，社会、学校和家庭应该有意识地引导青少年学习情绪调节策略、提升个人的情绪调节能力，减少反刍思维的发生，以弱化反刍思维对个体认知失败的影响。此外，正念能够改变个体的不良认知方式，缓解手机依赖对青少年认知失败的消极影响。因此可以通过正念减压疗法、正念认知疗法等干预训练方式提高青少年的正念水平，改善个体的认知方式，从而有效预防青少年个体认知失败的发生。

　　尽管本书具有一定价值，但仍存在一些局限：第一，本书只探讨了手机依赖"如何"预测青少年认知失败的问题，未来研究可以引入调节变量，对"手机依赖'何时'预测青少年认知失败"这一问题进行探讨。第二，本次研究采用被试自我报告的形式，社会赞许效应难以避免，数据的客观性与真实性有待提高。

五　结论

（1）手机依赖对青少年认知失败具有显著正向预测作用。（2）手机依赖不仅直接影响青少年认知失败，还通过反刍思维的中介作用间接影响青少年认知失败。(3) 手机依赖不仅直接影响青少年认知失败，还通过正念的中介作用间接影响青少年认知失败。(4) 手机依赖不仅直接影响青少年认知失败，还通过"反刍思维→正念"的链式中介作用间接影响青少年认知失败。

第二节　子研究二：手机依赖对青少年拖延行为的影响：注意控制的中介作用

一　引言

近年来，随着移动互联网电子信息技术的崛起，智能手机作为常见的移动互联网终端，已成为人们日常生活中非常普遍的电子产品。作为青少年群体中时间支配相对自由的大学生，手机在其日常通信交流、消费娱乐等诸多方面发挥着重要作用，已成为他们日常生活中不可或缺的一部分。调查显示，手机依赖在大学生群体中的检出率为27.4%（Leung & Louis, 2008）。就目前情况来说，大学生在手机使用上，耗费时间及精力增多，对手机的依赖性越来越强。这种现象已成为新媒体时代大学生较为突出的心理及行为问题，并对他们的学习生活造成诸多不良影响。手机依赖，又称为手机成瘾、问题性手机使用等，指由于不适当地、过度地使用手机对个体生理和心理造成不良后果的一种成瘾行为（Lengua, Bush, Long, Kovacs & Trancik, 2008）。其主要表现为对手机的失控性、戒断性以及现实的逃避性等，个体在生理与心理上会出现较多的不适反应（花蓉、武晓锐、方芳，2016）。有研究证实，过度使用手机会引起个体颈肩腰部疼痛、头晕冒汗、视力模糊、记忆力减退以及睡眠质量下降等生理问题，也引发焦虑、抑郁、孤独以及人际交往困难等心理及社会适应功能障碍（Redmayne, Smith & Abramson, 2011）。在大学生群体中这些身心问题主要表现为难以将注意力从虚拟网游、线上社交和娱乐视频中转移，无法将注意力集中在学业上，以及出现因沉迷网络致使的学习任务拖延滞后，以至于出现学习效率低、生活状态无序等不利大学生身心发展的问题。

拖延（procrastination）是指个体有意地、不必要地延迟任务开始或结束（田芊、邓士昌，2011）。以往研究显示，拖延行为在我国大学生群体中普遍存在（李宗波、梁音、王婷婷，2017），大学生拖延行为被认为是为了逃避失败或轻视不喜欢的任务而产生延迟工作的趋势（张红梅、张志杰，2007），不合理地使用手机也会引发拖延行为（杨国艺、刘玲、王泠、任慧玲，2019），长期的拖延行为会导致个体产生焦虑、自卑甚至是抑郁等负面情绪，严重影响个体的身心健康（Piers et al.，2001）。国外学者 Ferrari，Johnson 和 Mccown（1995）指出慢性拖延和逃避任务的行为是非常常见的问题，拖延症本质上是一种现代疾病，它的发生与信息技术的先进性和作息时间的规律性有关。此外，手机作为现代信息载体，手机端的社交软件、游戏软件等强烈吸引着大学生的视线，这些媒介诱使大学生手机使用频率急剧上升，致使他们出现拖延甚至取消任务等问题。所以，大学生对手机依赖的程度越深，手机对大学生的吸引力越大，他们花费在手机使用上的时间与精力增多，从而越来越容易发生拖延行为。由此本书假设，手机依赖对拖延行为具有正向预测作用。

注意控制（attention control）是认知过程中反映调节注意力分配的认知能力指标，主要包括注意集中和转移的能力（Carriere，Seli & Smilek，2013）。高文斌和陈祉妍（2006）的研究表明，注意控制会受到成瘾行为的影响，手机依赖作为一种非物质成瘾行为，也是个体注意控制能力的重要影响因素。以往的研究表明：手机使用会导致个体注意控制能力的降低，容易诱发注意涣散，而手机依赖会使得个体无法进行良好的注意控制，导致大学生在学习生活中的各种任务不能有效地执行（李红、高山、王乃弋，2004），这使得大学生普遍存在学业成绩不佳、生活质量低、人际交往困难等问题。其中，学业成绩不佳与自我效能感存在负相关（童星、缪建东，2019），人际交往效能感低会导致人际交往困难（王雨虹，2018），从而进一步产生拖延行为。同时，国外学者 Ferrari（2000）的研究发现，注意功能障碍对个体的拖延行为具有显著的负向预测作用。此外，相较于难度低的任务，难度高的任务更易诱发个体对目标任务恐惧、厌恶的不良心理，进而通过任务坚持影响拖延（苏丽萍，2016）。因此，本书假设手机依赖通过注意控制这一中介对个体的拖延行为产生间接性影响。

根据以上分析，本书认为手机依赖对个体拖延行为不仅有直接的影响,并可能通过注意控制间接影响拖延。本研究旨在探讨手机依赖、注意控制和拖延三者的关系,了解手机依赖对拖延的影响机制,同时探究注意控制对二者关系的中介机制,以期为手机依赖所引起的拖延行为干预提供指导。

二 研究方法

(一) 被试

采取整群随机抽样,以班级为单位,对福建省两所高校公共选修课六个班级的297名大学生进行问卷调查,共回收有效问卷268份,回收有效率达90.24%。其中,男生、女生分别为102人和166人。正式调查前主试向被试说明测试要求、宣读指导语及保密原则等,并署知情同意书。

(二) 工具

1. 手机依赖指数量表(Mobile Phone Addiction Index,MPAI)

采用Leung(2008)编制的手机依赖指数量表。本量表共包含17个题目,并由失控性、戒断性、逃避性和低效性四个维度构成。采用Likert 5点计分方法,从"1"代表"从不"到"5"代表"总是"。个体的量表总得分越高代表其对手机的依赖状况越严重。本研究中,各维度的Cronbach's α系数在0.71—0.86,总量表的Cronbach's α系数为0.92。

2. 注意控制指数量表(Attention Control Scale,ACS)

本量表在HO等的努力控制量表(EC)与Derryberry和Reed编制的注意控制量表(ACS)的基础上,余香莲(2017)对注意控制量表(ASC)进行本土化修订,新修订的注意控制量表包括21道题。量表采用Likert4点计分方法,1("无")—4("重度")4点计分,得分越高表示个体注意控制水平越高。经修订后的ACS量表含有5个维度,即抑制控制、注意转移、任务坚持、注意集中、注意分配。本书中,该量表的Cronbach's α系数为0.76。

3. Pure拖延量表(Pure Procrastination Scale,PPS)

采用申雨凡(2012)修订的Piers steel的Pure拖延量表,包括拖延行为和拖延结果两个维度,共由10个题项组成。量表采用Likert5点计分方法,从"非常不符合"至"非常符合",记为1—5分,得分越高表示个体拖延水平越高。本书中，该量表的 Cronbach's α 系数为 0.78。

（三）统计方法

采用 SPSS18.0，对所得数据整理，进行描述统计、独立样本 t 检验、积差相关分析。在此基础上，进一步考查大学生手机依赖、注意控制和拖延行为之间的相关性，并使用 AMOS 17.0 对各变量关系进行结构方程模型建模，使用 Bootstrap 程序对模型的有效性进行检验。

三 结果与分析

（一）注意控制、拖延在手机依赖得分中的差异比较

将手机依赖总得分较低的 27% 设定为手机依赖低分组，总得分较高的 27% 设定为高分组。然后使用独立样本 t 检验比较高低分组在注意控制、拖延方面的差异，结果如表 5-3 所示。从表中可以看出，相较于手机依赖低分组，手机依赖高分组在注意控制的得分更低，而在拖延行为方面的得分更高，差异均具有统计学意义。

表 5-3 拖延、注意控制得分在手机依赖高低分组中的差异比较（M±SD）

	手机依赖高分组 ($n=79$)	手机依赖低分组 ($n=73$)	t
拖延	31.79±7.02	19.38±5.86	-11.86***
注意控制	36.46±7.83	46.12±7.41	7.802***

注：** $P<0.01$，*** $P<0.001$，下同。

（二）手机依赖与注意控制、拖延的相关分析

使用皮尔逊积差相关对各变量进行相关分析。由表 5-4 可知，手机依赖总分及各维度得分与注意控制得分存在负相关；手机依赖总分及各维度得分和拖延得分存在正相关，注意控制得分和拖延得分存在负相关，均具有统计学意义。由此可知，手机依赖、注意控制和拖延三者之间均存在密切联系。

表 5-4　　　　　　　　　各变量的相关分析

	手机依赖	戒断性	失控性	低效性	逃避性	注意控制	拖延
手机依赖	1.00						
戒断性	0.82**	1.00					
失控性	0.87**	0.56**	1.00				
低效性	0.90**	0.65**	0.71**	1.00			
逃避性	0.83**	0.60**	0.59**	0.78**	1.00		
注意控制	-0.50**	-0.35	-0.42**	-0.48**	-0.47**	1.00	
拖延	0.65**	0.44**	0.59**	0.66**	0.56**	0.55**	1.00
$M \pm SD$	44.34± 11.83	9.57± 3.68	16.32± 4.61	10.41± 3.12	8.03± 2.51	41.38± 7.91	25.29± 7.83

（三）注意控制在手机依赖与拖延关系间的中介作用

以手机依赖、拖延分别为预测变量和结果变量，以注意控制为中介变量，使用结构方程模型对所假设的各变量的关系进行模型建构。模型拟合结果为：$\chi^2/df = 2.729$，$RMSEA = 0.080$，$GFI = 0.937$，$AGFI = 0.898$，$NFI = 0.935$，$CFI = 0.957$，$IFI = 0.958$。其中，χ^2/df 是模型和数据的拟合值，其数值越小越好。模型和数据拟合的一般公认标准是 $(\chi^2/df) < 5$。此外，由于样本量的大小容易影响 χ^2/df 的值，当样本量较大的情况下，假设模型较易被拒绝。至此应参照其他拟合指标来对模型进行评估。结果表明，最终得到模型的其他拟合指标均较为理想。这表明数据与所建模型的拟合度是较为一致的，对假设模型可以接受。由图 5-2 可以看出，手机依赖对注意控制存在显著的负向预测效应，注意控制对拖延也存在显著的负向预测效应，而手机依赖对拖延存在显著的正向预测效应。据此，注意控制在大学生手机依赖对拖延的影响过程中起部分中介效应。

在此基础上，采用 Bootstrap 程序抽取 5000 份样本，设置 95% 可信区间对中介作用的有效性进行估计和检验，结果如表 5-5 所示。手机依赖直接作用于拖延的效应量的置信区间不包括 0，手机依赖通过注意控制作用于拖延的效应量的置信区间同样不包括 0，因此间接通径均达到显著水平。进一步证明，注意控制在手机依赖与拖延的关系中起中介作用。其中，总效应区间为 [0.615, 0.766]，直接效应区间为 [0.353, 0.615]，间接效应区间为 [0.128, 0.307]，中介效应为 0.208，总效应为 0.699，中介效应占总效应的比值为 29.8%。

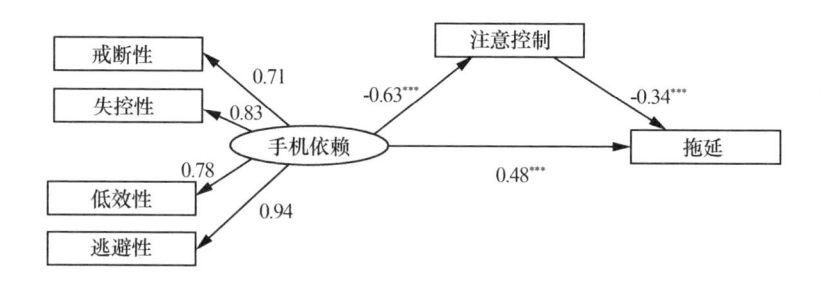

图 5-2　注意控制在手机依赖与拖延关系间的中介作用

表 5-5　　各路径的 Bootstrap 检验结果的效应量和置信区间　　单位：%

路径	效应量	95% CI	效应比例
手机依赖→拖延的总效应	0.699	0.615—0.766	100.0
手机依赖→注意控制→拖延的中介效应	0.208	0.128—0.307	29.8
手机依赖→拖延的直接效应	0.491	0.353—0.615	70.2

四　讨论

结构方程模型结果显示，手机依赖可以直接正向预测大学生拖延行为，这与以往的研究相一致（洪宝玲、王蕊，2019；李宗波、梁音、王婷婷，2017）。对于拖延行为明显的大学生来说，他们无法在大学校园相对宽松的环境中实现有效的自我管理，不能有效地分配自己的时间和精力，意志力不坚定，目标计划易因为各种诱惑而被推后甚至取消。一方面，随着近年来大学生手机普及率大大提升，手机里的社交、游戏等娱乐软件让大学生难以自制，易出现时间管理行为弱、目标意识差等情况，直接致使他们拖延学业甚至放弃学习任务等问题。另一方面，手机依赖严重的大学生普遍存在将个人自我意识和自我价值实现寄托到网络生活中的现象，他们常具有逃避现实、不重视现实任务的心理倾向，并有意识或无意识地忽视需要完成的任务，进而引发拖延行为。此外，手机依赖个体的严谨性相对较差，而严谨性与拖延呈负相关（甘良梅，2007），因此更容易产生拖延行为。所以，大学生对手机依赖的程度越重，手机对大学生的吸引力越大，他们越容易发生拖延行为。

研究结果显示，注意控制在大学生手机依赖与拖延之间起部分中介作用，换言之，手机依赖可通过注意控制间接地导致个体拖延行为的产生。手机依赖低分的大学生表现出较高的注意控制能力，具体体现在其学习工作执行、专注力控制以及问题解决等方面。基于以往的研究，成瘾行为对个体注意加工偏向的影响可能是手机依赖引发注意控制能力降低的重要原因（连帅磊、刘庆奇、孙晓军、周宗奎，2018）。对移动互联网的不合理使用不仅会造成大学生对网络相关刺激的选择性注意偏向，还会提升对该刺激的注意维持偏向，进而降低注意控制能力，阻碍他们注意集中和注意转移过程。同时，由于手机的易得性和便利性，增加了个体注意偏离目标行为、偏向手机的可能性，这使得手机依赖更容易降低大学生的注意控制能力。注意超载理论认为，手机依赖会损耗大量的注意和认知资源，造成个体维持注意和注意灵活性所需资源的缺乏，致使抑制控制及注意分配能力弱化（Head & Helton，2014）。同时，Ferrari的研究结果证实，目标行为的实施与注意控制能力密切相关，注意控制能力越低的个体越难以将注意集中在目标行为上，就更容易产生拖延行为。自我调节执行功能理论认为注意控制受损是导致个体信息加工效率下降，诱发拖延行为的重要风险因素（连帅磊、刘庆奇、孙晓军、周宗奎，2018）。由此得出，注意控制作为高手机依赖的认知特征也是导致个体拖延行为的直接因素。因此，手机依赖会通过损害大学生的注意控制能力，诱发大学生的拖延行为。

综上所述，手机依赖可以直接作用于拖延，也可以通过注意控制的中介作用间接引发拖延。本研究启示，手机依赖严重的大学生群体，在培养自身目标意识、时间管理、人际交往等能力的基础上，可以通过注意控制训练来减少大学生手机依赖对拖延的影响。已有研究表明，个案或团体正念训练可以通过提升大学生专注与分配注意来减少手机依赖大学生的手机使用时长和频率（祖静，2017），且正念训练对大学生拖延行为干预的有效性也得到实验验证（苏丽萍，2016）。此外，手机依赖严重的个体可通过冥想与锻炼身体以提升注意转移能力，也可通过针对大脑额叶区相关的认知干预改善抑制控制水平（王君、陈天勇，2012），进而防控大学生拖延行为的发生。

五 结论

（1）相较于手机依赖低分组，手机依赖高分组在注意控制方面的得分更低，而在拖延行为方面的得分更高，手机依赖与注意控制呈显著负相关，而与拖延呈显著正相关；注意控制与拖延呈显著负相关。（2）注意控制在手机依赖对拖延的影响中起部分中介作用，可以通过注意控制的训练减少大学生手机依赖对拖延的影响。

第三节 子研究三：手机依赖与青少年睡眠质量的关系：反刍思维的中介作用

一 引言

近十年来，手机已成为日常生活中最重要的一部分，用户沉浸于手机的智能化、功能性和娱乐化，手机依赖等问题逐渐凸显。手机依赖是指用户不合理地使用手机，而致其身心不适的一种症状（熊婕、周宗奎、陈武、游志麒、翟紫艳，2012），如头痛头晕、记忆障碍、注意力分散、情绪障碍、睡眠问题等（Al-Muhayawi et al.，2012；Thomée, Härenstam & Hagberg, 2011）。青少年对智能手机的接受和学习能力较快，使用率较高，手机依赖带来的不良影响已获得学界的广泛关注。

手机依赖是影响睡眠质量的重要影响因素之一。充足的睡眠是个体生命之需，是维持正常生命活动的基本保证，长期的睡眠质量下降可影响机体免疫、神经、骨骼肌肉系统的恢复以及维持情绪、记忆和认知能力（吴优、乔晓红，2018）。然而，不合理地使用手机、对手机的过度依赖现状使得人们睡眠质量相应受到影响。以往研究表明手机使用时间越长，睡眠时间越短，手机依赖可影响个体的睡眠质量（Cain & Gradisar, 2010）。刘志强和朱玲玲（2018）的研究也认为个体睡眠问题的显著程度和严重程度随手机使用时间提高而恶化，两者呈显著正相关。Thoméed 等人（2011）的研究证实手机过度依赖者在一年后更易产生睡眠障碍。近几年来，手机已成为青少年交流、学习的重要工具，手机依赖比例逐年上升，因此探讨青少年手机依赖及其危害是有必要的。此外，青少年睡眠问题日趋严峻，宋超等人（2017）的研究表明青少年睡眠问题已成为影响青少年健康的主要问题之一。因此有必要从手机依赖的角度探讨影响青少年睡眠质量的因素，深入分析影响睡眠问题产生的途径和条件，在此基础上提出保护和促进青少年睡眠质量的指导建议，以促进青少年的健康成长。

手机依赖是如何影响睡眠质量的呢？刘庆奇、周宗奎、牛更枫和范翠英（2017）的研究表明，反刍思维可能是一个重要的影响因素。反刍思维是一种不良的认知方式，表现为个体在面临或经历挫折情境时反复、被动地思考情绪本身及其产生的原因和可能带来的消极后果（Nolen-Hoeksema & Lyubomirsky, 2008），却不采取积极的方式解决问题。根据反刍的压力应激模型，个体在努力缩短目标状态与现实状态的差距失败时，会感觉到心理压力，这会促使个体产生反刍思维（Watkins, 2008）。对于青少年来说，过度沉溺于手机会使他们与现实生活脱节，容易产生焦虑、抑郁等不愉悦的情绪体验，并导致个体的心理压力倍增，从而诱发反刍思维（Wang, Wang, Wu, Xie & Lei, 2018）。同时根据 Espie（2007）提出失眠的认知模型，反刍思维对个体进入和保持良好睡眠产生消极作用，通过唤醒个体消极情绪的认知，从而影响睡眠。这一理论模型在 Tousignant, Taylor, Suvak 和 Fireman（2019）的研究中亦得到了验证，即个体入睡前体验到的反刍思维会使个体经历高度的认知唤醒，从而影响睡眠质量。实验研究也发现，一些存在睡眠问题的被试表现出更为频繁的反刍思维，睡眠问题和反刍思维高度相关（Harvey & Greenall, 2003; Thomsen, Mehlsen, Christensen & Zachariae, 2003）。此外，研究还表明，手机依赖程度越高的个体，认知唤醒程度越高，反刍思维越强烈，对睡眠质量的影响越大（谢宇格，2015）。

综上，本书将探讨青少年手机依赖对睡眠质量的影响及其中介机制，以期为解决青少年睡眠问题提供理论指导。

二 研究方法

（一）被试

采用随机抽样的方法选取某高校在读大学生，借助问卷星平台进行网络问卷调查，被试扫描二维码或者点击链接进入问卷，问卷上方标示统一指导语，被试根据自己的第一反应真实地选出合适的答案。被试完成所有问卷大概需要5分钟，回答完毕后直接在线提交即可。共发出问卷262份，据其填写的所耗时间和选项是否明显一致情况，保留和剔除问卷份数分别为258和4，回收率98.47%。其中男生92人（35.66%），女生166人（64.34%）；大一学生32人（12.4%），大二学生19人（7.36%），大三学生41人（15.89%），大四学生166人（64.34%）。

（二）工具

1. 手机依赖指数量表

采用Leung（2008）编制，黄海、牛露颖、周春燕、吴和鸣（2014）修订的手机依赖指数量表（Mobile Phone Addiction Index，MPAI），由4个因子组成17个题目。量表采用1—5点计分，分数越高，手机依赖的程度越深。条目3、4、5、6、8、9、14、15中有5个及5个以上做出肯定回答，即被视作手机依赖者。本研究中，该量表的Cronbach's α系数为0.90。

2. 匹兹堡睡眠质量指数量表

由刘贤臣（1996）等修订的匹兹堡睡眠质量指数量表（Pittsburgh Sleep Quality Index，PSQI），由7个因子组成18个题目，采用0—3级计分。高分提示睡眠质量越低。刘明艳、严由伟和陈芳蓉（2010）将PSQI≥8视为存在问题，因子分≥2视为在该维度上问题较大。本书中，该量表的Cronbach's α系数为0.84。

3. 反刍思维量表

采用Treynor，Gonzalez和Nolen-Hoeksema（2003）编制，经陈功兴（2011）修订的反刍思维量表（Ruminative Responses Scale，RRS），共10个条目，采用1（几乎不）—4（总是）计分。高分提示反刍思维严重。本研究中，该量表的Cronbach's α系数为0.89。

三 结果与分析

（一）手机依赖、睡眠状况和反刍思维得分

在258名有效被试中手机依赖者（条目3、4、5、6、8、9、14、15中有5个及5个以上选"是"）为66名，手机依赖检出率为25.58%，手机依赖总均分为48.68分，标准差为12.56分。

睡眠问题者（PSQI 总分≥8）为 72 名，睡眠问题检出率为 23.91%，PSQI 总平均分为 6.36，标准差为 2.65。各维度的问题检出率（维度分≥2）分别为：主观睡眠质量 23.64%、入睡时间 36.43%、睡眠时间 4.65%、睡眠效率 22.87%、睡眠障碍 17.83%、催眠药物 1.16%、日间功能障碍 54.26%。反刍思维整体水平的平均值为 23.05 分，高于中值 20 分。

（二）不同性别的青少年在 MPAI、RRS、PSQI 中得分的比较

结果表明女生的 MPAI 总分、低效性和逃避性得分显著高于男生（见表 5-6）。而在 RRS 和 PSQI 得分中，男女生不存在显著差异。

表 5-6　MPAI 得分及各维度在性别得分上的差异比较（$M \pm SD$）

	男（$n=92$）	女（$n=166$）	t	P
MPAI	45.57±13.75	50.41±11.57	-3.01	0.003
戒断性	10.15±3.91	11.11±4.01	-1.85	0.065
失控性	18.217±6.18	19.17±5.10	-1.27	0.208
低效性	8.80±3.02	10.23±2.65	-3.93	<0.001
逃避性	8.39±3.07	9.90±2.80	-4.00	<0.001

（三）相关分析

Pearson 相关分析结果表明，RRS 得分与 MPAI 及各因子得分、PSQI 及睡眠质量、睡眠效率、睡眠障碍、催眠药物、日间功能障碍因子得分呈显著正相关。MPAI 得分和 PQSI 及睡眠质量、入睡时间、睡眠障碍、日间功能障碍因子得分呈显著正相关，PSQI 得分和 MPAI 及戒断性、低效性、逃避性因子得分呈显著正相关（见表 5-7）。

表 5-7　MPAI 与 PSQI、RRS 间的相关分析（r）

	1	2	3	4	5	6	7	8	9	10	11	12	13	14
1. MPAI	1													
2. 戒断性	0.81**	1												
3. 失控性	0.87**	0.58**	1											
4. 低效性	0.79**	0.45**	0.62**	1										

续表

	1	2	3	4	5	6	7	8	9	10	11	12	13	14
5. 逃避性	0.77**	0.58**	0.47**	0.62**	1									
6. RRS	0.39**	0.28**	0.35**	0.33**	0.32**	1								
7. PSQI	0.25**	0.19**	0.21	0.22**	0.19**	0.27**	1							
8. 睡眠质量	0.15*	0.06	0.17**	0.18**	0.07	0.20**	0.61**	1						
9. 睡眠时间	-0.03	-0.02	-0.05	-0.04	0.01	-0.01	0.48**	0.11	1					
10. 入睡时间	0.16**	0.13*	0.15*	0.16**	-0.09	0.12	0.68**	0.48**	0.16*	1				
11. 睡眠效率	0.05	0.02	0.01	0.06	0.13*	0.16**	0.55**	0.06	0.30**	0.11	1			
12. 睡眠障碍	0.33**	0.33**	0.28**	0.21**	0.23**	0.28**	0.48**	0.34**	-0.03	0.26**	-0.02	1		
13. 催眠药物	0.08	0.11	0.07	0.04	0.02	0.13*	0.35**	0.12	0.21**	0.11	0.18**	0.21**	1	
14. 日间功能障碍	0.27**	0.19**	0.24**	0.27**	0.18**	0.21**	0.65**	0.40**	0.23**	0.34**	0.16**	0.30**	0.06	1

注：*P<0.05，**P<0.01。（下同）

（四）反刍思维的中介作用

检验中介效应需满足3个前提：①自变量X、因变量Y及中介变量M存在显著相关。②控制X后，M对Y有显著预测作用。③控制M后，X对Y的预测作用明显降低；若此时，X对Y仍有显著的预测，就存在部分中介效应，相反，X对Y无显著的预测，就存在完全中介效应。本书中三者均呈显著正相关满足作为中介变量分析的前提。

表5-8表明，采用强迫进入法对上述变量进行多元线性回归分析。（1）以手机依赖为自变量，睡眠为因变量，得出手机依赖能够显著正向预测睡眠（$\beta=0.25$，$t=4.10$，$P<0.001$）。（2）以手机依赖为自变量，反刍为因变量，得出手机依赖能显著预测反刍（$\beta=0.39$，$t=6.85$，$P<0.001$）。手机依赖可以分别显著预测反刍和睡眠，满足前提①。（3）控制手机依赖，反刍仍可显著正向预测睡眠（$\beta=0.21$，$t=3.17$，$P<0.01$），满足前提②。控制反刍后，手机依赖对睡眠的预测作用明显降低（从0.25降为0.171），且此时手机依赖仍可显著预测睡眠，所以是部分中介效应。部分中介效应模型如图5-3所示（注：X指手机依赖，Y指睡眠质量，M指反刍）。

表5-8　反刍思维的中介效应检验

	标准化回归方程	R^2	B	SE	β	t	F	P
(1)	Y = 0.25X	0.06	0.05	0.01	0.25	4.10	16.80	0.000
(2)	M = 0.39X	0.16	0.18	0.03	0.39	6.85	46.91	0.000
(3)	Y = 0.21M	0.10	0.10	0.03	0.21	3.17	13.74	0.002
	+ 0.17X		0.04	0.01	0.17	2.65		0.009

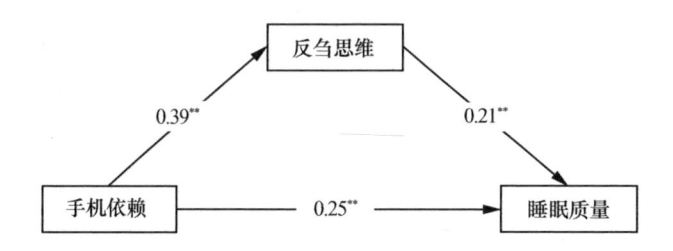

图5-3　反刍思维的部分中介模型

四　讨论

本书探讨了手机依赖对青少年睡眠质量的影响及其作用机制，分析了反刍思维的中介作用。研究结果有助于深入理解手机依赖与青少年睡眠质量的关系及其内部作用机制。

Arnett（2000）和Schwartz等人（2015）认为，相比其他年龄群体，青少年更容易出现问题行为，如过度依赖手机等。本次调查发现青少年手机依赖者为66名，占比25.58%，这与以往研究中较为一致（Aljomaa, Qudah, Alburnan, Bakhiet & Abduljabbar, 2016; Mei, Xu, Gao, Ren & Li, 2018），较高的流行率使得研究手机依赖具有一定的现实意义。此外，本书发现女生手机依赖的程度显著高于男生，亦与以往研究相符（Billieux, Van der Linden & Rochat, 2008; Leung, 2008; Lopez-Fernandez, 2015）。一方面，女性比男性更重视人际交往（Andreassen, 2016; Van Deursen, Bolle, Hegner & Kommers, 2015）；另一方面，女性情感更为细腻，更容易经历负性情绪，为减轻不良情绪状态时更容易沉溺于手机并以此作为一种应对策略（Billieux et al., 2008; Demirci, Akgönül & Akpinar, 2015）。

本书发现存在睡眠问题的被试占比23.91%，与毋瑞朋、郭蓝、黄业恩、王婉馨和肖笛（2019）的研究结果相一致。睡眠状况在性别、年级等人口学变量上未见统计学差异，这与李丽、梅松丽、牛志民和宋玉婷（2016）的研究结果一致。由于白天学业任务较重，学校禁止在教室玩手机等原因，青少年可能晚上沉溺于手机致其入睡时间较晚，睡眠质量较差。较差的睡眠质量会损害中性和正性记忆的编码（Walker & Stickgold, 2006），从而影响青少年的学习能力。

以往研究表明，反刍思维在整个青春期呈线性增长（Mazzer, Boersma & Linton, 2019），青少年反刍思维水平较高（Grierson, Hickie, Naismith & Scott, 2016）。本书结果也表明青少年反刍思维整体得分偏高，被试会经常性地对自身所遭遇到的消极事件进行反复的思考与探究。此外，反刍思维在性别、年级等人口学变量上未见统计学差异，亦与Abela, Vanderbilt和Rochon（2004）的结论相符。

（一）青少年手机依赖、反刍思维和睡眠问题的关系

本书发现，青少年手机依赖、反刍思维和睡眠质量彼此之间呈显著正相关，这与已有研究结果一致（谢宇格，2015），这一结果说明手机依赖对青少年身心问题的引发作用。其中，关于手机依赖对个体睡眠的影响，朱玉歆（2015）认为手机依赖者容易产生焦虑、抑郁等负性情绪，情绪波动大，精神容易紧张，从而影响睡眠质量。此外，夜晚手机使用的强光刺激（短波蓝光）会使大脑信息加工系统错误地认为个体仍处在白昼，这抑制了褪黑素的分泌（Shrivastava & Saxena, 2014）。手机依赖者由于长期暴露在这种刺激下，睡眠质量较差，严重者甚至产生睡眠障碍，需要借助药物等手段入睡，影响日常的学习和生活。关于手机依赖对反刍思维的影响，谢宇格认为反刍思维者常具有反省深思、反刍思考等思维方式，可能更易对手机的内容（如短消息、网页内容、游戏内容等）产生依赖性而反复查看和使用手机。而手机作为青少年学习和交流的重要工具，个体过分沉溺于其中亦会影响现实中人际关系，造成负性事件或刺激的形成概率增加，引发反刍思维（黄明明、韩伟忠、陈丽萍，2019）。反刍思维是睡眠问题的影响因素之一，反刍思维越高，睡眠问题越严重（Armstead, Votta & Deldin, 2019）。Gross和Borkovec（1982）的临床研究也证实了那些睡前经历负性认知唤醒的被试拥有更长的睡眠潜

伏期，睡前的认知唤醒会延长入睡时间，降低睡眠质量。

（二）反刍思维的中介作用

中介效应检验结果显示，手机依赖对反刍思维具有显著的预测作用，反刍思维对睡眠问题具有显著的预测作用，即在手机依赖对睡眠问题的影响机制中，反刍思维起部分中介作用，中介效应为 32.31%。这一结果验证了反刍的压力应激模型和失眠的认知模型，表明消极的思维方式是互联网时代青少年问题性手机使用诱发其睡眠问题的关键因素。手机依赖强度越高，个体面临的心理压力越大，相对来说越容易产生反刍思维，进而造成认知唤醒，最终影响睡眠状况。具体来说，个体手机依赖水平越高，在网络世界中花的时间越多，致使个体脱离现实环境、实际行动能力降低，在现实生活中更容易受挫。这种挫败感造成的心理压力如抑郁、焦虑等容易加深反刍思维，而夜间个体的高度沉思、强迫性的思考和反省个人经历的消极心境和负面情绪，会使得个体思维更加活跃，难以进入睡眠状态。因此，可通过减少青少年手机使用时间，提高对负性情绪的认知，降低反刍思维水平来改善青少年睡眠质量。另外，反刍思维往往在自我独处时更加明显，需要增加青少年现实中的人际交流和沟通机会，如团体训练等，减少其自我沉思的机会，客观上减少反刍思维水平。

从理论意义上看，本书发现反刍思维可作为一个中介变量，在手机依赖与睡眠问题上起部分中介的作用，能丰富手机依赖与睡眠之间关联的内在机制，为未来研究提供实证支持。从实践意义上看，本书为解决青少年睡眠问题提供一定的思路。通过对青少年进行合理使用手机的教育、正确处理负性情绪、改善对负性事件的认知，从而降低反刍思维水平，达到提升睡眠质量的目的。

五　结论

（1）手机依赖对青少年睡眠问题具有显著正向预测作用。（2）手机成瘾不仅直接影响青少年睡眠质量，还通过反刍思维的中介作用间接影响青少年睡眠质量。

第 六 章

青少年手机依赖的干预及教育对策研究

第一节 青少年手机依赖的正念认知行为干预研究

一 引言

智能手机在现代生活中已然是必不可少的使用工具，它的出现推动了文化、娱乐、经济等多方面产业的发展，同时也让人们享受到信息化时代的快捷与方便。但随之而来的一种心理疾病——手机依赖正在全球迅速蔓延（Ding & Li, 2017）。手机依赖（Mobile Phone Dependence）又称手机成瘾、手机综合征、手机焦虑症。近年来，一些研究者借鉴精神疾病的诊断和统计手册（DSM-IV）中诊断物质成瘾或病理性赌博的标准，将手机依赖定义为由于个体过度使用手机，导致其生理、心理和社会功能明显受损的痴迷状态（Griffiths, 2000）。据调查数据，中国学生中有问题性手机使用率为21.3%（Long, Liao, Qi, He, Chen & Billieux, 2016），10%—25%的美国人倾向于有问题的手机使用（Smetaniuk, 2014）。在英国进行的一项横断面研究发现，10%的学生表现出手机依赖倾向（Lopez Fernandez, Honrubia Serrano, Freixa, Blanxart & Gibson, 2014），而在瑞士进行的一项研究报告称，16.9%的学生存在智能手机依赖问题（Haug, Castro, Kwon, Filler, Kowatsch & Schaub, 2015）。可见，智能手机在带给我们无限可能的同时，其引发的一系列社会问题也逐渐蔓延开来。尤其是对于青少年，随着手机应用日新月异的变化，越来越多的人将手机视为必需品，沉浸在其中不可自拔（Kim, 2013）。因此，探讨青少年手机依赖的干预疗法，从而缓解青少年手机依赖倾向，已然成为学术界亟待解决的新问题。

以往研究发现，行为成瘾的常见治疗方案包括认知行为疗法（CBT）、动机干预和正念认知行为疗法，以上疗法可以单独或联合使用（Kim，2013；Shonin, van Gordon & Griffiths，2014），原则上是通过刺激个人的认知和行为，改变情感和思想，从而缓解成瘾倾向。正念源于佛教冥想，强调对自我经验的积极关注，即个体不带任何评判地去觉察当下自我的意识、情绪和状态（Shonin, van Gordon & Griffiths，2013；Shonin，2014）。研究发现，正念疗法已被广泛应用于治疗行为成瘾，其主要原因如下：（1）冥想可以减少复发和戒断症状；（2）正念可以调节与成瘾相关的痛苦情绪状态；（3）帮助个体认识到生活的内在价值，脱离成瘾活动的短期回报（Van Gordon, Shonin, Dunn, Garcia-Campayo, Demarzo & Griffifiths，2017）。

近年来，人们将正念方法应用于各种精神障碍的治疗，包括酒精成瘾（Luberto, Magidson & Blashill，2017；Manicavasgar, Parker & Perich，2011；Shonin，2013）、病理性赌博治疗（Lisle, Dowling & Allen，2012），以及工作成瘾综合征（Shonin, van Gordon & Griffiths，2014；Van Gordon, Shonin, Dunn, Garcia-Campayo, Demarzo & Griffifiths，2017）和性成瘾（Van Gordon, Shonin & Griffifiths，2016）的治疗。此外，一些学者讨论了基于正念的干预（MBI）对网络成瘾的可行性，并取得较好的治疗效果（Kim，2013；Shonin，2013）。同时，大量研究通过测量个体的正念觉知水平，并分析其与网络成瘾的关系，从而揭示了正念干预机制的原理，为干预的实施奠定了理论基础（Calvete, Gémez-Guadix & Cortazar，2017）。然而，目前学术界依然缺少实证性的正念干预网络成瘾研究，特别是关于智能手机依赖的研究（Li, Niu & Mei，2017）。因此，本书建立在正念认知行为疗法的基础上，设计干预实验以持续评估该疗法对青少年手机依赖的干预效果，从而为手机依赖的治疗提供相关建议和指导。

二 研究方法

(一) 被试

采用随机取样的方法,选取湖南省四所本科院校大学生共 463 人,使用问卷星网上测试和纸质问卷相结合的方式,获得有效问卷 421 份,有效率为 91%。根据 GPower 3.1 的计算,在统计检验力 $1-\beta=0.80$,单侧检验 $a=0.05$,效应量 $d=0.85$ 的前提下,进行检验需要的每组被试量为 23。因此,本次研究从评定为智能手机依赖的学生中招募了 68 名志愿者,经筛选,最终纳入 50 例有效被试,按照随机分组法分为实验组(正念干预)和对照组(无任何干预)各 25 例。50 例被试中年龄中最小的 17 岁,最大 27 岁,试验组平均年龄 20.04±1.81 岁,对照组平均年龄 20.28±2.22 岁。

两组被试在性别 ($\chi^2=0.76$,$P>0.05$)、是否独生子女($\chi^2=0.33$,$P>0.05$)、生源地($\chi^2=0.32$,$P>0.05$)比较上均无统计学差异,内部构成均衡,具有可比性(见表 6-1)。

表 6-1　　　　　　　　两组被试基本资料比较

组别	性别		独生子女		生源地	
	男	女	是	否	农村	城镇
试验组（n=25）	8	17	9	16	14	11
对照组（n=25）	11	14	11	14	12	13

(二) 工具

采用黄海(2014)修订的手机依赖指数量表(Mobile Phone Addiction Index,MPAI)。该量表共包含 17 个项目,包括 4 个因子:失控性、戒断性、逃避性以及低效性。量表采用 1"从不"—5"总是"级计分。得分越高,表示个体的手机依赖程度越严重。手机依赖指数中文版量表内部一致性系数为 0.88。

(三) 程序描述

本书根据团体 CBT 的理论框架和以往的干预实证研究(Du, Jiang &

Vance, 2010; Segal, Williams & Teasdale, 2002),制定手机依赖团体正念的认知行为干预手册(GMCI)。干预计划共分为八周(八阶段),每周一次,每次持续约 1 小时。在前三个阶段中,干预的目的是认知重建。具体内容如下:第一阶段是关于个体智能手机使用行为和习惯的探讨;第二阶段是识别使用手机可能导致的不良情况;第三阶段是引导参与者对智能手机依赖进行认知重建。在后五个阶段中,将正念冥想纳入 CBT 框架下进行干预。具体内容如下:第四阶段是教授参与者如何冥想及放松训练;第五阶段是教授参与者如何应对反复的思维和症状复发现象;第六阶段是和参与者一起寻找可以替代智能手机的其他活动;第七阶段是讨论制定生活目标和规则;第八阶段是进行总结和复习。参与者每个阶段都被要求完成相应的家庭作业,包括回顾上一节课的内容或每天练习正念冥想等。所有参与者的评估在基线(第 1 周,T1)、干预后(第 8 周,T2)、第一次随访(第 16 周,T3)完成。本书得到大学科研机构审查委员会的批准,所有参与者都被告知了这项研究,并得到了知情同意。

(四)统计分析

数据统一导入 SPSS18.0 进行统计分析。采用描述性统计方法对被试的人口学特征进行检验。采用独立样本 t 检验对两组被试干预前进行比较。采用重复测量方差分析检验两组被试不同时间点干预总体效果之间的差异。

三 结果与分析

对两组成员在干预前进行独立样本 t 检验,表 6-2 结果显示,实验组与对照组在手机依赖总均分及各维度得分上均未呈现显著差异,表明两组基本同质,排除被试本身差异造成的干扰。

表 6-2　　　　　　　　两组干预前各项指标比较

	对照组		实验组		
	M	SD	M	SD	t
失控性	3.76	0.45	3.79	0.47	-0.17
戒断性	3.53	0.52	3.59	0.78	-0.32
逃避性	3.75	0.71	4.10	0.65	-1.80

续表

	对照组		实验组		
	M	SD	M	SD	t
低效性	3.15	0.76	3.39	0.87	-1.04
手机依赖总均分	3.60	0.25	3.72	0.37	-1.43

对对照组进行3次（T1，T2，T3）比较，表6-3方差分析结果显示，手机依赖总均分及各维度得分在3次干预方案中的差异均不显著。

表6-3 对照组各项指标比较

	T1		T2		T3		
	M	SD	M	SD	M	SD	F
失控性	3.76	0.45	3.77	0.45	3.78	0.44	0.80
戒断性	3.53	0.52	3.51	0.50	3.53	0.51	0.28
逃避性	3.75	0.71	3.75	0.71	3.72	0.66	0.48
低效性	3.15	0.76	3.15	0.76	3.15	0.74	0.25
手机依赖总均分	3.60	0.25	3.58	0.26	3.59	0.26	0.89

对实验组进行3次（T1，T2，T3）比较，表6-4结果显示，手机依赖总均分及失控性、戒断性、低效性因子得分差异显著。经事后检验分析，显示在手机依赖总均分及失控性、戒断性、低效性因子得分上均是T3显著低于T1。进一步直观比较两组成员手机依赖指数的变化趋势，如图6-1所示，反映出对照组在3次测试中手机依赖指数无明显变化，而实验组手机依赖指数有明显下降的趋势。

表6-4 实验组各项指标比较

	T1		T2		T3		
	M	SD	M	SD	M	SD	F
失控性	3.79	0.47	3.77	0.47	3.75	0.47	3.58*
戒断性	3.59	0.77	3.55	0.75	3.54	0.79	3.44*

续表

	T1		T2		T3		
	M	SD	M	SD	M	SD	F
逃避性	4.10	0.65	4.08	0.64	4.06	0.63	1.57
低效性	3.39	0.87	3.35	0.85	3.27	0.79	3.63*
手机依赖总均分	3.72	0.37	3.70	0.37	3.68	0.35	4.25*

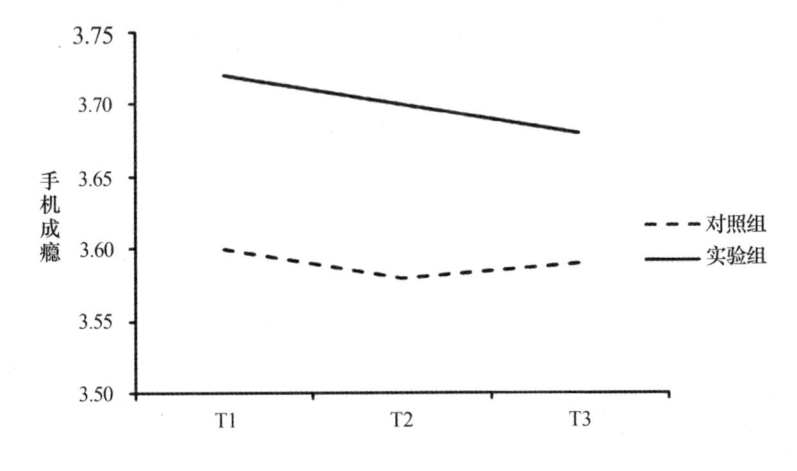

图6-1 两组成员手机依赖指数变化趋势

四 讨论

在以往研究中，正念认知行为疗法被广泛地应用于行为成瘾的治疗（如病理性赌博、工作狂、性上瘾），并取得了令人瞩目的效果（Lisle, Dowling & Allen, 2012; Shonin, Van Gordon & Griffifiths, 2014; Son, 2011; Van Gordon et al., 2016）。然而，却一直缺乏关于智能手机依赖的正念干预研究。到目前为止，仅有两项研究将正念疗法推广至手机依赖领域。一项研究发现，正念疗法可以有效改善医学生的智能手机依赖、冲动和焦虑症状（Li, Niu & Mei, 2017）。另一个研究则表明，正念认知治疗可以显著减少大学生由于智能手机依赖产生导致的失控性、低效率行为和戒断症状（Zhang & Zhu, 2014）。因此，有必要对手机依赖的正念干预进行更深入的研究，以验证正念疗法对于手机依赖治疗的稳健性。

在本书中，正念认知行为疗法的特色在于其结构化的实施程序。因此，可以由只接受过短期培训的教员进行开展，在一定程度上降低了培训难度，也减少了培训过程实施不当对结果造成的影响。正念疗法的主要治疗机制包括两种。一种是反应模式的变化，这种转变是将个体的认知过程客观化，并逐渐改变其对当下行为的理解。另一种是通过用正念取代不适应的成瘾行为，减少个体的复发和戒断症状（Shonin，2013）。在本研究中，前三阶段干预的关键是通过澄清智能手机使用的根本目的、行为本身和后果，以帮助个体重建对智能手机使用的正确认知。认知重建是以正念疗法为基础的，参与者随后被要求客观化地觉察他们当下行为，并在冥想中学会逐渐分离与智能手机相关的情感（Bahtiyar，2015）。从第四阶段到第七阶段，则要求参与者系统接受正念培训。正念培训的目的是帮助个体减少使用智能手机的欲望，并在离开智能手机时减轻他们的不适，以防止个体不良行为的复发（Lee, Kim, Choi & Yoo, 2018）。对两组成员在基线（第1周，T1）、干预后（第8周，T2）、第一次随访（第16周，T3）的手机依赖指数进行施测。结果显示，对照组在3次比较中各项指标均无显著差异，而实验组在进行为期8周的正念干预后，在手机依赖总均分及失控性、戒断性、低效性因子得分上差异显著，且均是T3显著低于T1。同时，手机依赖指数变化趋势图也显示，在3个时间段，对照组手机依赖指数未出现明显变化；而实验组手机依赖指数有着明显的下降趋势，验证了正念疗法干预于青少年手机依赖的有效性，且该效果可以持续到第一次随访。

然而，在本次研究中期末考试和暑假的开始都发生在干预期间（共16周），这可能会影响研究的结果。例如，学生必须为期末考试做准备，这可能减少了他们使用智能手机的时间。此外，在T3阶段暑假已经开始，学生有了更多的时间从事户外活动，这也可以缓解对智能手机的依赖。因此，可能间接导致干预组和实验组的手机依赖分数下降。此外，本项研究的另一个局限性是没有控制额外因素，如参与者的活动水平、满意度、项目的依从性和其他因素等，未来可以进一步通过更为严格的实验环境控制相关变量。同时，本次研究由于样本量较小，无法进行分层分析，未来可加大样本量进行更深入的探讨。

五　结论

本书将智能手机依赖高分大学生分为对照组（n = 25）和实验组（n = 25），通过正念认知行为疗法对实验组进行干预。对两组成员在基线（第 1 周，T1）、干预后（第 8 周，T2）、第一次随访（第 16 周，T3）的手机依赖指数进行施测。发现，对照组手机依赖指数未出现明显变化，而实验组手机依赖指数有着明显的下降趋势。该结果验证了正念疗法干预于青少年手机依赖的有效性，且该效果可以持续到第一次随访（第 16 周）。

第二节　青少年手机依赖的教育对策研究

近年来的研究认为，手机依赖危害个体的身心健康，并造成不良后果，例如干扰工作效率、影响学业成绩、引发家庭矛盾，甚至还可导致青少年出现焦虑、抑郁、孤独等。这些问题将导致青少年在现实中出现人际交往问题。因此，手机依赖成为心理学、社会学、公共卫生等诸多领域关注的热点。对手机依赖问题的解释，以往研究主要从社会心理的角度出发（姜水志等，2016），较少从心理教育的角度进行探讨。本章从"家庭—学校—社会"三位一体的综合协同治理的视角，提出青少年手机依赖的教育引导路径，能够在一定程度上构建青少年手机依赖的教育网络体系，将现有实证研究结论转化为可行措施，在新媒体时代下，维护青少年身心和谐健康发展。

一　青少年手机依赖的家庭教育对策

家庭是其人生第一次社会化场所，家庭教育则在孩子成长过程中有着非常重要的地位和作用。对于青少年来说，家庭教育具有潜移默化的效果，会影响其行为习惯养成、品性修养和个性培养三个方面。从家庭教育的视角来看，认识家庭教育的重要性，并在家庭教育中为孩子营造积极向上的家庭环境，则能为个体提供身心健康发展的优质土壤。青少年手机依赖作为青少年问题行为的一种，亦与家庭教育有密切联系、受到其影响。因此，基于家庭教育的视角，在家庭教育中预防或矫正青少年手机依赖，应侧重以下几个方面。

(一) 良好的家庭教育塑造青少年积极健康的人格

本次研究表明，影响青少年手机依赖的人格因素主要为神经质人格，此外，自尊是预测手机依赖的显著性因素。已有研究表明，自尊在互联网、游戏、手机过度使用和成瘾方面的重要作用在研究中得到了一致的证实（Festl, Scharkow & Quandt, 2013; Jang & Park, 2009; Lee, Yoo & Heo, 2014）。自尊作为自我心理表征形式，影响自我评价和自我价值判断（Brown & Dutton, 1991）。虽然人格是相对稳定的，但是也不可避免地受到后天环境的影响，且在年龄越小的儿童身上这种影响越明显。因此在孩子成长过程中，父母需要积极、无条件地对其关爱。对于那些神经质人格倾向的孩子应给予更多的宽容和理解，教会孩子正确应对压力的方法、情绪管理的方法。父母的理解、民主型的教养方式也会让孩子体会到爱并产生期望，他们也会觉得自身是有价值的。父母应该多倾听孩子内心的想法，为他们学习、生活提供必需的经济支持和情感支持。青少年自尊的培养对于其形成健全的人格、长远发展影响深远。父母在看待孩子时，不要仅仅将学习成绩作为评价标准，要综合孩子各方面的表现给予全面客观的评价。父母对孩子做出的努力要及时给予肯定，鼓励他们在各方面进行尝试，挖掘自身的优点，帮助孩子寻求价值感。尊重孩子的个性化、差异化发展，鼓励他们成为独立的个体，在学习、工作、交友方面给予积极的引导。作为社会的细胞，除自然的遗传因素外，还包括社会遗传因素。不同的家庭教养方式会形成不同的人格特点，对青少年影响巨大。温暖、民主型的教养方式，平等、和谐的家庭关系氛围，给予孩子一定自主权，正确地引导孩子，使其形成良好的自尊，发展成为积极健康的人格特质。这在一定程度上能使孩子身心健康发展，减少对手机的依赖。由此可见，家庭教育作为学校教育和社会教育的基础，它对个体的隐性影响十分巨大，尤其是在个体人格塑造方面发挥着不可忽视的作用。

(二) 良好的家庭教育塑造青少年良好行为习惯

已有研究表明，父母在影响孩子智能手机或平板电脑使用方面发挥着重要作用。父母干预通常是指父母对青少年与媒体的关系进行干预（Livingstone & Helsper, 2008）。欧盟的一项研究指出，父母可以通过以下四种方式干预青少年移动设备和互联网使用方式：（1）互联网使用的主动中介：父母谈论互联网内容；（2）积极干预网络安全：家长提倡安全负责任地使用互联网；（3）限制性干预：父母制定规则限制和规范在线和在线活动的时间；（4）监控/技术中介：父母在使用软件和技术工具上进行筛选（Chang et al., 2018）。此外，家庭教育风格会影响孩子的自我控制能力。自主、宽松而又民主的教育类型下的孩子有更强的延迟满足能力，能够抵抗诱惑。专制型、惩罚型或溺爱型的家庭教育方式，会削弱孩子的自我控制能力，使其缺乏自我控制的动力。此外，父母的教养方式和孩子行为发展是相互影响的，教养方式会影响孩子的表现，而孩子的表现也会影响父母对他们的态度。另外，父母婚姻关系质量、亲子关系质量也会影响儿童的心理行为发展。家庭教育中的习惯养成，主要依靠父母的示范及相关强化。班杜拉的社会学习理论认为，儿童的学习行为起始于模仿并受到强化的影响，当儿童的某一行为受到强化则其再次发生的概率就会提高，尤其是及时的积极正强化对个体行为影响更为重要。例如，父母下班后就机不离手"刷屏"，这种观察学习，会使孩子习得这些不良行为，并形成自己独特的行为反应和期望模式。儿童网络安全素养是与智能手机成瘾呈负相关，家庭教育不仅应注重数字技能的教育，还应加强互联网儿童安全知识的教育。在这个快速数字化变革的时代，参与式学习让父母和孩子一起互动的策略可以对抗在线风险的增加（Clark，2011）。由此可见，家庭教育更注重孩子的启智、德育和个性培养，而个体青少年期行为习惯直接受到早期家庭教育的影响。那么父母在家减少使用智能手机的频率，增加与孩子的互动交流，增进亲子互动，这一方面对培养孩子的个性品质、行为习惯等有积极作用；另一方面也有助于减少其对手机的依赖。

（三）良好的家庭教育促进青少年积极情绪情感发展

本次研究表明，手机依赖的重要风险因素包括：孤独感、负性情绪。孤独感与消极情绪有关，孤独感高的个体社交困难，对他人缺乏信任，不会与他人互动，人际关系难以维持。已有研究表明，孤独感强的个体不仅在情感和社交上付出代价，还会给健康带来危险。羞耻感强的个体社交技能不佳，在意他人看法，害怕别人嘲笑和反对的声音，因此在人际关系中处于被动。羞耻感已经成为自我概念的一部分，羞耻感强的青少年会将社交中的失败归咎于自己，没有信心获得成功，而且总觉得会遭到反对。宽容、民主的家庭氛围，有利于孩子充分表达自己的看法与建议。父母应鼓励孩子在交往中掌握主动并学会有效表达。在社交中，任何人都可能遭遇尴尬或失败的情况，只要有决心去做，就一定能得到回报，赢得友谊。这些社交技能的养成，有利于孩子积极发展线下人际交往，而非沉湎于网络世界。家庭教育不仅要在青少年积极情绪情感方面发挥作用，还应在青少年情绪管理方面发挥作用。在家庭情绪情感教育中，需要理解负性情绪是生活中的一部分。如何调节情绪、管理情绪，将负性情绪弱化，甚至化消极为积极，需要有个潜移默化的过程。情绪管理训练的目的在于从情绪感知与表达、情绪调节和情绪运用等层面循序渐进地提高青少年对自身情绪和他人情绪的认识、协调。学会情绪管理能够提高青少年驾驭情绪的本领，充分挖掘和提高情商。预防和矫正青少手机依赖，需要家庭教育聚焦于青少年情绪情感发展与情绪管理，促进个体积极情绪情感发展。

综上所述，家庭能够塑造青少年人格，良好的教养方式有利于培养青少年良好的行为和习惯。从家庭教育的视角出发，家庭教育对青少年问题性手机使用的影响，或许并不够直接，但它的影响是基础性的和持久性的。因此，加强儿童青少年时期家庭教育，促进个体积极个性品质、良好习惯养成和积极情绪情感发展，能够为学校教育和社会教育打好地基，有利于后两者更好地发挥作用，也是规避青少年诸多问题性行为风险的重要保障。

二 青少年手机依赖的学校教育干预对策

学校教育能够对学生进行教育、对其一生发展产生影响。学校除了教会学生知识与技能之外，还兼具培养学生思想品德，形成正确的价值观、完善人格修养的功能。学校教育有利于促进个体人格向好发展。学校环境、课堂教学、班级氛围、教师的期望、教师的榜样作用、教师的威信等因素都不同程度地对青少年生理、心理与行为形成和发展至关重要。青少年正处在生理和心理发展期，他们的心智尚未成熟、价值判断仍未稳定，手机依赖正是青少年这一时期较易形成的一种消极行为。以往研究认为，青少年手机依赖不但受到相对稳定的人格特质影响、相对变化的负性情绪影响，同时也受到上述因素的交互影响，而社会交往相关问题则成为诸多影响因素交互发生作用的典型心理变量（姜永志、白晓丽、刘勇，2017）。因此，从学校教育的角度来看，预防或矫正青少年手机依赖，在于培养青少年以下三个方面内容。

（一）良好的学校教育培养青少年积极的人际交往能力

本成果研究发现，人际关系是预防青少年手机依赖的保护性因素。社会生活中都离不开人际交往。根据需要层次理论，归属和爱的需要（也称社会交往需要）对个体来说必不可少（安福杰，2013）。当个体生理需要和安全需要满足后，社会交往随之产生，具体包括个体对友谊、爱情以及归属关系的需求。积极的人际交往能力有助于提高青少年自我认知和自我完善水平、有助于学习知识和智力开发、有助于青少年社会化、有助于青少年的身心健康。青少年身心发展还不成熟，人际交往方面体现出"自我意识混乱"和社会认知上的"自我中心观"的特点。交往中主要考虑自己立场，忽视他人感受。社会认知上的自我中心观正是阻碍青少年客观认知他人与社会规范的一个心理问题。尤其是新媒体时代的来临，手机媒体的多功能、虚拟性，使得青少年依赖社交媒体而淡漠了现实人际交往，导致现实社交技能缺失；使青少年不愿进行面对面社会交往，而沉湎于网络社交。问题的根源在于，青少年现实生活中缺少正常社会交往所需要的心理素质和行为能力，由社交能力缺失引发的社交焦虑，加之自我中心倾向，会导致个体过度关注自我，产生遗漏焦虑，害怕错失与自己相关的内容，进而增加手机使用时间和频率。青少年社会交往能力的发展正是学校教育的重要任务，知识、情感和技能是学校教育的三大目标，而技能也包括社交能力的培养。由此可见，学校应当积极营造良好的沟通环境，加强青少年沟通和交往，并适时地进行交往技巧指导。这些措施可进一步促进青少年人际技能提升，规避青少年手机依赖的风险。

（二）良好的学校教育提升青少年积极健康的自我控制

已有研究表明，自我控制与人类的生存发展和健康福祉息息相关，许多问题行为，如各种犯罪、成瘾、赌博和家庭暴力等社会问题在一定程度上都与自我控制失败有关。个体的自我控制力存在巨大的差异，一些人比另一些人能更合理更有效地控制自己，比如，更好地控制自己的情绪，更好地克制自己的各种冲动，更持久地集中注意力等。弗洛伊德认为，自我的重要功能之一就是协调超我和本我之间的冲突，使个体的活动能在符合社会要求的基础上满足自身的欲求。自我控制与青少年心理健康水平密切相连，在现实生活中，沉迷于网络虚拟世界的个体多显示出自我控制能力不强。学校教育对培养青少年自我控制能力非常重要。学校应该坚持理论联系实际的原则，教会青少年用科学的方法处理各类网络信息，将网络行为规范教育纳入学校教育的总体规范，最终目的是通过制定行为规范来促进手机依赖青少年形成正确的网络行为规范。开设一系列有针对性的心理健康教育课程，通过课程传授学生情绪管理、认知行为治疗、压力管理等方面的知识，在此基础上对青少年反复训练，矫正或消除手机依赖等不良行为。也可以通过团体心理辅导将有手机依赖的青少年集中在一起，这些同质性的个体组成的团体，能够在获得尊重的氛围中，更好地自我开发和相互交流，更容易产生共鸣，减轻戒断焦虑，通过"网络认知活动""自我管理""放松训练""人际交往训练"提升个体自控力和戒除依赖行为。学校教育要从促进青少年发展成才、为其终身发展奠定基础的角度出发，既要尊重青少年的网络心理需求，也要着眼于青少年手机依赖的现状，培养青少年自觉抵制手机依赖的能力，合理使用手机与网络，培养良好的使用习惯，避免对手机产生过度依赖。

（三）良好的学校教育培养青少年积极健康的媒介素养

媒介素养是一种能力，具体是指正确、建设性地享用大众传播资源。在校园中，青少年的媒介素养受校园文化的影响。校园文化是一套价值观念和文化体系，是全校师生共同塑造的。对于手机依赖青少年而言，如何培育积极向上的校园文化，对于丰富其课余文化生活和提升青少年媒介素养都有积极重要的意义。通过创造网络治理文化作品、宣传网络治理有关知识、加强校园网络文化管理，提高校园文化治理能力。坚持开展网上舆论宣传手机依赖的危害、积极引导网络心理需求、组建校园网络文化相关社团、开展多彩的校园网络文化活动。通过校园文化活动管理培育手机依赖严重青少年的广泛兴趣爱好、提高手机依赖青少年的人际交往能力、举办协同治理网络专题讲座。优良的校园育人环境对手机依赖青少年能够起教化作用。一方面，营造良好的校风学风，创造积极向上的氛围；另一方面，明确规章制度，并严格执行校规校纪，对手机依赖青少年采取必要惩罚。学校要致力于营造舒适优美的环境，创造相对完善的教学条件与生活设施。学校环境要融合文化特色与价值追求，这些人文景观有很好的育人功能，有助于提高青少年的审美能力，有助于启迪熏陶青少年的情趣，能有效激励青少年刻苦努力，也能潜移默化地引导和规范手机依赖青少年的心理与行为。在新媒体时代，学校教育的教育功能还应包括媒介素养教育，因为媒介素养会指导个体的网络信息选择、传播，以及指导现实心理与行为规范。那么，新时期下，各级学校应当将开展媒介素养教育纳入计划。新媒体时代，培养青少年良好的媒介素养，可使青少年对媒介信息树立正确认知，学会对其进行选择和辨识，并形成正确的世界观、人生观和价值观。培养青少年积极的手机媒介素养，不但有利于青少年正确处理手机使用与学习生活的关系，促进身心健康发展，还能规避手机依赖的风险。

三　青少年移动社交媒体使用的社会教育

与家庭教育、学校教育相比，社会教育具有范围更广泛性、内容更充分性的特点。此外，在途径和方法上也灵活性更强。作为人生教育系统必不可少的环节，有利于帮助青少年形成良好的世界观、人生观与价值观，进而促进青少年的社会化。因此，它是继家庭教育和学校教育之后的重要教育类型。社会教育主要包括个体自学、参加讲座、参观展馆等（如图书馆、科技馆等），还可通过传统媒体（如电视、广播、纸质媒体）和新媒体形式传播。当前，基于移动互联网技术的网络社会教育日益发展，对青少年产生了重要影响。手机依赖作为一种社会现象，亦伴随着新兴移动媒体而产生，其除了受到负性情绪、人格特质、人际关系的直接影响外，也受到社会环境的影响。因此，在社会教育的视角下，在社会教育中预防或矫正青少年手机依赖，应侧重以下几个方面的工作。

（一）良好的社会教育优化青少年成长社会环境、提升社会支持

青少年作为特殊的社会群体，社会为青少年学习和成长提供了必要的物质和智力保障。因此，良好的社会教育对优化社会成长环境和社会支持系统意义非凡。网络社会成为了现实社会的延展，一些青少年对现实社会产生了厌倦，热衷活动于网络社会，这导致了手机依赖的出现。为此，政府应当净化手机媒体环境，通过政策法规、网络监管技术、伦

理道德等多种途径对网络信息环境进行规制。政府可加强网络立法，加大网络执法力度，工商、公安、文化等相关部门根据法律法规加强互联网行业的执法，避免色情、暴力游戏和有关视频传播。手机网络游戏也应该严格地审核和分级，网监部门应加大对手机软件的技术投入，研发并安装信息内容过滤软件或插件，对有害信息和垃圾信息，手机软件可自动过滤，有利于预防手机依赖。对网站进行更为严格的监督，提高青少年自我监管意识，增强其意志力，自觉减少手机依赖，帮助青少年合理使用网络，形成良好的网络道德品质，为青少年营造积极向上的、文明健康的网络文化。社区是青少年生活的重要场所，承载社会教育的重要功能。为减少青少年手机依赖，社区可成立专门的成瘾矫治中心，提供上门、电话咨询等多种形式的干预服务，提供个性化的指导，为青少年答疑解难、解决其身心上的各种困惑。社区工作者可引导青少积极地参加各种社区公益活动，客观上减少青少年与手机接触的频率，减少其对手机的心理依赖，同时创造条件加强家长和青少年的沟通、交流。手机媒体企业应加强行业自律，实现手机媒体健康有序发展。网络企业致力于为青少年提供优质信息服务。在手机网络信息采集、制作等环节加强把关，特别是对色情、暴力、虚假信息的审核，以保障网络信息合法、真实、可靠，不断满足青少年的网络文化需求。由此可见，社会教育是一种全方位继续教育，对青少年身心发展具有持续影响。

（二）良好的社会教育促进青少年积极社会性心理发展

社会教育通过社会机构、团体或成员对青少年施加影响，进而使青少年的心理与行为发生变化。在内容和形式方面，传统社会教育多样且丰富，有利于促进青少年身心发展与社会化。随着移动网络的快速发展，传统社会教育在信息传播的时效性、施加影响的覆盖面等方面的效率远不及基于网络的社会教育新模式。随着新媒体时代来临，社会教育模式由现实向网络转移，这种网络社会教育形式满足了具有手机使用偏好的青少年，同时也使得青少年接受除了家庭教育、学校教育以外形式的教育，且受其影响。举例来说，通过移动网络远程视频通信技术，青少年可足不出户参加培训，移动信息平台的快速传播也令青少年获取信息的时间大幅缩短。然而，这种移动网络信息较为复杂，使得青少年面临价值选择的困难。在移动互联网信息传播的影响下，一些个体对学习信息的阅读和加工变得表浅，理解也不够深刻，俨然成为新媒体时代信息传播的后遗症。因此，应充分认识社会教育的网络新媒介（手机等）在社会教育中的作用，并与传统社会教育相辅相成，取长补短，可相得益彰地促进青少年身心健康成长。

青少年属于手机依赖的高危易感人群，然而，社会对青少年手机依赖问题还未给予足够的关注，相关的研究也还不足。因此，需要进一步营造良好的社会教育氛围，促使社会各界共同关注青少年手机依赖这一问题，研究解决对策并将措施付诸行动。其一，通过社会舆论，加强对手机依赖危害的宣传，探究影响手机依赖的具体因素，提倡科学、合理使用手机，加强网络道德伦理的宣传。其二，通过网络引领舆论导向。在全社会倡导健康向上的网络文化，营造良好的社会环境。其三，加强与网瘾专家的合作，将传统社会教育和网络社会教育结合，多层次、多渠道地针对青少年手机依赖开展预防、干预和矫治工作。例如，社会心理服务机构开展心理健康教育讲座、培训，传授有关压力调试、情绪管理技巧，这些均有助于预防青少年沉迷于虚拟世界、对手机过度依赖。采用多种形式结合的社会教育模式，既可促进青少年积极社会心理的发展，又能在一定程度上规避青少年手机依赖风险。

（三）转变社会教育思路，从围堵向疏导、从矫正向预防转变

在青少年手机依赖协同治理方面，应当坚持预防为主，以人为本的原则。青少年广泛接触和使用手机，易产生对手机的依赖性。若仅仅进行矫治，将处于被动状态，可谓治标不治本，这主要是由于预防工作缺乏效力所致。因此，需要未雨绸缪，而非等到手机依赖问题已经成为现实再去矫治。这主要是因为，一旦对手机产生依赖，就意味着青少年的心理和思想已经被危害，且即使这种依赖或成瘾最后被戒除，仍然会产生长时间的负面影响。可见，与其帮助青少年"戒"瘾，还不如采取以"防"为主，以"疏""戒"为辅的综合措施。具体来看，首先，做好日常手机依赖预防教育工作。预防教育力求覆盖广、内容接地气。其中青少年媒体素养教育是重点。其次，创新教育方式，建立网络预防平台。利用网络教育的互动性，打造预防手机依赖的信息平台。具体可以利用多种媒体形式展现手机依赖的主要成因、具体表现、主要危害。再次，还可将手机依赖危害事件作为案例，分析与探讨其协同治理方法。最后，

预防教育要注重整合教育合力。整合学校、家庭和社会三方的力量，构建有效的手机依赖预防的联动机制，进而实现预防青少年手机依赖的目标。

发展性和补救性教育是青少年心理健康教育的两种主要形式，以往针对青少年问题行为多采用补救性心理健康教育。例如许多学校和家长"谈网色变"，认为青少年一旦和网络接触，就会影响学业、产生各种问题。因此，大多数家长、学校均采用"围堵"解决青少年手机依赖问题，然而，这种方式往往与想要的结果背道而驰。社会相关部门或机构没有及时澄清手机媒体对孩子的积极和消极影响，媒体上发布的信息多为手机媒体使用给青少年造成消极后果的报道，这也是家长和老师认为青少年使用手机弊大于利的原因，因而完全采取"围堵"措施。社会变迁与时代发展，新媒体时代和"微时代"已经到来，移动社交媒体与生活融合嵌入度日益加深，青少年已经很难做到隔绝和视而不见。在这样大环境背景下，对于家庭教育、学校教育和社会教育来说，应该给予的都不应是围堵而应是积极引导，不应在问题完全暴露出来后再进行矫正，而应在问题苗头乍现阶段将其扑灭。社会教育作为终身教育，不但是家庭教育和学校教育的延续，它还与家庭教育和学校教育形成互补之势。社会教育在态度和观念上对青少年手机媒体的接纳和包容，不代表鼓励青少年无休止地沉溺其中，配合家庭教育与学校教育，对青少年手机使用行为进行积极引导，使其形成客观、正确的认识，学会区分网络和现实之间的联系与差别，线上线下生活有合理的边界，有交叉但不重叠，形成有主有辅的手机媒体使用观念。

与青少年手机依赖相关的主体包括青少年自身、家庭、学校及社会。形成完整的构建体系，需要这些主体联合起来，才能达到协同治理青少年手机依赖的效果。此外，手机依赖综合治理原则，并非仅能依靠主体联动综合治理，还有赖于综合运用协同治理的方法。各治理主体需要有明确的协同治理任务、了解各自在其中的作用，能够按照计划相互配合、采取行动，进而有层次、有效地完成教育任务。教育合力就是实施综合教育所产生的综合作用。主要体现在：首先，学校教育始终发挥主导作用，但是在开展对青少年手机依赖协同治理社会工作时，也需要发挥政府的主体作用。同时多元治理主体作为具体协同治理行为的实施者也需要依据具体的依赖情况，实现各个主体的配合。其次，各个单独的教育方式具有一定的独立性，各教育主体的教育方法侧重点也有所不同。要使整个体系功效显著，各主体使用的单个方法只有在交互作用中协调兼顾，才能在协调兼顾中实现最佳结合。最后，除了传统的教育手段外，还要运用经济、行政、组织、法律等手段。因而，在协同治理的体系中，要明确不同的手机依赖青少年的个体需求，对于不同心理状态的青少年采取不同的教育方法。

综上所述，手机依赖是社会发展过程中形成的一种偏离社会常态的问题性行为，尽管它的影响因素和发生机制复杂多变，但仍受到家庭、学校和社会的影响。因此，应从家庭、学校和社会的视角出发，通过"三位一体"的协同治理方式，整合教育资源，协调教育力量，优化教育方法，形成共同协同治理目标服务，并采取多种方法进行手机依赖协同治理的教育。青少年手机依赖协同治理联动是一个多元主体参与、动态合作与互动的过程，只有建立行之有效的联动机制，开展长期的综合治理活动才有结果。

第七章

总结与展望

第一节 本书的主要研究及结论

在过去的十年中，智能手机变得越来越流行，并且更加先进。它们主导着全球通信设备的销售，并已成为人们日常生活的重要组成部分（Roberts, Yaya & Manolis, 2014）。智能手机不再是只能用于呼叫和发送消息的设备，还可以用于访问互联网、拍照，将其用作闹钟和游戏机以及其他许多不同的多媒体功能（Chóliz et al., 2016）。智能手机已经成为人们生活中的重要组成部分，有73%的人报告说，如果放错手机，他们会感到恐慌（Lookout, 2012年）。在美国进行的一项研究发现，醒来15分钟之内，多达80%的成年人接通他们的电话，而年轻人达到90%。Shambare 等（2012）认为手机成瘾是21世纪最严重的成瘾之一。有关互联网、视频游戏和手机使用的研究和文献不断增加。Carbonell, Guardiola, Beranuy 和 Belles（2009）的文献计量学研究显示，该研究领域正在逐步发展，其中互联网是研究最多的领域，其次是视频游戏，最后是手机。近年来，对手机使用的研究兴趣显著增加。

有不同的学术术语来描述手机依赖问题（Billieux, Maurage, Lopez-Fernandez, Kuss & Griffiths, 2015），无线设备的过度使用（Cheever et al., 2014），手机依赖（CAkin, Altundag, Turan & Akin, 2014；Al-Barashdi, Bouazza & Jabur, 2015）。在该领域中，最常被提及的一些概念有问题性手机使用、手机成瘾、手机依赖，这些概念很难彼此区分开。该领域的一些学者正在交替使用这些术语。已有的研究对手机依赖的概念、特征、形式、结构、影响因素等方面进行了探讨，但仍然有许多不足之处（Goswami & Singh，2016）。随着手机技术的不断提高，青少年把智能手机的使用当作一种时尚炫酷的生活方式，随心所欲，引发了众多社会问题。由于青少年正处于建立自我同一性的关键时期，可塑性很强，因此这种危害比成年人更为严重。本书以青少年为研究对象，采用文献计量法、问卷和实验等多种实证研究法系统地开展了青少年手机依赖的评估、元分析、形成的心理社会因素及对身心健康的影响和干预对策研究。本书的具体研究及结论概述如下。

一 青少年手机依赖的评估

（一）手机依赖测验中文版在青少年中的信效度检验

在湖南省衡阳市抽取两所中学，选取初一、初二、高一、高二、高三的788名中学生为被试，对手机依赖测验（TMD）进行中文修订和信效度检验。结果表明：（1）通过因子分析获得4因子结构和3因子结构量表，经比较，4因子结构量表各项指标拟合度更优。（2）TMD-C包含突显性、耐受性和干扰其他活动、戒断症状、失去控制4个维度共20个项目，量表结构效度良好；TMD-C与手机依赖指数中文版、抑郁、孤独感均呈显著正相关，具有良好效标效度。（3）本次研究修订的手机依赖测验中文版具有良好的信效度，可以作为我国青少年手机依赖研究的测评工具。

（二）中文版智能手机成瘾量表简版的信效度检验

在湖南省某高校整群抽取459名大学生，对智能手机依赖量表简版（SAS-SV）进行中文修订和信效度检验。结果表明：（1）探索性因素分析获得1个因子；验证性因子分析结果表明量表拟合度良好；SAS-SV中文版总均分与社交回避与苦恼量表总均分及两个分量表得分均呈显著正相关。（2）本次研究修订的智能手机依赖量表简版具有良好的信效度，是一种有效可行的测量工具。

（三）青少年无手机恐慌症评估标准及其与强迫症状的关系

采用网络测验法对420名大学生进行调查，对无手机恐慌症量表（NMP-Q）进行信效度及ROC分析，同时考查无手机恐慌症与强迫症状的内在联系。结果表明：（1）NMP-Q中文版以95分为最佳临床分界点，结构模型拟合良好，具有较高的信效度。（2）建立无手机恐慌症和强迫症状的2因子与5因子模型，经比较，5因子模型各项指标拟合度更优。（3）本研究揭示了NMP-Q中文版具有较好的心理测量学属性，并且发现NMP-Q及四个维度与强迫症状间存在紧密联系，提示无手机恐慌症与强迫症状可能存在共病关系。

（四）不同手机依赖潜剖面类型青少年的情绪特征

在湖南省某高校随机抽取359名大学生，采用手机依赖倾向量表、正负性情绪量表，探索大学生手机依赖的潜类别结构，分析不同手机依赖类型对情绪的影响。结果表明：（1）潜在剖面模型分析表明，大学生手机依赖类型可分为三个潜在类别：高手机依赖组（$n=86$，24.0%），低手机依赖组（$n=187$，52.1%）和无手机依赖组（$n=86$，23.9%）。（2）不同手机依赖类型在情绪体验上有显著差异，高依赖组的负性情绪得分显著高于低依赖组，低依赖者的负性情绪得分显著高于无依赖组，无依赖组的正性情绪得分显著高于高依赖组和低依赖组，高依赖组的正性情绪得分与低依赖组无显著差异。

二　青少年手机依赖的元分析研究

采用元分析方法探讨我国青少年手机依赖与艾森克人格特质的关系及其影响因素。通过文献检索和筛选，共纳入研究文献32篇，包含76个独立效应量，被试总数为17128人。结果表明：（1）选择随机效应模型进行分析，发现手机依赖与精神质（$r=0.16$，$P<0.01$）、神经质（$r=0.32$，$P<0.01$）存在中等程度正相关，而与外倾性（$r=-0.07$，$P>0.05$）相关不显著。（2）调节效应检验表明，报告质量、性别对手机依赖与精神质、神经质的关系有显著影响；而出版年代仅对手机依赖与精神质的关系有显著影响。（3）精神质、神经质维度与青少年手机依赖存在密切联系。其中，报告质量、性别、出版年代起到调节作用。

三　青少年手机依赖形成的心理社会因素

（一）青少年人格特质与手机依赖的关系：情绪体验的中介作用

在湖南省某高校随机抽取359名大学生，采用艾森克人格问卷简式量表、正负情绪量表与手机依赖倾向量表，考查大学生手机依赖与人格特质、情绪体验之间的关系。结果表明：（1）内外向与正性情绪呈显著正相关，与负性情绪呈显著负相关，与手机依赖相关不显著；神经质与正性情绪呈显著负相关，与负性情绪呈显著正相关，与手机依赖呈显著正相关；精神质与正性情绪呈显著负相关，与负性情绪呈显著正相关，与手机依赖相关不显著；正性情绪与手机依赖相关不显著，负性情绪与手机依赖呈显著正相关。（2）神经质人格与负性情绪，手机依赖呈显著正相关。负性情绪在神经质人格与手机依赖的关系中起部分中介作用。

（二）孤独感对青少年手机依赖的影响：一个有调节的中介模型

在湖南省选取359名大学生，采用手机依赖倾向量表、孤独感量表、负性情绪量表和压力知觉量表，探讨大学生孤独感、负性情绪、压力知觉以及手机依赖之间的关系。结果表明：（1）孤独感对手机依赖有显著的预测作用。（2）孤独感对手机依赖的预测作用通过负性情绪的完全中介实现。（3）负性情绪的中介作用受到压力知觉的调节。即负性情绪对手机依赖的影响会因为知觉压力水平的不同而发生变化。

（三）人际适应对青少年手机依赖的影响：情绪调节自我效能感的中介及反刍的调节

在湖南省整群抽取5所学校的1321名初、高中生为被试，考查了人际适应对青少年手机依赖的影响，以及情绪调节自我效能感的中介作用和反刍的调节作用。结果表明：（1）人际适应对青少年手机依赖具有显著负向预测作用。（2）情绪调节自我效能感在人际适应与青少年手机依赖之间起完全中介作用。（3）人际适应对青少年手机依赖影响的前半路径受到反刍的调节。即随着反刍水平的提高，人际适应对情绪调节自我效能感的预测作用呈逐渐降低趋势。（4）人际适应对青少年手机依赖影响的后半路径受到反刍的调节。即随着反刍水平的提高，情绪调节自我效能感对手机依赖的预测作用呈逐渐降低趋势。

（四）社会支持对青少年手机依赖的影响：抑郁和孤独感的链式中介作用

以湖南省衡阳市的两所中学（初中和高中）和长沙市的某大学的1120名青少年为被试，采用手机依赖指数量表、青少年社会支持量表、抑郁自评量表和孤独感量表，考查抑郁与孤独感在社会支持与青少年手机依赖之间的作用。结果表明：（1）社会支持与抑郁，孤独感和手机依赖均存在显著正相关；（2）抑郁和孤独感分别在社会支持与青少年手机依赖间起中介作用；（3）抑郁和孤独感在社会支持与手机依赖间起链式中介作用。

四　青少年手机依赖对身心健康的影响研究

（一）手机依赖与青少年认知失败的关系：反刍思维和正念的链式中介作用

以湖南省长沙市的高一和高二的816名青少年为被试，采用手机依赖量表、正念注意觉知量表、反刍思维量表和认知失败问卷，考查青少年手机依赖、反刍思维、正念与认知失败之间的关系。结果表明：（1）手机依赖对青少年认知失败具有显著正向预测作用；（2）手机依赖不仅直接影响青少年认知失败，还通过反刍思维的中介作用间接影响青少年认知失败；（3）手机依赖不仅直接影响青少年认知失败，还通过正念的中介作用间接影响青少年认知失败；（4）手机依赖不仅直接影响青少年认知失败，还通过"反刍思维→正念"的链式中介作用间接影响青少年认知失败。

（二）手机依赖对青少年拖延行为的影响：注意控制的中介作用

在福建省整群抽取268名大学生作为被试，采用手机依赖指数量表、注意控制指数量表与Pure拖延量表，考查手机依赖对拖延行为的影响机制，以及注意控制在这一过程所起的中介作用。结果表明：（1）独立样本t检验得出，相较于手机依赖低分组，手机依赖高分组在注意控制的得分更低，而在拖延行为方面的得分更高。（2）积差相关分析表明，手机依赖总分及各维度得分与注意控制总分存在显著负相关，而与拖延总分存在显著正相关；注意控制总分和拖延总分呈显著负相关。（3）结构方程模型分析表明，手机依赖对拖延行为有正向预测效应，注意控制在大学生手机依赖与拖延之间起部分中介作用，其中，中介效应占总效应的比值为29.8%，可以通过注意控制的训练减少大学生手机依赖对拖延的影响。

（三）手机依赖与青少年睡眠质量的关系：反刍思维的中介作用

采用随机抽样的方法选取某高校在读大学生，借助问卷星平台进行网络问卷调查，选取258名大学生为被试，采用手机依赖指数量表、匹兹堡睡眠质量指数量表、反刍思维量表，考查手机依赖对大学生睡眠质量的影响机制，以及反刍思维在这一过程所起的中介作用。结果表明：（1）手机依赖检出率为25.58%，睡眠问题检出率为23.91%，反刍思维整体水平高于中值。（2）手机依赖及低效性、逃避性维度得分存在显著差异，女生得分显著高于男生；而性别在匹兹堡睡眠质量指数和反刍思维得分未见统计学差异。（3）反刍思维和手机依赖及各维度、匹兹堡睡眠质量指数及其睡眠质量、睡眠效率、睡眠障碍、催眠药物、日间功能障碍维度存在显著正相关；手机依赖和匹兹堡睡眠质量指数及其睡眠质量、入睡时间、睡眠障碍、日间功能障碍维度存在显著正相关。（4）手机依赖可以显著预测睡眠质量指数，且反刍思维在此过程中起部分中介作用。

五　青少年手机依赖的干预及教育对策研究

（一）青少年手机依赖的正念认知行为干预研究

采用网络测验法和纸质测验法相结合的方式对421名大学生进行调查，以手机依赖指数量表评定其中的手机依赖者。将手机依赖高分大学生分为对照组（$n=25$）和实验组（$n=25$），对实验组实施正念认知行为团体干预，对照组无任何干预。对两组成员在基线（第1周，T1）、干预后（第8周，T2）、第一次随访（第16周，T3）的手机依赖指数进行施测。研究结果表明：（1）对照组手机依赖指数未出现明显变化，而实验组手机依赖指数有着明显的下降趋势。（2）该结果验证了正念疗法干预于青少年手机依赖的有效性，且该效果可以持续到第一次随访（第16周）。

（二）青少年手机依赖的教育引导对策

手机依赖是社会发展过程中形成的一种偏离社会常态的问题性行为，尽管它的影响因素和发生机制复杂多变，但仍受到家庭、学校和社会的影响。本书基于手机依赖发生机制及特点，有针对性地制定分类教育对策方案，分别从家庭教育、学校教育和社会教育的视角出发，通过各个教育阶段的分层管理、协同管理，三者相互配合，共同推进青少年手机依赖的预防、矫正和社会治理，充分尊重青少年身心发展特点，提出具有建设性的对策建议，对加强青少年手机依赖的有效预防具有积极效果。

第二节 本书的创新之处

一 学术思想创新

第一，相比较传统网络，手机移动媒体具有更强的即时性、方便性、互动性、操纵感，青少年手机依赖的流行性更广、危害性更大、监管更难，开展青少年手机依赖问题的研究，最恰当的切入点是青少年手机依赖测评方法研究，只有快速正确地诊断难题，才能进行有效的心理干预。第二，手机依赖受到内外因素影响，鲜有学者提出比较完整的形成机制，来解释内外因素的相互作用机制，本书系统构建手机依赖的形成和影响因素模型。第三，有别于以往研究仅限于对手机依赖行为提出的单方面建议及对策，本书从协同治理的视角，凸显多元治理主体，强调优化配置管理资源与要素，通过正念认知治疗团体心理干预等实证干预研究建立预防和矫治青少年手机依赖的干预方法。

二 学术观点创新

第一，评估手机依赖的重要基础是对手机依赖进行有效的测量，本书深入了解青少手机使用现状，修订系列手机依赖测评工具，采用潜剖面分析来探究青少年手机依赖的潜在类别，并在此基础上进一步探讨其情绪特征。这些测量评估工作无疑对进一步解释青少年手机依赖的影响因素及其作用机制夯实了基础。第二，青少年手机依赖的形成是内外因素共同作用的结果，本书从人格、情绪、人际关系和社会支持等视角，系统探索手机依赖的影响因素结构方程模型及其形成机制；运用结构方程模型揭示手机依赖对青少年身心健康的影响机制。第三，有别于以往手机依赖干预模式只处于理论探讨和个体尝试，本书采用正念认知治疗团体心理干预，对部分高手机依赖的青少年实施心理干预实验，探索具体可行的干预方案，构建青少年手机依赖的协同治理模式及对策，为提高青少年手机媒介素养及引导合理的手机行为规范机制提供方法与策略。

三 研究方法创新

以往对手机依赖的研究大多止于宏观定性研究，缺乏可操作、可量化的研究，本书将理论研究与实证研究相结合，问卷测量与实验研究方法交叉使用、相互印证，问卷调查既有线下的纸质问卷调查，也有线上的网络问卷调查，这提高了研究的效度与信度；运用心理学、社会学、管理学等多学科的理论和方法综合分析手机依赖的形成机制，宏观的理论分析与微观的实证研究交叉融合；采用结构方程模型等高级统计学研究手段，多层次多角度的系统研究。

第三节　研究不足及展望

本书仅采用了问卷调查和实验研究方法系统考查了青少年手机依赖的评估、机制及协同治理对策，在研究方法上更多的是采用横断设计研究。横断设计研究能较好地探讨变量之间的相关关系，但不能清晰地反映各变量随时间变化的趋势，无法推断变量间的因果关系，因此未来的研究很有必要进行纵向追踪研究，以便更好地探明手机依赖对青少年影响的时间发展趋势及其原因。本书采用被试自我报告的方法进行数据收集。该方法简单方便，能快速收集样本数据，但仍存在一定缺陷，自评报告结果一般都存在回忆偏差，这可能会导致分析结果失真。未来的研究可以采用自评和他评（如父母/老师/同伴）相结合的方式以获取更准确的数据。本书对青少年手机依赖的探讨仍停留于行为学的研究水平，并未涉及青少年手机依赖产生的神经生理基础，未来的研究可以从认知神经科学的角度出发，探讨青少年手机依赖的脑机制及相关神经生理机制。

附　　录

问卷一　手机依赖倾向量表（MPATS）

指导语：下列各项用来测试人们手机的依赖程度，答案没有对错之分。请凭自己的第一感觉回答所有问题，不要在个别条目的回答上花费太多时间。请对下面量表中的每个条目作答，以描述你和每个条目的符合程度。请在最合适的数字上打"√"。

1	2	3	4	5
非常不符合	不太符合	一般	比较符合	非常符合

	非常不符合	不太符合	一般	比较符合	非常符合
1. 一段时间没有带手机我会马上去查阅是否有短信/未接来电	1	2	3	4	5
2. 我宁愿选择手机聊天，不愿直接面对面交流	1	2	3	4	5
3. 在等人的时候我总是频繁打手机问对方身在何处，如果不打就焦急难耐	1	2	3	4	5
4. 如果很长时间没用手机，我会觉得难受	1	2	3	4	5
5. 课堂上，我会因为电话或短信而不能专心听讲	1	2	3	4	5
6. 如果没有手机我会感到孤独	1	2	3	4	5
7. 用手机与他人交流时，我感到更自信	1	2	3	4	5
8. 一段时间手机铃声不响，我会感到不适应，并下意识看一下手机是否有未接电话/短信	1	2	3	4	5
9. 我经常有"我的手机铃声响了/我的手机在震动"的幻觉	1	2	3	4	5

续表

	非常不符合	不太符合	一般	比较符合	非常符合
10. 电话多短信多我会觉得生活更充实	1	2	3	4	5
11. 我经常害怕手机自动关机	1	2	3	4	5
12. 手机是我的一部分，一旦缺少，就像失去了什么似的	1	2	3	4	5
13. 同学朋友常说我太过依赖手机	1	2	3	4	5
14. 当手机经常连不上线、收不到信号时，我会焦虑并且脾气变得暴躁起来	1	2	3	4	5
15. 课堂上，我会经常主动把注意力集中在手机上而影响听课	1	2	3	4	5
16. 我觉得用手机跟他人交流更舒适	1	2	3	4	5

问卷二　艾森克人格问卷（EPQ–RSC）

指导语：这个量表是用来了解你的人格特征。请仔细阅读下面的句子，做是否回答。请注意，这里要回答的是你实际上认为你自己怎样，而不是回答你认为你应该怎样。

1 是　　　　　　　2 否

	是	否
1. 你的情绪是否时起时落	1	2
2. 当你看到小孩（或动物）受折磨时是否感到难受	1	2
3. 你是个健谈的人吗	1	2
4. 如果你说了要做什么事，是否不论此事须利不顺利你都总能遵守诺言	1	2
5. 你是否会无缘无故地感到"很惨"	1	2
6. 欠债会使你感到忧虑吗	1	2
7. 你是个生机勃勃的人吗	1	2
8. 你是否曾贪图过超过你应得的分外之物	1	2
9. 你是个容易被激怒的人吗	1	2
10. 你会服用能产生奇异或危险效果的药物吗	1	2

续表

	是	否
11. 你愿意认识陌生人吗	1	2
12. 你是否曾经有过明知自己做错了事却责备别人的情况	1	2
13. 你的感情容易受伤害吗	1	2
14. 你是否愿意按照自己的方式行事,而不愿意按照规则办事	1	2
15. 在热闹的聚会中你能使自己放得开,使自己玩得开心吗	1	2
16. 你所有的习惯是否都是好的	1	2
17. 你是否时常感到"极其厌倦"	1	2
18. 良好的举止和整洁对你来说很重要吗	1	2
19. 在结交新朋友时,你经常是积极主动的吗	1	2
20. 你是否有过随口骂人的时候	1	2
21. 你认为自己是一个胆怯不安的人吗	1	2
22. 你是否认为婚姻是不合时宜的,应该废除	1	2
23. 你能否很容易地给一个沉闷的聚会注入活力	1	2
24. 你曾毁坏或丢失过别人的东西吗	1	2
25. 你是个忧心忡忡的人吗	1	2
26. 你爱和别人合作吗	1	2
27. 在社交场合你是否倾向于待在不显眼的地方	1	2
28. 如果在你的工作中出现了错误,你知道后会感到忧虑吗	1	2
29. 你讲过别人的坏话或脏话吗	1	2
30. 你认为自己是个神经紧张或"弦绷得过紧"的人吗	1	2
31. 你是否觉得人们为了未来有保障,而在储蓄和保险方面花费的时间太多了	1	2
32. 你是否喜欢和人们相处在一起	1	2
33. 当你还是个小孩子的时候,你是否曾有过对父母耍赖或不听话的行为	1	2
34. 在经历了一次令人难堪的事之后,你是否会为此烦恼很长时间	1	2
35. 你是否努力使自己对人不粗鲁	1	2
36. 你是否喜欢在自己周围有许多热闹和令人兴奋的事情	1	2
37. 你在玩游戏时作过弊吗	1	2
38. 你是否因自己的"神经过敏"而感到痛苦	1	2
39. 你愿意别人怕你吗	1	2

	是	否
40. 你曾利用过别人吗	1	2
41. 你是否喜欢说笑话和谈论有趣的事	1	2
42. 你是否时常感到孤独	1	2
43. 你是否认为遵循社会规范比按照个人方式行事更好一些	1	2
44. 在别人眼里你总是充满活力的吗	1	2
45. 你总能做到言行一致吗	1	2
46. 你是否时常被负疚感所困扰	1	2
47. 你有过将今天该做的事情拖到明天去做吗	1	2
48. 你能使一个聚会顺利进行下去吗	1	2

问卷三　（简易应对方式）

指导语：以下列出的是当你在生活中经受到挫折打击，或遇到困难时你可能采取的态度和做法。请你仔细阅读每一项，然后在右边选择答案。请在最适合你本人情况的数字上打钩。

```
0         1          2          3
不采取    偶尔采取    有时采取    经常采取
```

遇到挫折打击或遇到困难时你可能采取的态度和做法	不采取	偶尔采取	有时采取	经常采取
1. 通过工作学习或一些其他活动解脱	0	1	2	3
2. 与人交谈，倾诉内心烦恼	0	1	2	3
3. 尽量看到事物好的一面	0	1	2	3
4. 改变自己的想法，重新发现生活中什么重要	0	1	2	3
5. 不把问题看得太严重	0	1	2	3
6. 坚持自己的立场，为自己想得到的进行斗争	0	1	2	3
7. 找出几种不同的解决问题的方法	0	1	2	3

续表

遇到挫折打击或遇到困难时你可能采取的态度和做法	不采取	偶尔采取	有时采取	经常采取
8. 向亲戚朋友或同学寻求建议	0	1	2	3
9. 改变原来的一些做法或自己的一些问题	0	1	2	3
10. 借鉴他人处理类似困难情景的方法	0	1	2	3
11. 寻求业余爱好，积极参加文体活动	0	1	2	3
12. 尽量克制自己的失望、悔恨、悲伤和愤怒	0	1	2	3
13. 试图休息或休假，暂时把问题（烦恼）抛开	0	1	2	3
14. 通过吸烟、喝酒、服药和吃东西来解除烦恼	0	1	2	3
15. 认为时间会改变现状，唯一要做的便是等待	0	1	2	3
16. 试图忘记整个事情	0	1	2	3
17. 依靠别人解决问题	0	1	2	3
18. 接受现实，因为没有其他办法	0	1	2	3
19. 幻想可能会发生某种奇迹改变现状	0	1	2	3
20. 自己安慰自己	0	1	2	3

问卷四　孤独感量表（UCLA）

指导语：下列是人们有时出现的一些感受。请指出你具有那种感觉的程度，选择相应选项，在该选项上打"√"。

1	2	3	4
从不	很少	有时	一直

	从不	很少	有时	一直
*1. 你常感到与周围人的关系和谐	1	2	3	4
2. 你常感到缺少伙伴	1	2	3	4
3. 你常感到没人可以信赖	1	2	3	4
4. 你常感到寂寞	1	2	3	4

续表

	从不	很少	有时	一直
＊5. 你常感到属于朋友们中的一员	1	2	3	4
＊6. 你常感到与周围的人有许多共同点	1	2	3	4
7. 你常感到与任何人都不亲密了	1	2	3	4
8. 你常感到你的兴趣与想法与周围的人不一样	1	2	3	4
＊9. 你常感到想要与人来往、结交朋友	1	2	3	4
＊10. 你常感到与人亲近	1	2	3	4
11. 你常感到被人冷落	1	2	3	4
12. 你常感到你与别人来往毫无意义	1	2	3	4
13. 你常感到没有人很了解你	1	2	3	4
14. 你常感到与别人隔开了	1	2	3	4
＊15. 你常感到当你愿意时就能找到伙伴	1	2	3	4
＊16. 你常感到有人真正了解你	1	2	3	4
17. 你常感到羞怯	1	2	3	4
18. 你常感到有人围着你但并不关心你	1	2	3	4
＊19. 你常感到有人愿意与你交谈	1	2	3	4
＊20. 你常感到有人值得你信赖	1	2	3	4

注：＊代表反向计分题。

问卷五 （压力知觉）

指导语：这份量表是在询问在最近一个月来你个人的感受和想法，虽然有些问题看似相似，但实则是有所差异的，所以每一题均需作答。并请你尽量以快速不假思索的方式填答，以期确实反映你真实的压力知觉状况。选择相应选项，在该选项上打"√"。

1	2	3	4	5
从不	偶尔	有时	常常	总是

请回想最近一个月来，发生下列各状况的频率	从不	偶尔	有时	常常	总是
1. 为一些无法预期的事情发生而感到心烦意乱	1	2	3	4	5
2. 感觉无法控制自己生活中重要的事情	1	2	3	4	5

续表

请回想最近一个月来，发生下列各状况的频率	从不	偶尔	有时	常常	总是
3. 感到紧张不安和压力	1	2	3	4	5
4. 成功地处理恼人的生活麻烦	1	2	3	4	5
5. 感到自己能有效地处理生活中所发生的重要变化	1	2	3	4	5
6. 对于有能力处理自己私人的问题感到很有信心	1	2	3	4	5
7. 感到事情顺心如意	1	2	3	4	5
8. 发现自己无法处理所有自己必须做的事情	1	2	3	4	5
9. 有办法控制生活中恼人的事情	1	2	3	4	5
10. 常觉得自己是驾驭事情的主人	1	2	3	4	5
11. 常生气，因为很多事情的发生是超出自己所能控制的	1	2	3	4	5
12. 经常想到有些事情是自己必须完成的	1	2	3	4	5
13. 常能掌握时间安排方式	1	2	3	4	5
14. 常感到困难的事情堆积如山，而自己无法克服它们	1	2	3	4	5

问卷六　（负性情绪）

指导语：下面是20个描述不同情感和情绪的词，请你根据自己在过去几周内对这些情感和情绪体验的频率，选出一个最符合你的选项，并在相应的选项上打"√"

1	2	3	4	5
完全没有	有一点	中等	相当多	非常多

词	完全没有	有一点	中等	相当多	非常多
害怕	1	2	3	4	5
活跃	1	2	3	4	5
惊吓	1	2	3	4	5
机敏	1	2	3	4	5
不安	1	2	3	4	5

续表

词	完全没有	有一点	中等	相当多	非常多
专心	1	2	3	4	5
紧张	1	2	3	4	5
果敢	1	2	3	4	5
容易激动	1	2	3	4	5
热情	1	2	3	4	5
敌意	1	2	3	4	5
兴奋	1	2	3	4	5
内疚	1	2	3	4	5
振奋	1	2	3	4	5
羞愧	1	2	3	4	5
有兴趣	1	2	3	4	5
心烦意乱	1	2	3	4	5
自豪	1	2	3	4	5
痛苦	1	2	3	4	5
强壮有力	1	2	3	4	5

问卷七　手机依赖测验（TMD）

指导语：请对下面量表中的每个条目作答，以描述你和每个条目的符合程度，请在最合适的数字上打"√"。

条目	从不	很少	有时	经常	总是
1. 自从有了手机，我发信息的次数增加了	0	1	2	3	4
2. 我曾一天内发送了五条以上信息（短信、QQ 消息、微信等）	0	1	2	3	4
3. 早上一起床，我做的第一件事情就是查看有没有人联系我或留言	0	1	2	3	4
4. 我一拿到手机就想联系别人（如打电话、发消息等）	0	1	2	3	4
5. 一会儿没使用手机，我就想联系别人（打电话、发短信或使用社交软件 QQ、微信等）	0	1	2	3	4

续表

条目	从不	很少	有时	经常	总是
6. 我感到孤独的时候，就会使用手机（打电话、发短信以及使用社交软件QQ、微信等）	0	1	2	3	4
7. 我曾经计划过只在一定的时间内使用手机，但不能坚持执行	0	1	2	3	4
8. 我曾因使用手机而晚睡或睡眠不足	0	1	2	3	4
9. 我的手机在身边时，我就会一直使用	0	1	2	3	4
10. 我在手机上花费的时间（如打电话、发短信或使用社交软件QQ、微信等），比我预想的多	0	1	2	3	4
11. 我无聊的时候就会使用手机	0	1	2	3	4
12. 我经常在不恰当的场合（如吃饭、别人和我讲话时等）使用手机	0	1	2	3	4
13. 如果手机不在身边，我会觉得难受	0	1	2	3	4
14. 我无法忍受一个星期不使用手机	0	1	2	3	4
15. 如果我的手机坏了一段时间且需要花很长时间修理，我会感觉非常糟糕	0	1	2	3	4
16. 由于各种需要，我不得不频繁地使用手机	0	1	2	3	4
17. 我曾因手机消费过高而被批评过	0	1	2	3	4
18. 我在手机上的消费（电话、短信、流量包、购买会员等）超乎我的预期	0	1	2	3	4
19. 我曾因手机消费的问题和父母或家人产生过争执	0	1	2	3	4
20. 我现在的手机消费比刚有手机时高	0	1	2	3	4

问卷八　智能手机成瘾量表简版（SAS–SV）

题目	非常不同意	不同意	有点不同意	有点同意	同意	非常同意
1. 我曾因为使用手机而耽误计划好的学习或工作	1	2	3	4	5	6
2. 我曾因为使用手机在学习或工作时很难集中注意力	1	2	3	4	5	6

续表

题目	非常不同意	不同意	有点不同意	有点同意	同意	非常同意
3. 使用手机时，我感到手腕或后颈疼痛	1	2	3	4	5	6
4. 没有手机会使我难以忍受	1	2	3	4	5	6
5. 手机不在身边时，我会感到焦躁和不耐烦	1	2	3	4	5	6
6. 即使当我没有使用手机时，我也会一直想着它	1	2	3	4	5	6
7. 即使手机已经严重影响了我的生活，我也不会放弃使用手机	1	2	3	4	5	6
8. 我经常检查手机，以免错过他人在微信或QQ（社交网站）上的留言	1	2	3	4	5	6
9. 我发现自己使用手机的时间比预期时间长	1	2	3	4	5	6
10. 我曾被告知在使用手机上花费太多时间	1	2	3	4	5	6

问卷九　匹兹堡睡眠质量指数（PSQI）

序号	题目	无	<1次/周	1—2次/周	≥3次/周
1	近1个月，因入睡困难影响睡眠而烦恼（30分钟内不能入睡）	0	1	2	3
2	近1个月，夜间易醒或早醒	0	1	2	3
3	近1个月，夜间去厕所	0	1	2	3
4	近1个月，睡眠时呼吸不畅	0	1	2	3
5	近1个月，睡眠时咳嗽或鼾声高	0	1	2	3
6	近1个月，睡眠时感觉冷	0	1	2	3
7	近1个月，睡眠时感觉热	0	1	2	3
8	近1个月，睡眠时做噩梦	0	1	2	3
9	近1个月，睡眠时感到疼痛不适	0	1	2	3
10	近1个月，有其他影响睡眠的事情	0	1	2	3

续表

序号	题目	无	<1次/周	1—2次/周	≥3次/周
11	近1个月，你用药催眠的情况	0	1	2	3
12	近1个月，你常感到困倦吗	0	1	2	3
13	近1个月，你睡眠时有无高声打鼾（问一下你室友或亲人）	0	1	2	3
14	近1个月，睡眠中，你有呼吸较长时间的暂停（呼吸憋气）现象吗	0	1	2	3
15	近1个月，睡眠中，你因腿部不适必须踢蹬腿或活动腿吗	0	1	2	3
16	近1个月，睡眠中，你有转向或睡迷糊的情况吗	0	1	2	3
17	近1个月，你在睡眠过程中，有无其他特殊情况	0	1	2	3
18	近1个月，总的来说，你认为自己的睡眠	0（很好）	1（较好）	2（较差）	3（很差）

问卷十　认知失败问卷（CEQ）

条目	从不	极少	偶尔	经常	总是
1. 看书的时候，常因突然发现没有认真思考而不得不再看一遍	1	2	3	4	5
2. 发现自己忘记了为什么要从这个房间去另一个房间（或者从房屋的这边走到那边）	1	2	3	4	5
3. 注意不到路标	1	2	3	4	5
4. 在给人指路时，常分不清左右	1	2	3	4	5
5. 常撞到别人	1	2	3	4	5
6. 忘记是否已经关灯、关火或锁门	1	2	3	4	5
7. 与别人初次见面时，常没注意听对方的姓名	1	2	3	4	5

续表

条目	从不	极少	偶尔	经常	总是
8. 事后才意识到可能说了一些无礼的话	1	2	3	4	5
9. 当正在做一件事情时，常听不到别人叫我	1	2	3	4	5
10. 控制不住发脾气，过后总后悔	1	2	3	4	5
11. 常几天不回复重要的信件或邮件等	1	2	3	4	5
12. 走在熟悉的道路上，却突然忘记该朝哪个方向走	1	2	3	4	5
13. 在超市里，尽管自己想买的东西就在眼前，却常常看不见	1	2	3	4	5
14. 发现自己突然想知道刚才措辞是否准确	1	2	3	4	5
15. 难于下决心或做出决定	1	2	3	4	5
16. 忘记与他人的约会	1	2	3	4	5
17. 忘记把东西放在哪里	1	2	3	4	5
18. 不小心扔掉需要的东西，却保留了真正要扔掉的东西	1	2	3	4	5
19. 当应该认真听的时候，却会走神或做白日梦，如听课、听讲座等	1	2	3	4	5
20. 忘记别人的名字	1	2	3	4	5
21. 开始做一件事情时，却无意中因别的事情分心	1	2	3	4	5
22. 话都到嘴边了，可就是一时想不起来要说什么	1	2	3	4	5
23. 到了商店，却忘记要买什么东西	1	2	3	4	5
24. 常丢三落四	1	2	3	4	5
25. 不知道想要说什么	1	2	3	4	5

问卷十一 （人际适应）

题目	不同意	不太同意	不确定	比较同意	同意
1. 很多人都找我和他们一起玩	1	2	3	4	5
2. 当我不想一个人做事时，总能找到人陪我	1	2	3	4	5
3. 我不知道怎么夸奖别人	1	2	3	4	5
4. 和别人发生冲突时，我不知道该怎么办	1	2	3	4	5

续表

题目	不同意	不太同意	不确定	比较同意	同意
5. 当我有困难时，有很多的人愿意帮助我	1	2	3	4	5
6. 我知道如何关心别人	1	2	3	4	5
7. 很多人都愿意和我交往	1	2	3	4	5
8. 我善于用言语和别人进行沟通	1	2	3	4	5
9. 遇到陌生人时，我不知道如何与他们交谈	1	2	3	4	5
10. 当我想聊天时，总能找到人和我一起聊	1	2	3	4	5

问卷十二　反刍思维量表（RRS）

题目	从不	有时	经常	总是
1. 我常常想我是多么孤独	1	2	3	4
2. 我常常想："如果我不能停止想这些，那么我就不能继续做手头的事"	1	2	3	4
3. 我常常想我疲劳、痛苦的感觉	1	2	3	4
4. 我常常想："集中注意力是多么困难"	1	2	3	4
5. 我常常想我究竟做了什么会导致这样	1	2	3	4
6. 我常常想自己是多么消极被动、毫无动力	1	2	3	4
7. 我常常分析最近发生的事以便理解为什么感到郁闷	1	2	3	4
8. 我常常想我对其他事情感到麻木	1	2	3	4
9. 我常常想我为什么如此不顺心	1	2	3	4
10. 我常常想我为什么总是这样	1	2	3	4
11. 我常常独自思考为什么会这样	1	2	3	4
12. 我常常写下自己正在想的事情并加以分析	1	2	3	4
13. 我常常思考现状，希望它有所好转	1	2	3	4
14. 我常常想如果这种感觉持续的话，就无法集中注意力	1	2	3	4
15. 我常常想为什么我有这些问题，而别人却没有	1	2	3	4
16. 我常常想我为什么不能把事情处理得更好	1	2	3	4

续表

题目	从不	有时	经常	总是
17. 我常常想我为什么感到如此伤心	1	2	3	4
18. 我常常想我的缺点、失败、错误和过失	1	2	3	4
19. 我常常想我为什么对做任何事都提不起劲来	1	2	3	4
20. 我常常分析自己的性格以便理解为何感到压抑	1	2	3	4
21. 我会常常单独到某个地方去想我的感受	1	2	3	4
22. 我常常想我是多么生自己的气	1	2	3	4

问卷十三　正念知觉量表（MAAS）

题目	几乎总是	很频繁	比较频繁	不太频繁	很少	几乎从不
1. 我会对正在经历的某些情绪毫无知觉，直到一段时间后才能有所感知	1	2	3	4	5	6
2. 我会因为粗心大意、注意力不集中或者想其他事物而弄坏或撒掉东西	1	2	3	4	5	6
3. 我发现持续地将注意力集中到正在发生的事情上是很困难的	1	2	3	4	5	6
4. 我倾向于快速走到自己要去的地方，而不留意一路上所经历过的事物	1	2	3	4	5	6
5. 我倾向于不去注意身体上的紧张感或不适感，直到它们真正引起了我的注意	1	2	3	4	5	6
6. 如果我是第一次得知某人的名字，我很快就会忘记它	1	2	3	4	5	6
7. 我不太能意识到自己在做什么，身体似乎在无意识地自动运转	1	2	3	4	5	6
8. 我仓促地完成各项活动，但实际上并未花什么心思	1	2	3	4	5	6

续表

题目	几乎总是	很频繁	比较频繁	不太频繁	很少	几乎从不
9. 我会因为过于专注想要达到的目标，而忽略了现在正在为此而做的努力	1	2	3	4	5	6
10. 我机械地工作或完成任务，但实际上并不知道自己正在做什么	1	2	3	4	5	6
11. 我发现自己在听别人说话时并不认真，同时还会做其他事情	1	2	3	4	5	6
12. 我会先无意识地到某个地方去，然后才会想为什么要去那里	1	2	3	4	5	6
13. 我发现自己经常沉浸在对过去的回忆和未来的想象之中	1	2	3	4	5	6
14. 我发现自己做事情注意力不集中	1	2	3	4	5	6
15. 我在吃零食的时候，往往意识不到自己正在吃东西	1	2	3	4	5	6

问卷十四　情绪调节自我效能感量表（RES）

题目	非常不符	不太符合	一般	比较符合	非常符合
1. 令人高兴的事情发生时，我会表达自己的愉悦之情	1	2	3	4	5
2. 预期目标实现时，我会对自己感到满意	1	2	3	4	5
3. 我会为自己的成功雀跃	1	2	3	4	5
4. 参加聚会时我会尽情表达自己的快乐	1	2	3	4	5
5. 孤独时我能够让自己远离沮丧	1	2	3	4	5
6. 面对尖锐的批评，我能够不气馁	1	2	3	4	5
7. 未获应得的赞赏时，我能够减轻心中的失落感	1	2	3	4	5
8. 面对困难，我能够不气馁	1	2	3	4	5

续表

题目	非常不符	不太符合	一般	比较符合	非常符合
9. 受到父母或其他重要人物斥责时，我能够控制自己的消极情绪	1	2	3	4	5
10. 当别人故意找我麻烦时，我能够避免恼火	1	2	3	4	5
11. 碰到败兴的事情后，我能够很快摆脱恼怒的情绪	1	2	3	4	5
12. 当我生气时，我能避免勃然大怒	1	2	3	4	5

问卷十五　注意控制量表（ACS）

题目	从不	极少	偶尔	经常	总是
1. 当房间里播放音乐时，我会很难集中注意力	1	2	3	4	5
2. 在努力工作时，我仍然会被周围的事情分心	1	2	3	4	5
3. 当周围有噪声时，我很难集中注意力做一件困难的任务	1	2	3	4	5
4. 当我在阅读或学习时，若有人在同一个房间里说话会让我很容易分心	1	2	3	4	5
5. 我从一个任务切换到另一个任务速度很慢	1	2	3	4	5
6. 我需要一段时间才能真正投入到一项新任务中去	1	2	3	4	5
7. 我很难在两个不同的任务之间交替切换	1	2	3	4	5
8. 被打断后，我很难把注意力转回到之前做的事情上	1	2	3	4	5

参考文献

卞樱芳、周俊、王栋、陈晓岗：《大学生智能手机成瘾与学习厌倦的相关研究》，《国际精神病学杂志》2018年第45卷第1期。

曹美兰：《地方院校大学生手机成瘾与学习倦怠的关系》，《中国健康心理学杂志》2018年第26卷第6期。

陈功兴：《大学生完美主义、沉思与抑郁的关系》，硕士学位论文，广西师范大学，2011年。

陈少华、陈少惠、胡兆云、刘倩：《手机短信与大学生人格特征关系的研究》，《心理学探新》2005年第25卷第3期。

陈思佚、崔红、周仁来、贾艳艳：《正念注意觉知量表（MAAS）的修订及信效度检验》，《中国临床心理学杂志》2012年第20卷第2期。

陈向丽：《大学生手机成瘾与孤独感、社会支持的关系研究》，《佳木斯职业学院学报》2015年第3卷。

陈秀清：《"90后"高职生手机依赖现状调查及干预对策研究》，《湖北广播电视大学学报》2014年第36卷第4期。

程绍珍、杨明、师莹：《高中生网络成瘾与家庭环境的关系研究》，《现代预防医学》2007年第14期。

池桂波、王声湧、赵德龙、莫晓生、钟家荣、梁棋：《广州和澳门青少年电子/电脑游戏成瘾的流行病学调查》，《中华流行病学杂志》2001年第22卷第4期。

邓林园、方晓义、万晶晶、张锦涛、夏翠翠：《大学生心理需求及其满足与网络成瘾的关系》，《心理科学》2012年第35卷第1期。

丁凤琴、赵虎英:《感恩的个体主观幸福感更强?——一项元分析》,《心理科学进展》2018年第26卷第10期。

丁娇儿、李炜、李江、傅华:《上海市大学生手机网络成瘾分类量表的修订及信效度调查》,《中国预防医学杂志》2018年第19卷第5期。

杜立操、梁杰华:《大学生人格特征与手机以来的相关研究》,《中国学校卫生》2010年第31卷第5期。

杜立操、熊少青:《大学生手机依赖状况调查及干预对策研究》,《成都师范学院学报》2009年第25卷第7期。

方晓义、沃建中、蔺秀云:《〈中国大学生适应量表〉的编制》,《心理与行为研究》2005年第3卷第2期。

冯正直、张大均:《中国版 Scl-90 的效度研究》,《第三军医大学学报》2001年第23卷第4期。

甘良梅:《大学生拖延与人格,学业成绩的相关研究》,硕士学位论文,南京师范大学,2007年。

高峰强、张雪凤、耿靖宇、胥兴安、韩磊:《孤独感对手机成瘾的影响:安全感与沉浸的中介作用》,《中国特殊教育》2017年第7卷。

高文斌、陈祉妍:《网络成瘾病理心理机制及综合心理干预研究》,《心理科学进展》2006年第14卷第4期。

高园园、张欣、陈哲、宋言静、李加樱:《医学生手机依赖与正负性情绪的关系》,《卫生职业教育》2017年第35卷第23期。

高正亮、童辉杰:《积极情绪的作用:拓展—建构理论》,《中国健康心理学杂志》2010年第18卷第2期。

耿耀国、李飞、苏林雁、曹枫林:《初一网络成瘾学生情绪与人格特征研究》,《中国临床心理学杂志》2006年第14卷第2期。

郭璐:《人格特质与学生手机依赖的关系研究》,硕士学位论文,渤海大学,2018年。

郭小艳、王振宏:《积极情绪的概念、功能与意义》,《心理科学进展》2007年第15卷第5期。

韩登亮、齐志斐:《大学生手机成瘾症的心理学探析》,《当代青年研究》2005年第12卷。

韩秀、杨宏飞:《Nolen-hoeksema 反刍思维量表在中国的试用》,《中国临床心理学杂志》2009 年第 17 卷第 5 期。

韩雪:《大学生手机成瘾倾向的影响因素和内观认知疗法的干预研究》，硕士学位论文，苏州大学，2004 年。

贺金波、祝平平、聂余峰、应思远:《人格对网络成瘾的影响及其心理机制综述》，《中国临床心理学杂志》2017 年第 25 卷第 2 期。

洪宝玲、王蕊:《大学生手机依赖、拖延行为与应对方式的关系研究》，《唐山师范学院学报》2019 年第 41 卷第 2 期。

胡丹丹、徐源、丁娇儿、李江:《大学生手机网络成瘾分类量表的初步编制》，《中国健康教育》2017 年第 33 卷第 6 期。

胡月、黄海、张雨晴、周春燕:《大学生手机依赖与认知失败的关系：负性情绪的中介作用》，《中国临床心理学杂志》2017 年第 25 卷第 6 期。

花蓉、武晓锐、方芳:《手机成瘾大学生注意偏向的实验研究》，《心理学探新》2016 年第 36 卷第 5 期。

黄海、牛露颖、周春燕、吴和鸣:《手机依赖指数中文版在大学生中的信效度检验》，《中国临床心理学杂志》2014 年第 22 卷第 5 期。

黄海、周春燕、余莉:《大学生手机依赖与心理健康的关系》，《中国学校卫生》2013 年第 34 卷第 9 期。

黄丽、杨廷忠、季忠民:《正性负性情绪量表的中国人群适应性研究》，《中国心理卫生杂志》2003 年第 17 卷第 1 期。

黄明明、韩伟忠、陈丽萍:《大学生手机成瘾倾向与抑郁的关系——反刍思维的中介作用》，《内江师范学院学报》2019 年第 34 卷第 12 期。

姜永志、白晓丽:《大学生手机互联网依赖对疏离感的影响：社会支持系统的作用》，《心理发展与教育》2014 年第 30 卷第 5 期。

蒋怀滨、黄俊雄、张斌、郭宇、孙思环、王超:《人格特质、情绪调节自我效能感与手机依赖的关系》，《现代预防医学》2018 年第 45 卷第 14 期。

金童林、陆桂芝、张璐、乌云特娜、金祥忠:《暴力环境接触对大学生网络攻击行为的影响：反刍思维与网络道德的作用》，《心理学报》2018 年第 50 卷第 9 期。

雷辉、朱熊兆、张小崔:《强迫症自知力与临床特征、认知及神经生理功能的关系》，《中国临床心理学杂志》2017 年第 25 卷第 4 期。

雷雳、李宏利：《病理性使用互联网的界定与测量》，《心理科学进展》2003 年第 11 卷第 1 期。

黎亚军、卢富荣、骆方、王耘：《中国儿童青少年身体攻击的发生状况：基于潜在类别分析的结果》，《中国临床心理学杂志》2012 年第 20 卷第 4 期。

黎志华、尹霞云、蔡太生、朱翠英：《留守儿童情绪和行为问题特征的潜在类别分析：基于个体为中心的研究视角》，《心理科学》2014 年第 37 卷第 2 期。

李昌镐：《韩国青少年智能手机使用情况的调查》，《中国青年研究》2014 年第 26 卷第 2 期。

李红、高山、王乃弋：《执行功能研究方法评述》，《心理科学进展》2004 年第 12 卷第 5 期。

李丽、梅松丽、牛志民、宋玉婷：《大学生孤独感和睡眠质量的关系：智能手机成瘾的中介作用及性别的调节作用》，《中国临床心理学杂志》2016 年第 24 卷第 2 期。

李梦龙、任玉嘉、蒋芬：《中国农村留守儿童社交焦虑状况的 meta 分析》，《中国心理卫生杂志》2019 年第 33 卷第 11 期。

李万兵：《论网络成瘾对青少年人际交往的影响》，《湖南师范大学教育科学学报》2006 年第 5 卷第 1 期。

李伟、陶沙：《大学生的压力感与抑郁、焦虑的关系：社会支持的作用》，《中国临床心理学杂志》2003 年第 11 卷第 2 期。

李宗波、梁音、王婷婷：《大学生手机依赖、自我控制对拖延行为的影响》，《心理研究》2017 年第 2 期。

李宗波、王婷婷、梁音、王明辉：《大学生手机依赖与主观幸福感：社交焦虑的中介作用》，《心理与行为研究》2017 年第 15 卷第 4 期。

连帅磊、刘庆奇、孙晓军、周宗奎：《手机成瘾与大学生拖延行为的关系：有调节的中介效应分析》，《心理发展与教育》2018 年第 34 卷第 5 期。

廖慧云、钟云辉、王冉冉、唐宏：《大学生手机依赖倾向、自尊及羞怯与人际关系困扰的关系》，《中国临床心理学杂志》2016 年第 24 卷第 5 期。

廖雅琼、叶宝娟、金平、许强、李爱梅:《心理韧性对汉区少数民族预科生手机依赖的影响:有调节的中介效应》,《心理发展与教育》2017年第33卷第4期。

林初锐、李永鑫、胡瑜:《社会支持的调节作用研究》,《心理科学》2004年第27卷第5期。

林悦、刘勤学、邓寒、李羽萱、丁凯旋:《智能手机成瘾者的注意执行控制功能:心智游移的作用》,《心理发展与教育》2018年第34卷第3期。

刘红、王洪礼:《大学生的手机依赖倾向与孤独感》,《中国心理卫生杂志》2012年第26卷第1期。

刘红、王洪礼:《大学生手机依赖与孤独感、手机使用动机的关系》,《心理科学》2011年第34卷第6期。

刘明艳、严由伟、陈芳蓉:《福州地区高中生焦虑敏感与睡眠质量的关系》,《中国学校卫生》2010年第31卷第2期。

刘勤学、杨燕、林悦、余思、周宗奎:《智能手机成瘾:概念、测量及影响因素》,《中国临床心理学杂志》2017年第25卷第1期。

刘庆奇、周宗奎、牛更枫、范翠英:《手机成瘾与青少年睡眠质量:中介与调节作用分析》,《心理学报》2017年第49卷第12期。

刘文俐、蔡太生:《社会支持与大学生手机依赖倾向的关系:孤独的中介作用》,《中国临床心理学杂志》2015年第23卷第5期。

刘文俐、蔡太生、朱虹等:《抑郁、焦虑、压力与青少年情绪性进食的关系:自我控制的中介作用》,《中国临床心理学杂志》2016年第24卷第5期。

刘文、张靖宇、于增艳、高爽:《焦虑、抑郁与消极认知情绪调节策略关系的元分析》,《中国临床心理学杂志》2018年第26卷第5期。

刘霞、陶沙:《压力和应对策略在女性大学生负性情绪产生中的作用》,《心理学报》2005年第37卷第5期。

刘贤臣、唐茂芹、胡蕾、王爱祯、吴宏新、赵贵芳等:《匹兹堡睡眠质量指数的信度和效度研究》,《中华精神科杂志》1996年第29卷第2期。

刘衍素、向秀清、陈红:《卫校学生手机成瘾与学业自我效能感的相关性研究》,《卫生职业教育》2017年第35卷第14期。

刘志强、朱玲玲：《大学生手机成瘾与焦虑的关系：睡眠质量的中介作用》，《中国健康教育》2018年第34卷第6期。

卢谢峰、韩立敏：《中介变量、调节变量与协变量——概念、统计检验及其比较》，《心理科学》2007年第30卷第4期。

禄鹏、卢博、童丹丹：《大学生社交焦虑与手机成瘾：一个有调节的中介》，《西北民族大学学报》（自然科学版）2017年第38卷第1期。

吕媛、易银沙、邓昶、阎政礼：《大学生过度使用网络危险因素分析》，《中国公共卫生》2004年第20卷第4期。

罗杰、崔汉卿、戴晓阳、赵守盈：《高中生社会支持与应对方式的关系：自我效能感的中介作用》，《中国特殊教育》2014年第10期。

罗喆慧、万晶晶、刘勤学、方晓义：《大学生网络使用、网络特定自我效能与网络成瘾的关系》，《心理发展与教育》2010年第26卷第6期。

彭纯子、范晓玲、李罗初：《社交回避与苦恼量表在学生群体中的信效度研究》，《中国临床心理学杂志》2003年第11卷第4期。

钱铭怡、武国城、朱荣春、张莘：《艾森克人格问卷简式量表中国版（EPQ‑RSC）的修订》，《心理学报》2000年第32卷第3期。

秦曙：《大学生手机短信使用与个性特征的相关研究》，《保健医院研究与实践》2009年第6卷第2期。

卿再花、吴彩虹、曹建平、刘小群、邱小艳：《父母冲突对大学生手机依赖的影响：认知评价与孤独感的链式中介作用》，《中国临床心理学杂志》2017年第25卷第6期。

邱致燕、吴琦、张斌：《大学生手机成瘾者应对方式、情绪及人格特质的分析》，《南京中医药大学学报》（社会科学版）2014年第15卷第2期。

曲星羽、陆爱桃、宋萍芳、蓝伊琳、蔡润杨：《手机成瘾对学习倦怠的影响：以学业拖延为中介》，《应用心理学》2017年第23卷第1期。

任世秀、古丽给娜、刘拓：《无手机恐惧症量表的开发：基于项目反应理论与因子分析方法》，《第二十一届全国心理学学术会议摘要集》，2018年。

邵蕾蕾、林恒：《大学生手机依赖问卷的编制》，《社会心理科学》2010年第8卷第1期。

申雨凡：《完美主义，成就动机，无条件自我接纳对拖延的影响研究》，硕士学位论文，西南大学，2012 年。

师建国：《手机依赖综合征》，《临床精神医学杂志》2009 年第 19 卷第 2 期。

史滋福、郑凯文、张慧敏、方舟、丁樵石：《大学生人格特质、社交焦虑与手机依赖的关系》，《心理研究》2017 年第 10 卷第 1 期。

宋超、宫伟彦、丁彩翠、张妍、袁帆、刘爱玲：《中国 2010—2012 年 6—17 岁儿童青少年睡眠状况》，《中国学校卫生》2017 年第 38 卷第 9 期。

苏斌原、张洁婷、喻承甫、张卫：《大学生心理行为问题的识别：基于潜在剖面分析》，《心理发展与教育》2015 年第 31 卷第 3 期。

苏丽萍：《正念训练对中学生学业拖延的干预研究》，硕士学位论文，重庆师范大学，2016 年。

孙司芮：《我国网络游戏政府监管问题研究》，硕士学位论文，东北师范大学，2016 年。

唐文清、黄献、王恩界：《大学生手机成瘾倾向与人际关系困扰和孤独感的关系》，《中国心理卫生杂志》2018 年第 32 卷第 12 期。

田芊、邓士昌：《心理控制源在时间管理倾向影响唤起性、回避性两类拖延行为中的不同中介作用》，《心理科学》2011 年第 34 卷第 2 期。

童星、缪建东：《自我效能感与大学生学业成绩的关系：学习乐观的中介作用》，《高教探索》2019 年第 3 期。

屠斌斌、章俊龙、姜伊素：《大学生手机成瘾倾向问卷的初步编制》，《和田师范专科学校学报》2010 年第 29 卷第 4 期。

汪婷、许颖：《青少年手机依赖和健康危险行为、情绪问题的关系》，《中国青年政治学院学报》2011 年第 30 卷第 5 期。

王晨淇：《大学生情绪适应、消极应对方式与手机依赖的关系及其干预研究》，硕士学位论文，信阳师范学院，2017 年。

王欢、黄海、吴和鸣：《大学生人格特征与手机依赖的关系：社交焦虑的中介作用》，《中国临床心理学杂志》2014 年第 22 卷第 3 期。

王慧慧、王孟成、吴胜齐：《不同手机成瘾类型对大学生人际关系和孤独感的影响——基于潜剖面分析的结果（英文）》，《中国临床心理学杂志》2015 年第 23 卷第 5 期。

王君、陈天勇：《抑制控制与高级认知功能的关系》，《心理科学进展》2012年第20卷第11期。

王丽芳、杨建中、杨智斌、左丽春、郝艳红、曹云等：《暴力犯罪、财产犯罪人员的社会心理因素初步调查》，《中国心理卫生杂志》2014年第28卷第9期。

王孟成、任芬、吴艳：《青少年创伤后应激障碍的潜类别结构分析》，《中华行为医学与脑科学杂志》2014年第23卷第9期。

王希林、任桂英、赵晓明：《孤独、抑郁情绪及其相互关系探讨》，《中国心理卫生杂志》2000年第6期。

王相英：《大学生手机成瘾与孤独感、人格特质的关系研究》，《中国特殊教育》2012年第12卷。

王小运、伍安春：《大学生手机成瘾行为的成因及其对策》，《重庆邮电大学学报》（社会科学版）2012年第24卷第1期。

韦耀阳：《大学生手机依赖与孤独感的关系研究》，《聊城大学学报》（自然科学版）2013年第26卷第1期。

温忠麟、叶宝娟：《有调节的中介模型检验方法：竞争还是替补？》，《心理学报》2014年第46卷第5期。

文书锋、汤冬玲、俞国良：《情绪调节自我效能感的应用研究》，《心理科学》2009年第3卷第3期。

毋瑞朋、郭蓝、黄业恩、王婉馨、肖笛：《山西省中学生睡眠质量及影响因素分析》，《中国学校卫生》2019年第40卷第8期。

吴兵兵：《大学生手机依赖现象调查研究》，《河南工业大学学报》（社会科学版）2016年第12卷第1期。

吴凡、吴江颖：《酒依赖患者人格特征及情绪障碍》，《中国健康心理学杂志》2012年第20卷第4期。

吴鹏、马桑妮、方紫琼、徐碧波、刘华山：《父母教养方式的潜在类别：潜在剖面分析》，《心理与行为研究》2016年第14卷第4期。

吴晓薇、黄玲、何晓琴、唐海波、蒲唯丹：《大学生社交焦虑与攻击、抑郁：情绪调节自我效能感的中介作用》，《中国临床心理学杂志》2015年第23卷第5期。

吴优、乔晓红：《持续睡眠时间不足对儿童健康影响的研究进展》，《中国学校卫生》2018年第39卷第10期。

谢虹:《3G业务扩散影响因素和发展策略研究》,硕士学位论文,北京邮电大学,2013年。

谢宇格:《大学生手机依赖、反刍思维、情绪与睡眠质量的关系》,硕士学位论文,哈尔滨工程大学,2015年。

熊婕、周宗奎、陈武、游志麒、翟紫艳:《大学生手机成瘾倾向量表的编制》,《中国心理卫生杂志》2012年第26卷第3期。

熊思成:《气虚、气郁质对大学生手机成瘾的影响机制及干预研究》,硕士学位论文,湖南中医药大学,2019年。

徐华、吴玄娜、兰彦婷、陈英和:《大学生手机依赖量表的编制》,《中国临床心理学杂志》2008年第16卷第1期。

杨春红:《大学生手机成瘾倾向、孤独感与人际关系的关系》,硕士学位论文,鲁东大学,2016年。

杨国艺、刘玲、王泠、任慧玲:《医学生手机依赖与拖延行为的相关性研究》,《中华现代护理杂志》2019年第25卷第17期。

杨廷忠、黄汉腾:《社会转型中城市居民心理压力的流行病学研究》,《中华流行病学杂志》2003年第24卷第9期。

杨秀娟:《智能手机依赖对正念能力的影响:多重中介效应分析》,硕士学位论文,华中师范大学,2018年。

叶宝娟、方小婷、杨强、郑清、刘林林、郭少阳:《情绪调节困难对大学生手机成瘾的影响:相貌负面身体自我和社交回避与苦恼的链式中介作用》,《心理发展与教育》2017年第33卷第2期。

叶悦妹、戴晓阳:《大学生社会支持评定量表的编制》,《中国临床心理学杂志》2008年第16卷第5期。

应通:《娱乐媒介对积极情绪的激发效应及机制探讨》,博士学位论文,浙江师范大学,2015年。

余香莲:《社交焦虑个体注意偏向和注意控制的特点,神经机制及关系探索》,博士学位论文,福建师范大学,2017年。

张斌、邱致燕、蒋怀滨、崔润红:《大学生孤独感、负性情绪与手机依赖的关系》,《集美大学学报》2015年第16卷第1期。

张斌、熊思成、徐依、陈芸、肖长根、莫彦芝:《手机使用与焦虑、抑郁的关系：一项元分析》，《中国临床心理学杂志》2019 年第 27 卷第 6 期。

张斌、袁孟琪、黎志华、王叶飞、陈芸、邱致燕：《大学生人格特质与手机成瘾的关系：情绪体验的中介作用》，《中国临床心理学杂志》2017 年第 5 卷第 6 期。

张丛丽、周宗奎：《被动性社交网站使用、社交焦虑、反刍思维与青少年抑郁的关系：有调节的中介效应分析》，《中国临床心理学杂志》2018 年第 26 卷第 3 期。

张红梅、张志杰：《Tuckman 拖延量表在中国大学生中试用结果分析》，《中国临床心理学杂志》2007 年第 15 卷第 1 期。

张军、刘建涛、李艳：《大学生应对方式和人格特征与手机成瘾倾向关系的通径分析》，《浙江预防医学》2016 年第 28 卷第 1 期。

张雪凤、高峰强、耿靖宇、王一媚、韩磊：《社交回避与苦恼对手机成瘾的影响：孤独感、安全感和沉浸的多重中介效应》，《中国临床心理学杂志》2018 年第 26 卷第 3 期。

张亚利、陆桂芝、金童林、李森、蒋怀滨、梁丽：《大学生手机成瘾倾向对人际适应性的影响：述情障碍的中介作用》，《中国特殊教育》2018 年第 2 期。

章群、龚俊、李艳、章雪颖、史碧君：《大学生智能手机成瘾倾向影响因素调查》，《中国学校卫生》2016 年第 37 卷第 1 期。

赵建芳、张守臣、杜雨来、姜永志、刘勇：《大学生感觉寻求领悟社会支持与手机依赖的关系》，《中国学校卫生》2017 年第 38 卷第 6 期。

赵静：《中小学教师家庭要求、家庭工作冲突、心理脱离对其认知失败的影响》，硕士学位论文，陕西师范大学，2015 年。

赵仑、高文斌：《网络成瘾患者早期面孔加工 n170 的研究》，《航天医学与医学工程》2007 年第 20 卷第 1 期。

赵淑媛、蔡太生、陈志坚：《大学生学业情绪及与学业成绩的关系》，《中国临床心理学杂志》2012 年第 20 卷第 3 期。

中国互联网络信息中心：《第 44 次中国互联网络发展状况统计报告》，http://www.cnnic.net.cn/hlwfzyj/hlwxzbg/hlwtjbg/201812/P020170807351923262153.Pdf。

中国互联网络信息中心:《第 43 次中国互联网络发展状况统计报告》, http://www.cnnic.net.cn/hlwfzyj/hlwxzbg/hlwtjbg/201812/P020170807351923262153.Pdf。

中国互联网络信息中心:《第 41 次中国互联网络发展状况统计报告》, http://www.cnnic.net.cn/hlwfzyj/hlwxzbg/hlwtjbg/201812/P020170807351923262153.Pdf。

周芳、刘儒德、郭明佳、蒋舒阳:《青少年消极情绪对网络成瘾的影响:幸福倾向的调节作用》,《中国临床心理学杂志》2017 年第 25 卷第 2 期。

周浩、龙立荣:《共同方法偏差的统计检验与控制方法》,《心理科学进展》2004 年第 12 卷第 6 期。

周挥辉、党波涛、蒋永红:《手机对当代大学生发展的影响及其对策研究》,《中国青年研究》2011 年第 6 期。

周喜华:《大学生手机成瘾的探究》,《教育与教学研究》2010 年第 24 卷第 4 期。

周扬、陈健芷、刘勇、王湃、朱丽娟、彦廷鹤:《认知失败问卷中文版测评大学生样本的效度和信度》,《中国临床心理学杂志》2016 年第 24 卷第 3 期。

朱玉歆:《大学生手机成瘾和睡眠质量的关系》,《社会心理科学》2015 年第 30 卷第 10 期。

祖静:《手机依赖大学生抑制控制和情绪加工特点及其干预研究》,博士学位论文,东北师范大学,2017 年。

祖静、张向葵、左恩玲:《手机依赖的大学生的情绪觉察特点》,《中国心理卫生杂志》2017 年第 31 卷第 5 期。

Abela, J. R., Vanderbilt, E., & Rochon, A., "A Test of the Integration of the Response Styles and Social Support Theories of Depression in Third and Seventh Grade Children", *Journal of Social and Clinical Psychology*, Vol. 23, No. 5, 2004, pp. 653–674.

Acharya, J. P., Acharya, I., & Waghrey, D., "A Study on Some of the Common Health Effects of Cell-phones Amongst College Students", *Journal of Community Medicine & Health Education*, Vol. 3, No. 4, 2013, pp. 1–4.

Ahn, J., Broadband Policy in South Korea: The Effect of Government Regulation on Internet Proliferation, 2012, pp. 20 – 23. *PTC* 12 (Pacific Telecommunications Council) *Proceedings*, Honolulu, HI.

Aker, M., Harmer, C., & Landro, N. I., "More Rumination and Less Effective Emotion Regulation in Previously Depressed Women with Preserved Executive Functions", *BMC Psychiatry*, Vol. 14, No. 1, 2014, pp. 334 – 338.

Akın, A., Altundağ, Y., Turan, M. E., & Akın, U., "The Validity and Reliability of the Turkish Version of the Smart Phone Addiction Scale-short form for Adolescent", *Procedia-Social and Behavioral Sciences*, Vol. 152, 2014, pp. 74 – 77.

Akobeng, A. K. "Understanding Diagnostic Tests 3: Receiver Operating Characteristic Curves", *Acta Paediatrica*, Vol. 96, No. 5, 2009, pp. 644 – 647.

Alavi, S. S., Ferdosi, M., Jannatifard, F., Eslami, M., Alaghemandan, H., & Setare, M., "Behavioral Addiction Versus Substance Addiction: Correspondence of Psychiatric and Psychological Views", *International Journal of Preventive Medicine*, Vol. 3, No. 4, 2012, pp. 290 – 294.

Aljomaa, S. S., Mohammad, M. F., Albursan, I. S., Bakhiet, S. F., & Abduljabbar, A. S., "Smartphone Addiction Among University Students in the Light of Some Variables", *Computers in Human Behavior*, Vol. 61, 2016, pp. 155 – 164.

Al-Muhayawi, S., Eldeek, B., Abubakr, H., BenKuddah, R., Zahid, A., & Abukhashabah, H., "The Impact of Medical Education on Saudi Medical Students' Awareness of Cell Phone Use and Its Health Hazards", *Life Science Journal*, Vol. 9, 2012, pp. 1143 – 1148.

Amichai-Hamburger, Y., & Ben-Artzi, E., "Loneliness and Internet Use", *Computers in Human Behavior*, Vol. 19, No. 1, 2003, pp. 71 – 80.

Amir, N., Najmi, S., Bomyea, J., & Burns, M., "Disgust and Anger in Social Anxiety", *International Journal of Cognitive Therapy*, Vol. 3, No. 1, 2010, pp. 3 – 10.

Andreassen, C. S., Torsheim, T., Brunborg, G. S., & Pallesen, S., "Development of a Facebook Addiction Scale", *Psychological Reports*,

Vol. 110, No. 2, 2012, pp. 501 – 517.

Andreassen, C. S., Billieux, J., Griffiths, M. D., Kuss, D. J., Demetrovics, Z., Mazzoni, E., et al., "The Relationship Between Addictive Use of Social Media and Video Games and Symptoms of Psychiatric Disorders: A Large-scale Cross-sectional Study", *Psychology of Addictive Behaviors*, Vol. 30, No. 2, 2016, p. 252.

Armstead, E. A., Votta, C. M., & Deldin, P. J., "Examining Rumination and Sleep: A Transdiagnostic Approach Todepression and Social Anxiety", *Neurology, Psychiatry and Brain Research*, Vol. 32, 2019, pp. 99 – 103.

Arnett, J. J., "Emerging Adulthood: A Theory of Development from the Late Teens Through the Twenties", *American Psychologist*, Vol. 55, No. 5, 2000, p. 469.

Atchley, P., & Warden, A. C., "The Need of Young Adults to Text Now: Using Delay Discounting to Assess Informational Choice", *Journal of Applied Research in Memory and Cognition*, Vol. 1, No. 4, 2012, pp. 229 – 234.

Aydogdu, Bilge, N. C., Hilal, E., & Halil., "The Predictive Role of Interpersonal Sensitivity and Emotional Self-efficacy on Psychological Resilience Among Young Adults", *Eurasian Journal of Educational Research*, Vol. 17, No. 69, 2017, pp. 37 – 54.

Babadi-Akashe, Z., Zamani B. E., Abedini, Y., Akbari, H., & Hedayati, N., "The Relationship between Mental Health and Addiction to Mobile Phones Among University Students of Shahrekord, Iran", *Addict Health*, Vol. 6, No. 3 – 4, 2014, pp. 93 – 99.

Bahtiyar, E. C., "Interpersonal Sensitivity and Problematic Facebook use in Turkish University Students", *The Anthropologist*, Vol. 21, No. 3, 2015, pp. 395 – 403.

Baker, T. B., Piper, M. E., Mccarthy, D. E., Majeskie, M. R., & Fiore, M. C., "Addiction Motivation Reformulated: An Affective Processing Model of Negative Reinforcement", *Psychological Review*, Vol. 111, No. 1, 2004, pp. 33 – 51.

Barber, B. K., & Olsen, J. A., "Socialization in Context: Connection,

Regulation, and Autonomy in the Family, School, and Neighborhood, and with Peers", *Journal of Adolescent Research*, Vol. 12, No. 2, 1997, pp. 287 – 315.

Beranuy, M., Oberst, U., Carbonell, X., & Chamarro, A., "Problematic Internet and Mobile Phone Use and Clinical Symptoms in College Students: The Role of Emotional Intelligence", *Computers in Human Behavior*, Vol. 25, No. 5, 2009, pp. 1182 – 1187.

Berggren, N., & Derakshan, N., "The Role of Consciousness in Attentional Control Differences in Trait Anxiety", *Cognition and Emotion*, Vol. 27, No. 5, 2013, pp. 923 – 931.

Berkeljon, A., & Baldwin, S. A., "An Introduction to Meta-analysis for Psychotherapy Outcome Research", *Psychotherapy Research*, Vol. 19, No. 5, 2009, pp. 511 – 518.

Bi, Y., Ma, L., Yuan, F., & Zhang, B., "Self-esteem, Perceived Stress, and Gender During Adolescence: Interactive Links to Different Types of Interpersonal Relationships", *The Journal of Psychology*, Vol. 150, No. 1, 2016, pp. 36 – 57.

Bian, M., & Leung, L., "Linking Loneliness, Shyness, Smartphone Addiction Symptoms, and Patterns of Smartphone Use to Social Capital", *Social Science Computer Review*, Vol. 33, No. 1, 2015, pp. 61 – 79.

Bianchi, A., & Phillips, J. G., "Psychological Predictors of Problem Mobile Phone Use", *Cyberpsychology & Behavior*, Vol. 8, No. 1, 2005, pp. 39 – 51.

Billieux, J., "Problematic Use of the Mobile Phone: A Literature Review and a Pathways Model", *Current Psychiatry Reviews*, Vol. 8, No. 4, 2012, pp. 299 – 307.

Billieux, J., Maurage, P., Lopez-Fernandez, O., Elkind, D., Kuss, D. J., & Griffiths, M. D., "Can Disordered Mobile Phone Use be Considered a Behavioral Addiction? An Update on Current Evidence and a Comprehensive Model for Future Research", *Current Addiction Reports*, Vol. 2, No. 2, 2015, pp. 156 – 162.

Billieux, J., Schimmenti, A., Khazaal, Y., Maurage, P., & Heeren,

A., "Are We Overpathologizing Everyday Life? A Tenable Blueprint for Behavioral Addiction Research", *Journal of Behavioral Addictions*, Vol. 4, No. 3, 2015, pp. 119–123.

Billieux, J., Van der Linden, M., & Rochat, L., "The Role of Impulsivity in Actual and Problematic Use of the Mobile Phone", *Applied Cognitive Psychology: The Official Journal of the Society for Applied Research in Memory and Cognition*, Vol. 22, No. 9, 2008, pp. 1195–1210.

Bishop, S. R., Lau, M., Shapiro, S., Carlson, L. E., Anderson, N. D., Carmody, J., et al., "Mindfulness: A Proposed Operational Definition", *Clinical Psychology: Science and Practice*, Vol. 11, No. 3, 2004, pp. 230–241.

Blazer, D. G., "Self-efficacy and Depression in Late Life: A Primary Prevention Proposal", *Aging & Mental Health*, Vol. 6, No. 4, 2002, pp. 315–324.

Borenstein, M., Hedges, L. V., Higgins, J. P. T., & Rothstein, H. R., *Introduction to Meta-analysis*, West Sussex, UK: Wiley & Sons, 2009, pp. 3–203.

Bovier, P. A., Chamot, E., & Perneger, T. V., "Perceived Stress, Internal Resources, and Social Support as Determinants of Mental Health Among Young Adults", *Quality of Life Research*, Vol. 13, No. 1, 2004, pp. 161–170.

Bowlby, J., *Attachment and Loss: Attachment*, Vol. 2, NewYork: Basic Books, 1969.

Bragazzi, N. L., & Del, P. G., "A Proposal for Including Nomophobia in the New Dsm-v", *Psychology Research & Behavior Management*, Vol. 7, 2014, pp. 155–160.

Brand, M., Laier, C., & Young, K. S., "Internet Addiction: Coping Styles, Expectancies, and Treatment Implications", *Frontiers in Psychology*, Vol. 2014, p. 5, 1256.

Brand, M., Young, K. S., & Laier, C., "Prefrontal Control and Internet Addiction: A Theoretical Model and Review of Neuropsychological and Neuroimaging Findings", *Frontiers in Human Neuroscience*, Vol. 8, No. 375, 2014, pp. 1–12.

Brislin, R. W., & Kim, E. S., "Cultural Diversity in People's Understanding and Uses of Time", *Applied Psychology*, Vol. 52, No. 3, 2003, pp. 363 – 382.

Broadbent, D. E., Cooper, P. F., Fitzgerald, P., & Parkes, K. R., "The Cognitive Failures Questionnaire (cfq) and Its Correlates", *British Journal of Psychology*, Vol. 21, No. 1, 1982, pp. 1 – 16.

Brown, K. W., & Ryan, R. M., "The Benefits of Beingpresent: Mindfulness and Its Role in Psychological Well-being", *Journal of Personality and Social Psychology*, Vol. 84, No. 4, 2003, pp. 822 – 848.

Brown, J. D., & Dutton, K. A., *The Many Faces of Self-love: Self-esteem and Its Correlates.* Seattle, WA: Unpublished Manuscript, University of Washington, 1991.

Butt, S., & Phillips, J. G., "Personality and Self Reported Mobile Phone Use", *Computers in Human Behavior*, Vol. 24, No. 2, 2008, pp. 346 – 360.

Byun, Y. H., Ha, M., Kwon, H. J., Hong, Y. C., Leem, J. H., Sakong, J., et al., "Mobile Phone Use, Blood Lead Levels, and Attention Deficit Hyperactivity Symptoms in Children: A Longitudinal Study", *PLoS One*, Vol. 8, No. 3, 2013, e59742.

Cacioppo, J. T., Hawkley, L. C., & Thisted, R. A., "Perceived Social Isolation Makes Me Sad: 5-year Cross-lagged Analyses of Loneliness and Depressive Symptomatology in the Chicago Health, Aging, and Social Relations Study", *Psychology and Aging*, Vol. 25, No. 2, 2010, p. 453.

Cain, N., & Gradisar, M., "Electronic Media Use and Sleep in School-aged Children and Adolescents: A Review", *Sleep Medicine*, Vol. 11, No. 8, 2010, pp. 735 – 742.

Caldwell, J. G., & Shaver, P. R., "Mediators of the Link between Adult Attachment and Mindfulness", *Interpersona: An International Journal on Personal Relationships*, Vol. 7, No. 2, 2013, pp. 299 – 310.

Calvete, E., Gámez-Guadix, M., & Cortazar, N., "Mindfulness Facets and Problematic Internet Use: A Six-month Longitudinal Study", *Addictive Behaviors*, Vol. 72, 2017, pp. 57 – 63.

Campos, J. J., Mumme, D. L., Kermoian, R., & Campos, R. G., "A Functionalist Perspective on the Nature of Emotion", *Monographs of the Society for Research in Child Development*, Vol. 59, No. 3, 2010, pp. 284 – 303.

Caprara, G. V., Di Giunta, L., Eisenberg, N., Gerbino, M., Pastorelli, C., Tramontano, C., et al., "Assessing Regulatory Emotional Self-efficacy in Three Countries", *Psychological Assessment*, Vol. 20, No. 3, 2008, pp. 227 – 237.

Carbonell X., Guardiola E., Beranuy M., Belles A., "A Bibliometric Analysis of the Scientific Literature on Internet, Video Games and Cell Phone Addiction", *Journal of Medical Library Association*, Vol. 97, 2009, pp. 102 – 107.

Castells, M., Fernandez-Ardevol, M., Qiu, J. L., & Sey, A., *Mobile Communication and Society: A Global Perspective*, Mit Press, 2009.

Chamberlain, S. R., Menzies, L., Hampshire, A., Suckling, J., Fineberg, N. A., Campo, N. D., et al., "Orbitofrontal Dysfunction in Patients with Obsessive-compulsive Disorder and Their Unaffected Relatives", *Science*, Vol. 321, No. 5887, 2008, pp. 421 – 422.

Chang, F. C., Chiu, C. H., Chen, P. H., Chiang, J. T., Miao, N. F., Chuang, H. Y., et al., "Children's Use of Mobile Devices, Smartphone Addiction and Parental Mediation in Taiwan", *Computers in Human Behavior*, Vol. 93, 2019, pp. 25 – 32.

Cheever, N. A., Rosen, L. D., Carrier, L. M., & Chavez, A., "Out of Sight is Not Out of Mind: The Impact of Restricting Wireless Mobile Device Use on Anxiety Levels Among Low, Moderate Andhigh Users", *Computers in Human Behavior*, Vol. 37, 2014, pp. 290 – 297.

Chen, L., Yan, Z., Tang, W. J., Yang, F. Y., Xie, X. D., & He, J. C., "Mobile Phone Addiction Levels and Negative Emotions Among Chinese Young Adults: The Mediating Role of Interpersonal Problems", *Computers in Human Behavior*, Vol. 55, 2016, pp. 856 – 866.

China Internet Network Information Center (CNNIC), The 43th Statistical Report on the Development of Chinese Internet Network, Retrieved December, 2018, from http://www.cnnic.net.cn/hlwfzyj/hlwxzbg/hlwtjbg/201812/

P020170807351923262153. pdf.

Chiu, S. - I., "The Relationship between Life Stress and Smartphone Addiction on Taiwanese University Student: A Mediation Model of Learning Self-efficacy and Social Self-efficacy", *Computers in Human Behavior*, Vol. 34, 2014, pp. 49 - 57.

Choliz, M., "Mobile Phone Addiction: A Point of Issue", *Addiction*, Vol. 105, No. 2, 2010, pp. 373 - 374.

Chóliz, M., "Mobile-phone Addiction in Adolescence: The Test of Mobile Phone Dependence (TMD)", *Progress in Health Sciences*, Vol. 2, No. 1, 2012, pp. 33 - 44.

Chóliz, M., Lourdes, P., Phansalkar, S. S., Emily, C., Ayman, M., & Conni, F., "Development of a Brief Multicultural Version of the Test of Mobile Phone Dependence (Tmdbrief) Questionnaire", *Frontiers in Psychology*, Vol. 7, No. 4, 2016, pp. 43 - 54.

Chóliz, M., Pinto, L., Phansalkar, S. S., Corr, E., Mujjahid, A., Flores, C., et al., "Development of a Brief Multicultural Version of the Test of Mobile Phone Dependence (TMDbrief) Questionnaire", *Frontiers in Psychology*, Vol. 7, 2016, p. 650.

Christian Montag, Konrad Błaszkiewicz, Rayna Sariyska, Bernd Lachmann, & Alexander Markowetz., "Smartphone Usage in the 21st Century: Who is Active on Whatsapp?", *BMC Research Notes*, Vol. 8, No. 1, 2015, p. 331.

Clark, A. J., Parakh, R., Smilek, D., & Roy, E. A., "The Slip Induction Task: Creating a Window into Cognitive Control Failures", *Behavior Research Methods*, Vol. 44, No. 2, 2012, pp. 558 - 574.

Clark, L. S., "Parental Mediation Theory for the Digital Age", *Communication Theory* (10503293), Vol. 21, No. 4, 2011, pp. 323 - 343.

Cohen, S., "Social Relationships and Health", *American Psychologist*, Vol. 59, No. 8, 2004, p. 676.

Cook, J. L., & Jones, R. M., "Texting and Accessing the Web While Driving: Traffic Citations and Crashes Among Young Adult Drivers", *Traffic Injury Prevention*, Vol. 12, No. 6, 2011, pp. 545 - 549.

Cutino, C. M. , & Nees, M. A. , "Restricting Mobile Phone Access During Homework Increases Attainment of Study Goals", *Mobile Media & Communication*, Vol. 5, No. 1, 2017, pp. 63 – 79.

Darcin, A. E. , Kose, S. , Noyan, C. O. , Nurmedov, S. , Yılmaz, O. , & Dilbaz, N. , "Smartphone Addiction and Its Relationship with Social Anxiety and Loneliness", *Behaviour and Information Technology*, Vol. 35, No. 7, 2016, pp. 520 – 525.

Davey, S. , & Davey, A. , "Assessment of Smartphone Addiction in Indian Adolescents: A Mixed Method Study by Systematic-review and Meta-analysis Approach", *International Journal of Preventive Medicine*, Vol. 5, No. 12, 2014, pp. 1500 – 1511.

Davis, R. A. , "A Cognitive-behavioral Model of Pathological Internet Use", *Computers in Human Behavior*, Vol. 17, No. 2, 2001, pp. 187 – 195.

Demirci, K. , Akgönül, M. , & Akpinar, A. , "Relationship of Smartphone Use Severity with Sleep Quality, Depression, and Anxiety in University Students", *Journal of Behavioral Addictions*, Vol. 4, No. 2, 2015, p. 85.

Deng, L. Y. , Liu, L. , Xia, C. C. , Lan, J. , Zhang, J. T. , & Fang, X. Y. , "Craving Behavior Intervention in Ameliorating College Students' Internet Game Disorder: A Longitudinal Study", *Frontiers in Psychology*, Vol. 8, 2017, p. 526.

Desola, J. G. , Rodríguez, F. D. , & Rubio, G. , "Cell – Phone Addiction: A Review", *Frontiers in Psychiatry*, Vol. 7, No. 6, 2016, pp. 175 – 184.

Ding, J. E. , & Li, J. , "Development of Mobile Phone Internet Addiction Scale for College Students", *Chinese Journal of Health Education*, Vol. 33, No. 6, 2017, pp. 505 – 508.

Dong, G. S. , Park, Y. , Kim, M. K. , & Park, J. , "Mobile Phone Dependency and Its Impacts on Adolescents' Social and Academic Behaviors", *Computers in Human Behavior*, Vol. 63, 2016, pp. 282 – 292.

Dong, G. , Huang, J. , & Du, X. , "Enhanced Reward Sensitivity and Decreased Loss Sensitivity in Internet Addicts: An fMRI Study During a Guessing Task", *Journal of Psychiatric Research*, Vol. 45, No. 11, 2011, pp. 1525

-1529.

Duffey, T., & Somody, C., "The Role of Relational - cultural Theory in Mental Health Counseling", *Journal of Mental Health Counseling*, Vol. 33, No. 3, 2011, pp. 223 - 242.

Dunlop, P. D., Morrison, D. L., & Koenig, J., "Comparing the Eysenck and HEXACO Models of Personality in the Prediction of Adult Delinquency", *European Journal of Personality*, Vol. 26, No. 3, 2012, pp. 194 - 202.

Eddy, P., Wertheim, E. H., Hale, M. W., & Wright, B. J., "Trait Mindfulness Helps Explain the Relationships between Job Stress, Physiological Reactivity, and Self - perceived Health", *Journal of Occupational and Environmental Medicine*, Vol. 61, No. 1, 2018, p. 1.

Egger, M., & Smith, G. D., "Meta - analysis Bias in Location and Selection of Studies", *British Medical Journal*, Vol. 316, No. 7124, 1998, pp. 61 - 66.

Elhai, J. D., Tiamiyu, M., Weeks, J., & Cheung, C., "Depression and Social Anxiety in Relation to Problematic Smartphone Use: The Prominent Role of Rumination", *Internet Research*, Vol. 17, No. 4, 2018, pp. 291 - 297.

Elkholy, M. T., & Ewees, I. E., "Mobile (Cellular) Phone Contamination with Nosocomial Pathogens in Intensive Care Units", *Medical Journal of Cairo University*, Vol. 78, No. 2, 2010, pp. 1 - 5.

End, C. M., Worthman, S., Mathews, M. B., & Wetterau, K., "Costly Cell Phones: The Impact of Cell Phone Rings on Academic Performance", *Teaching of Psychology*, Vol. 37, No. 1, 2009, pp. 55 - 57.

Engelberg, E., & Sjöberg, L., "Internet Use, Social Skills, and Adjustment", *Cyberpsychology & Behavior*, Vol. 7, No. 1, 2004, pp. 41 - 47.

Espie, C. A., "Understanding insomnia through cognitive modelling", *Sleep Medicine*, Vol. 8, 2007, S3 - S8.

Fang, X. Y., Wo, J. Z., & Lin, X. Y., "Chinese College Students Adjustment Scale", *Studies of Psychology and Behavior*, Vol. 3, No. 2, 2005, pp. 95 - 101.

Feng, Q., Chen, X., Sun, J., Zhou, Y., Sun, Y., Ding, W., & Du, Y., "Voxel - level Comparison of Arterial Spin - labeled Perfusion

Magnetic Resonance Imaging in Adolescents with Internet Gaming Addiction", *Behavioral and Brain Functions*, Vol. 9, No. 1, 2013, p. 33.

Ferrari, J. R., "Procrastination and Attention: Factor Analysis of Attention Deficit, Boredomness, Intelligence, Self-esteem, and Task Delay Frequencies", *Journal of Social Behavior & Personality*, Vol. 15, No. 5, 2000, pp. 185–196.

Ferrari, J. R., Johnson, J. L., & McCown, W. G., "Treatment of Academic Procrastination in College Students", In *Procrastination and Task Avoidance*, Springer, Boston, MA, 1995, pp. 187–210.

Festl, R., Scharkow, M., & Quandt, T., "Problematic Computer Game Use Among Adolescents, Younger and Older Adults", *Addiction*, Vol. 108, No. 3, 2013, pp. 592–599.

Fornell, C., & Larcker, D. F., "Evaluating Structural Equation Models with Unobservable Variables and Measurement Error", *Journal of Marketing Research*, Vol. 18, No. 1, 1981, pp. 39–50.

Foster, S. L., & Lloyd, P. J., "Positive Psychology Principles Applied to Consulting Psychology at the Individual and Group Level", *Consulting Psychology Journal: Practice and Research*, Vol. 59, No. 1, 2007, pp. 30–40.

Fredrickson, B. L., & Branigan, C., "Positive Emotions Broaden the Scope of Attention and Thought-action Repertoires", *Cognition & Emotion*, Vol. 19, No. 3, 2005, pp. 313–332.

Froese, A. D., Carpenter, C. N., Inman, D. A., Schooley, J. R., Barnes, R. B., & Brecht, P. W., et al., "Effects of Classroom Cell Phone Use on Expected and Actual Learning", *College Student Journal*, Vol. 46, 2012, pp. 323–332.

Fu Yuan, H., Chiu, S.-I., & Huang, D.-H., "A Model of the Relationship between Psychological Characteristics, Mobile Phone Addiction and Use of Mobile Phones by Taiwanese University Female Students", *Computers in Human Behavior*, Vol. 28, No. 6, 2012, pp. 2152–2159.

Fuster H., Lusar A. C., Oberst U., "Fear of Missing Out, Online Social Networking and Mobile Phone Addiction: A Latent Profile Approach", *Journal of Educational Psychology, Vol. 35, 2017, pp. 23 – 30.

Gao, T., Li, J., Zhang, H., Gao, J., Mei, S., "The Influence of Alexithymia on Mobile Phone Addiction: The Role of Depression, Anxiety and Stress", Journal of Affective Disorders, Vol. 225, 2018, pp. 761 – 766.

Gao, T., Xiang, Y. T., Zhang, H., Zhang, Z., & Mei, S., "Neuroticism and Quality of Life: Multiple Mediating Effects of Smartphone Addiction and Depression", Psychiatry Research, Vol. 25, No. 6, 2017, pp. 457 – 462.

Garami, J., Valikhani, A., Parkes, D., Haber, P., Mahlberg, J., Misiak, B., et al., "Examining Perceived Stress, Childhood Trauma and Interpersonal Trauma in Individuals with Drug Addiction", Psychological Reports, Vol. 3, No. 5, 2018, pp. 234 – 241.

Gezgin, D. M., Cakir, O., & Yildirim, S., "The Relationship between Levels of Nomophobia Prevalence and Internet Addiction among High School Students: The Factors Influencing Nomophobia", International Journal of Research in Education and Science, Vol. 4, No. 1, 2018, pp. 215 – 225.

Goswami, V., & Singh, D. R., "Impact of Mobile Phone Addiction on Adolescent's Life: A Literature Review", International Journal of Home Science, Vol. 2, No. 1, 2016, pp. 69 – 74.

Grierson, A. B., Hickie, I. B., Naismith, S. L., & Scott, J., "The Role of Rumination in Illness Trajectories in Youth: Linking Trans – diagnostic Processes with Clinical Staging Models", Psychological Medicine, Vol. 46, No. 12, 2016, pp. 2467 – 2484.

Griffin, M. D., "Millennials Rising: The Next Great Generation", Journal of Consumer Marketing, Vol. 19, No. 3, 2002, pp. 282 – 285.

Griffiths, M., "A 'Components' Model of Addiction Within a Biopsychosocial Framework", Journal of Substance Misuse, Vol. 10, No. 4, 2005, pp. 191 – 197.

Gross, R. T., & Borkovec, T. D., "Effects of a Cognitive Intrusion Manipulation on the Sleep – onset Latency of Good Sleepers", Behavior Therapy, Vol. 13, No. 1, 1982, pp. 112 – 116.

Ha, J. H., Chin, B., Park, D. H., Ryu, S. H., & Yu, J., "Characteristics of Excessive Cellular Phone Use in Korean Adolescents", *Cyberpsychology & Behavior*, Vol. 11, No. 6, 2008, pp. 783 – 784.

Hadlington, L. J., "Cognitive Failures in Daily Life: Exploring the Link with Internet Addiction and Problematic Mobile Phone Use", *Computers in Human Behavior*, Vol. 51, 2015, pp. 75 – 81.

Han, D. H., Bolo, N., Daniels, M. A., Arenella, L., Lyoo, I. K., & Renshaw, P. F., "Brain Activity and Desire for Internet Video Game Play", *Comprehensive psychiatry*, Vol. 52, No. 1, 2011, pp. 88 – 95.

Han, D. H., Hwang, J. W., & Renshaw, P. F., "Bupropion Sustained Release Treatment Decreases Craving for Video Games and Cue – induced Brain Activity in Patients with Internet Video Game Addiction", *Experimental & Clinical Psychopharmacology*, Vol. 18, No. 4, pp. 297 – 304.

Han, X., & Yang, H. F., "Chinese Version of Nolen – Hoeksema Ruminative Responses Scale (RRS): Reliability and Validity", *Chinese Journal of Clinical Psychology*, Vol. 17, No. 5, 2009, pp. 550 – 551.

Harvey, A. G., & Greenall, E., "Catastrophic Worry in Primary Insomnia", *Journal of Behavior Therapy and Experimental Psychiatry*, Vol. 34, No. 1, 2003, pp. 11 – 23.

Haug, S., Castro, R. P., Kwon, M., Filler, A., Kowatsch, T., & Schaub, M. P., "Smartphone Use and Smartphone Addiction Among Young People in Switzerland", *Journal of Behavioral Addictions*, Vol. 4, No. 4, 2015, pp. 299 – 307.

Hawi, N. S., & Samaha, M., "Relationships Among Smartphone Addiction, Anxiety, and Family Relations", *Behaviour and Information Technology*, Vol. 36, No. 10, 2017, pp. 1046 – 1052.

Hayes, A. F., *Introduction to Mediation, Moderation, and Conditional Process Analysis: A Regression – based Approach*, Guilford Publications, 2017.

Head, J., & Helton, W. S., "Sustained Attention Failures are Primarily Due to Sustained Cognitive Load not Task Monotony", *Acta Psychologica*, Vol. 153, 2014, pp. 87 – 94.

Heffernan, C. J., "Social Foundations of Thought and Action: A Social Cognitive Theory, Albert Bandura Englewood Cliffs, New Jersey: Prentice Hall, 1986, Hardback", *Behaviour Change*, Vol. 5, No. 1, 1988, pp. 37 – 38.

Herman‑Stahl, M., & Petersen, A. C., "The Protective Role of Coping and Social Resources for Depressive Symptoms Among Young Adolescents", *Journal of Youth and Adolescence*, Vol. 25, No. 6, 1996, pp. 733 – 753.

Hernández, C., Ottenberger, D. R., Moessner, M., Crosby, R. D., & Ditzen, B., "Depressed and Swiping my Problems for Later: The Moderation Effect between Procrastination and Depressive Symptomatology on Internet Addiction", *Computers in Human Behavior*, Vol. 97, 2019, pp. 1 – 9.

Herrero, J., Urueña, A., Torres, A., & Hidalgo, A., "Socially Connected but Still Isolated: Smartphone Addiction Decreases Social Support over Time", *Social Science Computer Review*, Vol. 37, No. 1, 2019, pp. 73 – 88.

Hiltz, S. R., Turoff, M., & Johnson, K., "Experiments in Group Decision Making, 3: Disinhibition, Deindividuation, and Group Process in Pen Name and Real Name Computer Conferences", *Decision Support Systems*, Vol. 5, No. 2, 1989, pp. 217 – 232.

Hobfoll, & Stevan, E., "Social and Psychological Resources and Adaptation", *Review of General Psychology*, Vol. 6, No. 4, 2002, pp. 307 – 324.

Hojat, M., "Loneliness as a Function of Selected Personality Variables", *Journal of Clinical Psychology*, Vol. 38, No. 1, 1982, pp. 137 – 141.

Holas, P., & Jankowski, T., "A Cognitive Perspective on Mindfulness", *International Journal of Psychology*, Vol. 48, No. 3, 2013, pp. 232 – 243.

Hombrados‑Mendieta, I., García‑Martín, M. A., & Gómez‑Jacinto, L., "The Relationship between Social Support, Loneliness, and Subjective Well‑being in a Spanish Sample from a Multidimensional Perspective", *Social Indicators Research*, Vol. 114, No. 3, 2013, pp. 1013 – 1034.

Hosmer, D. W., Lemeshow, S., *Applied Logistic Regression*, New York, NY: Wiley, 2000.

Huber, R., Treyer, V., Borbely, A. A., Schuderer, J., Gottselig, J. M., Landolt, H. P., et al., "Electromagnetic Fields, Such as Those from Mobile

Phones, Alter Regional Cerebral Blood Flow and Sleep and Waking EEG", *Journal of Sleep Research*, Vol. 11, No. 4, 2002, pp. 289 – 295.

Huedo – Medina, T. B., Sánchez – Meca, J., & Marín – Martínez, F., "Assessing Heterogeneity in Meta – Analysis: Q Statistic or I^2 index?", *Psychological Methods*, Vol. 11, No. 2, 2006, pp. 193 – 206.

Hussain, Z., Griffiths, M. D., & Sheffield, D., "An Investigation into Problematic Smartphone Use: The Role of Narcissism, Anxiety, and Personality Factors", *Journal of Behavioral Addictions*, Vol. 6, No. 3, 2017, pp. 1 – 9.

Hwang, J. Y., Choi, J. S., Gwak, A. R., Jung, D., Choi, S. W., Lee, J., et al., "Shared Psychological Characteristics That are Linked to Aggression between Patients with Internet Addiction and Those with Alcohol Dependence", *Annals of General Psychiatry*, Vol. 13, No. 1, 2014, p. 6.

Hwang, Yongsuk, & Park., "Is Smartphone Addiction Comparable between Adolescents and Adults? Examination of the Degree of Smartphone Use, Type of Smartphone Activities, and Addiction Levels Among Adolescents and Adults", *Social Science Electronic Publishing*, Vol. 34, No. 6, 2017, pp. 346 – 351.

Inaba, R., & Yamazaki, R., "Survey on Copyright Infringement of Digital Contents: A Case Study of Japanese University Students", In *International Conference on Human – Computer Interaction*, Springer, Cham, 2015, pp. 657 – 660.

James, K., & Rimes, K. A., "Mindfulness – based Cognitive Therapy Versus Pure Cognitive Behavioral Self – help for Perfectionism: A Pilot Randomized Study", *Mindfulness*, Vol. 9, No. 3, 2018, pp. 801 – 814.

Jang, H. B., Huang, J. X., Zhang, B., Guo, Y., Sun, S. H., & Wang, C., "Relationship between Personality Traits, Emotional Regulation Self – efficacy and Mobile Phone Dependence", *Modern Preventive Medicine*, Vol. 45, No. 14, 2018, pp. 98 – 101.

Jang, S. H., & Park, Y. J., "Therelations Among Teenagers' Mental Health, Self – control, and Self – esteem According to Their Mobile Phone Addiction", *The Journal of Korean Education Forum*, Vol. 8, No. 3, 2009, pp. 25 – 41.

Jenaro, C., Flores, N., Gómez‐Vela, M., González‐Gil, F., & Caballo, C., "Problematic Internet and Cell‐phone Use: Psychological, Behavioral, and Health Correlates", *Addiction Research & Theory*, Vol. 15, No. 3, 2007, pp. 309 – 320.

Jeong, S., Kim, H., Yum, J., & Hwang, Y., "What Type of Content are Smartphone Users Addicted to? SNS vs. Games", *Computers in Human Behavior*, Vol. 54, 2016, pp. 10 – 17.

Jiang, Q., Li, Y., & Shypenka, V., "Loneliness, Individualism, and Smartphone Addiction Among International Students in China", *Cyberpsychology, Behavior, and Social Networking*, Vol. 21, No. 11, 2018, pp. 711 – 718.

Jin, T. L., Lu, G. Z., Zhang, L., Wu, Y. T. N., & Jin, X. Z., "The Effect of Violent Exposure on Online Aggressive Behavior of College Students: The Role of Ruminative Responses and Internet Moral", *Acta Psychologica Sinica*, Vol. 50, No. 9, 2018, pp. 127 – 136.

Joël Billieux, Linden, M. V. D., & Rochat, L., "The Role of Impulsivity in Actual and Problematic Use of the Mobile Phone", *Applied Cognitive Psychology*, Vol. 22, No. 9, 2008, pp. 1195 – 1210.

Jun, S., "The Reciprocal Longitudinal Relationships between Mobile Phone Addiction and Depressive Symptoms Among Korean Adolescents", *Computers in Human Behavior*, Vol. 58, 2016, pp. 179 – 186.

Junco, R., & Cotten, S. R., "Perceived Academic Effects of Instant Messaging Use", *Computers & Education*, Vol. 56, No. 2, 2011, pp. 370 – 378.

Kamibeppu, K., & Sugiura, H., "Impact of the Mobile Phone on Junior High‐school Students' Friendships in the Tokyo Metropolitan Area", *Cyberpsychology & Behavior*, Vol. 8, No. 2, 2005, pp. 121 – 130.

Kang, J. H., Park, R. Y., Lee, S. J., Kim, J. Y., Yoon, S. R., & Jung, K. I., "The Effect of the Forward Head Posture on Postural Balance in Long Time Computer Based Worker", *Annals of Rehabilitation Medicine*, Vol. 36, No. 1, 2012, pp. 98 – 104.

Kardefelt – Winther, D., "A Conceptual and Methodological Critique of Internet Addiction Research: Towards a model of Compensatory Internet use", *Computers in Human Behavior*, Vol. 31, 2014, pp. 351 – 354.

Karing, C., & Beelmann, A., "Cognitive Emotional Regulation Strategies: Potential Mediators in the Relationship between Mindfulness, Emotional Exhaustion, and Satisfaction?", *Mindfulness*, No. 2, 2018, pp. 1 – 10.

Katelyn Y. A. McKenna, Amie S. Green, & Marci E. J. Gleason., "Relationship formation on the internet: what's the big attraction?", *Journal of Social Issues*, Vol. 58, No. 1, 2002, pp. 9 – 31.

Kaupová, Kateina, & Blinka, L., "Interpersonal Dependency and Online Gaming Addiction", *Journal of Behavioral Addictions*, Vol. 5, No. 1, 2016, PP. 108 – 114.

Kayiş, A. R., Satici, S. A., Yilmaz, M. F., Şimşek, D., Ceyhan, E., & Bakioğlu, F., "Big Five – personality Trait and Internet Addiction: A Meta – analytic Review", *Computers in Human Behavior*, Vol. 63, 2016, pp. 35 – 40.

Kim, D., Lee, Y., Lee, J., Nam, J. K., & Chung, Y., "Development of Korean Smartphone Addiction Proneness Scale for Youth", *PloS ONE*, Vol. 9, No. 5, 2014, e97920.

Kim, E., & Koh, E., "Avoidant Attachment and Smartphone Addiction in College Students: The Mediating Effects of Anxiety and Self – esteem", *Computers in Human Behavior*, Vol. 84, 2018, pp. 264 – 271.

Kim, H., "Exercise Rehabilitation for Smartphone Addiction", *Journal of Exercise Rehabilitation*, Vol. 9, No. 6, 2013, pp. 500 – 505.

Kim, I., Kim, R., Kim, H., Kim, D., Han, K., Lee, P. H., et al., "Understanding Smartphone Usage in College Classrooms: A Long – term Measurement Study", *Computers & Education*, Vol. 141, 2019, p. 103611.

Kim, J. H., "Currents in Internet Addiction", *Journal of the Korean Medical Association*, Vol. 49, No. 3, 2006, pp. 202 – 208.

Kim, J. H., "Smart Phone – mediated Communication vs. Face – to – face Interaction: Two Routes to Social Support and Problematic Use of Smart

Phone", *Computers in Human Behavior*, Vol. 67, 2017, pp. 282 – 291.

Kim, R., Lee, K. J., & Choi, Y. J., "Mobile Phone Overuse Among Elementary School Students in Korea: Factors Associated with Mobile Phone Use as a Behavior Addiction", *Journal of Addictions Nursing*, Vol. 26, No. 2, 2015, pp. 81 – 85.

Kim, S. E., Kim, J. W., & Jee, Y. S., "Relationship between Smartphone Addiction and Physical Activity in Chinese International Students in Korea", *Journal of Behavioral Addictions*, Vol. 4, No. 3, 2015, pp. 200 – 205.

King, A. L. S., Valença, Alexandre M., & Nardi, A. E., "Nomophobia: The Mobile Phone in Panic Disorder with Agoraphobia: Reducing Phobias or Worsening of Dependence?", *Cognitive and Behavioral Neurology*, Vol. 23, No. 1, 2010, pp. 52 – 64.

Ko, C. H., Yen, J. Y., Yen, C. F., Chen, C. S., Lin, W. C., Wang, P. W., et al., "Brain Activation Deficit in Increased – load Working Memory Tasks Among Adults with ADHD Using fMRI", *European Archives of Psychiatry and Clinical Neuroscience*, Vol. 263, No. 7, 2013, pp. 561 – 573.

Koob, G. F., & Schulkin, J., "Addiction and Stress: An Allostatic View", *Neuroscience and Biobehavioral Reviews*, Vol. 106, 2019, pp. 245 – 262.

Koster, E., Lissnyder, E. D., Derakshan, N., & Raedt, R. D., "Understanding Depressive Rumination from a Cognitive Science Perspective: The Impaired Disengagement Hypothesis", *Clinical Psychology Review*, Vol. 31, No. 1, 2011, pp. 138 – 145.

Kraut, R., Kiesler, S., Boneva, B., Cummings, J., Helgeson, V., & Crawford, A., "Internet Paradox Revisited", *Journal of Social Issues*, Vol. 58, No. 1, 2002, pp. 49 – 74.

Kraut, R., Patterson, M., Lundmark, V., Kiesler, S., Mukophadhyay, T., & Scherlis, W., "Internet Paradox: A Social Technology That Reduces Social Involvement and Psychological Well – being?", *American Psychologist*, Vol. 53, No. 9, 1998, p. 1017.

Kuhn, E., Kanuri, N., Hoffman, J. E., Garvert, D. W., & Taylor, C. B., "A Randomized Controlled Trial of a Smartphone App for Posttraumatic Stress Disorder Symptoms", *Journal of Consulting and Clinical Psychology*, Vol. 85, No. 3, 2017, pp. 267 – 273.

Kuss, D. J., & Griffiths, M. D., "Online Social Networking and Addiction—A Review of the Psychological Literature", *International Journal of Environmental Research and Public Health*, Vol. 8, No. 9, 2011, pp. 3528 – 3552.

Kwak, D., & Kim, W., "Understanding the Process of Social Network Evolution: Online – offline Integrated Analysis of Social tie Formation", *PLoS ONE*, Vol. 12, No. 5, 2017, e0177729.

Kwon, M., Kim, D. J., Cho, H., & Yang, S., "The Smartphone Addiction Scale: Development and Validation of a Short Version for Adolescents", *PLoS ONE*, Vol. 8, No. 12, 2013.

Kwon, M., Lee, J. Y., Won, W. Y., Park, J. W., Min, J. A., Hahn, C., et al., "Development and Validation of a Smartphone Addiction Scale (SAS)", *PLoS ONE*, Vol. 8, No. 2, 2013, e56936.

Lanza, S. T., & Rhoades, B. L., "Latent Class Analysis: An Alternative Perspective on Subgroup Analysis in Prevention and Treatment", *Prevention Science*, Vol. 14, No. 2, 2013, pp. 157 – 168.

Lawrence, H. R., Haigh, E. A. P., Siegle, G. J., & Schwartz – Mette, R. A., "Visual and Verbal Depressive Cognition: Implications for the Rumination – depression Relationship", *Cognitive Therapy & Research*, 2018, pp. 1 – 15.

Lee, B., Kaya, C., Chen, X., Wu, J. – R., Iwanaga, K., Umucu, E., et al., "The Buffering Effect of Character Strengths on Depression: The Intermediary Role of Perceived Stress and Negative Attributional Style", *European Journal of Health Psychology*, Vol. 26, No. 3, 2019, pp. 101 – 109.

Lee, S., Kim, H. J., Choi, H. G., & Yoo, Y. S., "Smartphone Addiction and Interpersonal Competence of Nursing Students", *Iranian Journal of Public Health*, Vol. 47, No. 3, 2018, pp. 342 – 348.

Lee, Y. K., Chang, C. T., Lin, Y., & Cheng, Z. H., "The Dark Side of Smartphone Usage: Psychological Traits, Compulsive Behavior and Technostress", *Computers in Human Behavior*, Vol. 31, 2014, pp. 373 – 383.

Lee, J. Y., Yoo, J., & Heo, G., "Theeffects of Gender, Self – esteem, and Self – control on the Smartphone Addiction in University Students", *Journal of the Korean Data Analysis Society*, Vol. 16, No. 3, 2014, pp. 1557 – 1566.

Lengua, L. J., Bush, N. R., Long, A. C., Kovacs, E. A., & Trancik, A. M., "Effortful Control as a Moderator of the Relation between Contextual Risk and Growth in Adjustment Problems", *Development & Psychopathology*, Vol. 20, No. 2, 2008, pp. 509 – 528.

Lerner, R. M., Lerner, J. V., Almerigi, J., & Theokas, C., "Dynamics of Individual – context Relations in Human Development: A Developmental Systems Perspective", In J. Thomas & D. Siegel (eds.), *Comprehensive Handbook of Personality and Psychopathology*, New York, NY: John Wiley, 2006, pp. 23 – 43.

Leung, & Louis., "Linking Psychological Attributes to Addiction and Improper Use of the Mobile Phone Among Adolescents in Hong Kong", *Journal of Children & Media*, Vol. 2, No. 2, 2008, pp. 93 – 113.

Levine, J. A., Cohen, S., Harkin, P., Guydish, J., Sorensen, J., & Masson, C. L., "Acceptability of a Mobile Phone Based Hepatitis Cintervention", *Drug and Alcohol Dependence*, Vol. 156, 2015, e127.

Li, L., Niu, Z. M., & Mei, S. L., "The Mindfulness Cognitive Behavioral Group Therapy of Medical Student's Martphone Addiction in Group Counseling Course", *China Higher Medical Education*, Vol. 5, 2017, pp. 37 – 38.

Li, M., Jiang, X., & Ren, Y., "Mediator Effects of Positive Emotions on Social Support and Depression Among Adolescents Suffering from Mobile Phone Addiction", *Psychiatria Danubina*, Vol. 29, No. 2, 2017, pp. 207 – 213.

Lian, L., You, X., Huang, J., & Yang, R., "Who Overuses Smartphones? Roles of Virtues and Parenting Style in Smartphone Addiction Among Chinese College Students", *Computers in Human Behavior*, Vol. 65, 2016, pp. 92 – 99.

Lian, S. L., Liu, Q. Q., Sun, X. J., & Zhou, Z. K., "Mobile Phone Addiction and College Students' Procrastination: Analysis of a Moderated Mediation Model", *Psychological Development and Education*, Vol. 34, No. 5,

2018, pp. 85 – 94.

Liao, Y. Q., Ye, B. J., Jin, P., Xu, Q., & Li, A. M., "The Effect of Resilience on Mobile Phone Addiction Among Minority Preparatory Students in Han District: Moderated Mediating Effect", *Psychological Development and Education*, Vol. 33, No. 4, 2017, pp. 487 – 495.

Lin, Y. H., Chang, L. R., Lee, Y. H., Tseng, H. W., Kuo, T. B., & Chen, S. H., "Development and Validation of the Smartphone Addiction Inventory (SPAI)", *PLoS ONE*, Vol. 9, No. 6, 2014.

Lipsey, M. W., & Wilson, D. B., "The Way in Which Intervention Studies have 'personality' and why it is Important to Meta – analysis", *Evaluation & the Health Professions*, Vol. 24, No. 3, 2001, pp. 236 – 254.

Lisle, S. M. D., Dowling, N. A., & Allen, J. S., "Mindfulness and Problem Gambling: A Review of the Literature", *Journal of Gambling Behavior*, Vol. 28, No. 4, 2012, pp. 719 – 739.

Liu, Q. Q., Zhou, Z. K., Niu, G. F., & Fan, C. Y., "Mobile Phone Addiction and Sleep Quality in Adolescents: Mediation and Moderation Analyses", *Acta Psychologica Sinica*, Vol. 49, No. 12, 2017, pp. 1524 – 1536.

Liu, Q. Q., Zhou, Z. K., Yang, X. J., Kong, F. C., Niu, G. F., & Fan, C. Y., "Mobile Phone Addiction and Sleep Quality Among Chinese Adolescents: A Moderated Mediation Model", *Computers in Human Behavior*, Vol. 72, 2017, pp. 108 – 114.

Livingstone, S., & Helsper, E. J., "Parental Mediation of Children's Internet Use", *Journal of Broadcasting & Electronic Media*, Vol. 52, No. 4, 2008, pp. 581 – 599.

Long, J., Liu, T. Q., Liao, Y. H., Qi, C., He, H. Y., Chen, S. B., et al., "Prevalence and Correlates of Problematic Smartphone Use in a Large Random Sample of Chinese Undergraduates", *BMC Psychiatry*, Vol. 16, No. 1, 2016, pp. 408 – 413.

Lookout., *Mobile Mindset Study*, Retrieved 3rd of February, 2017, from https: //www. lookout. Com/static/ee _ images/lookout – mobile – mindset – 2012. pdf.

Lopez – Fernandez, O., "Short Version of the Smartphone Addiction Scale Adapted to Spanish and French: Towards a Cross – cultural Research in Problematic Mobile Phone Use", *Addictive Behaviors*, Vol. 64, 2015, pp. 275 – 280.

Lopez – Fernandez, O., Honrubia – Serrano, L., Freixa – Blanxart, M., & Gibson, W., "Prevalence of Problematic Mobile Phone Use in British Adolescents", *Cyberpsychology, Behavior and Social Networking*, Vol. 17, No. 2, 2014, pp. 91 – 98.

Lu, X., Watanabe, J., Liu, Q., Uji, M., Shono, M., & Kitamura, T., "Internet and Mobile Phone Text – messaging Dependency: Factor Structure and Correlation with Dysphoric Mood Among Japanese Adults", *Computers in Human Behavior*, Vol. 27, No. 5, 2011, pp. 1702 – 1709.

Luberto, C. M., Magidson, J. F., & Blashill, A. J., "A Case Study of Individually Delivered Mindfulness – based Cognitive Behavioral Therapy for Severe Health Anxiety", *Cognitive and Behavioral Practice*, Vol. 24, No. 4, 2017, pp. 484 – 495.

Lubke, G., & Muthén, Bengt O., "Performance of Factor Mixture Models as a Function of Model Size, Covariate Effects, and Class – specific Parameters", *Structural Equation Modeling A Multidisciplinary Journal*, Vol. 14, No. 14, 2007, pp. 26 – 47.

Luigi Gallimberti, Alessandra Buja, Sonia Chindamo, Andrea Rabensteiner, & Vincenzo Baldo., "Problematic Use of Video Games and Substance Abuse in Early Adolescence: A Cross – sectional Study", *American Journal of Health Behavior*, Vol. 40, No. 5, 2016, pp. 594 – 603.

Luijten, M., Schellekens, A. F., Kühn, Simone, Machielse, M. W. J., & Sescousse, G., "Disruption of Reward Processing in Addiction", *JAMA Psychiatry*, Vol. 74, No. 4, 2017, pp. 387 – 394.

Manicavasgar, V., Parker, G., & Perich, T., "Mindfulnessbased Cognitive Therapy vs Cognitive Behaviour Therapy as a Treatment for Non – melancholic Depression", *Journal of Affective Disorders*, Vol. 130, No. 12, 2011, pp. 138 – 144.

Maras, S., "Communication and Social Capital Theory: A Preliminary Discussion", *Clinical Genetics*, Vol. 50, No. 5, 2018, pp. 426 – 435.

Martinotti, G., Villella, C., Di Thiene, D., Di Nicola, M., Bria, P., Conte, G., et al., "Problematic Mobile Phone Use in Adolescence: A Cross – sectional Study", *Journal of Public Health*, Vol. 19, No. 6, 2011, pp. 545 – 551.

Maslow, A. H., "A Theory of Human Motivation", *Psychological Review*, Vol. 50, No. 4, 1943, pp. 370 – 375.

Mazzer, K., Boersma, K., & Linton, S. J., "A Longitudinal View of Rumination, Poor Sleep and Psychological Distress in Adolescents", *Journal of Affective Disorders*, Vol. 245, 2019, pp. 686 – 696.

Mckenna, K. Y. A., Green, A. S., & Gleason, M. E. J., "Relationship Formation on the Internet: What's the Big Attraction?", *Journal of Social Issues*, Vol. 58, No. 1, 2002, pp. 9 – 31.

McKenna, K. Y., & Bargh, J. A., "Plan 9 from Cyberspace: The Implications of the Internet for Personality and Social Psychology", *Personality and Social Psychology Review*, Vol. 4, No. 1, 2000, pp. 57 – 75.

Mei, S., Xu, G., Gao, T., Ren, H., & Li, J., "The Relationship between College Students' Alexithymia and Mobile Phone Addiction: Testing Mediation and Moderation Effects", *BMC Psychiatry*, Vol. 18, No. 1, 2018, pp. 1 – 7.

Mesurado, Belén, Vidal, E. M., & Mestre, A. L., "Negative Emotions and Behaviour: The Role of Regulatory Emotional Self – efficacy", *Journal of Adolescence*, Vol. 64, 2018, pp. 62 – 71.

Michl, L. C., Mclaughlin, K. A., Shepherd, K., & Nolen – Hoeksema, S., "Rumination as a Mechanism Linking Stressful Life Events to Symptoms of Depression and Anxiety: Longitudinal Evidence in Early Adolescents and Adults", *Journal of Abnormal Psychology*, Vol. 122, No. 2, 2013, pp. 339 – 352.

Milani, L., Torre, G. L., Fiore, M., Grumi, S., Gentile, D. A., Ferrante, M., et al., "Internet Gaming Addiction in Adolescence: Risk Factors and Maladjustment Correlates", *International Journal of Mental Health & Addiction*, Vol. 16, No. 15, 2017, pp. 1 – 17.

Mills, A. C., Grant, D. M., Judah, M. R., White, E. J., Taylor, D. L., & Frosio, K. E., "Trait Attentional Control Influences the Relationship between Repetitive Negative Thinking and Psychopathology Symptoms", *Psychiatry Research*, Vol. 238, 2016, pp. 277 – 283.

Min, K., Joon – Yeop, L., Wang – Youn, W., Jae – Woo, P., Jung – Ah, M., Changtae, H., et al., "Development and Validation of a Smartphone Addiction Scale (SAS)", *PLoS ONE*, Vol. 8, No. 2, 2013, e56936.

Miranda, R., Tsypes, A., Gallagher, M., & Rajappa, K., "Rumination and Hopelessness as Mediators of the Relation between Perceived Emotion Dysregulation and Suicidal Ideation", *Cognitive Therapy & Research*, Vol. 122, 2013, pp. 339 – 352.

Mønsted, B., Mollgaard, A., & Mathiesen, J., "Phone – based Metric as a Predictor for Basic Personality Traits", *Journal of Research in Personality*, Vol. 74, 2018, pp. 16 – 22.

Montag, C., & Walla, P., "Carpe Diem Instead of Losing Your Social Mind: Beyond Digital Addiction and why We all Suffer from Digital Overuse", *Cogent Psychology*, Vol. 3, No. 1, 2016, p. 1157281.

Montag, C., Błaszkiewicz, K., Sariyska, R., Lachmann, B., Andone, I., Trendafilov, B., et al., "Smartphone Usage in the 21st Century: Who is Active on WhatsApp?", *BMC Research Notes*, Vol. 8, No. 1, 2015, p. 331.

Moon, J. H., Lee, M. Y., & Moon, N. J., "Association between Video Display Terminal Use and Dry Eye Disease in School Children", *Journal of Pediatric Ophthalmology and Strabismus*, Vol. 51, No. 2, 2014, pp. 87 – 92.

Morgan, L. L., Kesari, S., & Davis, D. L., "Why Children Absorb More Microwave Radiation Than Adults: The Consequences", *Journal of Microscopy and Ultrastructure*, Vol. 2, No. 4, 2014, pp. 197 – 204.

Morris, M., & Ogan, C., "The Internet as Mass Medium", *Journal of Computer – Mediated Communication*, Vol. 1, No. 4, 1996, JCMC141.

Mourra, G. N., Senecal, S., Fredette, M., Lepore, F., Faubert, J.,

Bellavance, F., et al., "Using a Smartphone While Walking: The Cost of Smartphone - addiction Proneness", *Addictive Behaviors*, Vol. 106, 2020, 106346.

Murdock, K. K., Gorman, S., & Robbins, M., "Co - rumination Via Cellphone Moderates the Association of Perceived Interpersonal Stress and Psychosocial Well - being in Emerging Adults", *Journal of Adolescence*, Vol. 38, No. 1, 2015, pp. 27 - 37.

Nolen - Hoeksema, S., & Lyubomirsky, W. S., "Rethinking Rumination", *Perspectives on Psychological Science*, Vol. 3, No. 5, 2008, pp. 400 - 424.

Nolen - Hoeksema, S., & Morrow, J., "A Prospective Study of Depression and Posttraumatic Stress Symptoms after a Natural Disaster: The 1989 Loma Prieta Earthquake", *Journal of Personality and Social Psychology*, Vol. 61, No. 1, 1991, pp. 115 - 121.

Nolen - hoeksema, S., Wisco, B. E., & Lyubomirsky, S., "Rethinking Rumination", *Perspectives on Psychological Science A Journal of the Association for Psychological Science*, Vol. 3, No. 5, 2008, pp. 400 - 424.

Nunnally, J. C., *Psychometric Theory* (2nd ed.), New York: McGraw - Hill.

Nylund, K. L., Asparouhov, T., & Muthén, Bengt O., "Deciding on the Number of Classes in Latent Class Analysis Andgrowth Mixture Modeling: A Monte Carlo Simulation Study", *Structural Equation Modeling A Multidisciplinary Journal*, Vol. 14, No. 4, 2007, pp. 535 - 569.

O'Connor, S. S., Whitehill, J. M., King, K. M., Kernic, M. A., Boyle, L. N., Bresnahan, B. W., et al., "Compulsive Cell Phone Use and History of Motor Vehicle Crash", *The Journal of Adolescent Health: Official Publication of the Society for Adolescent Medicine*, Vol. 53, No. 4, 2013, pp. 512 - 519.

Oksman, V., & Turtiainen, J., "Mobile Communication as a Social Stage: Meanings of Mobile Communication in Everyday Life Among Teenagers in Finland", *New Media & Society*, Vol. 6, No. 3, 2004, pp. 319 - 339.

Ollendick, T. H., & Hirshfeldbecker, D. R., "The Developmental Psychopathology of Social Anxiety Disorder", *Biological Psychiatry*, Vol. 51, No. 1, 2002, pp. 44 – 58.

Orchard, L. J., & Fullwood, C., "Current Perspectives on Personality and Internet Use", *Social Science Computer Review*, Vol. 28, No. 2, 2010, pp. 155 – 169.

Oulasvirta, A., Rattenbury, T., Ma, L., & Raita, E., "Habits Make Smartphone Use More Pervasive", *Personal & Ubiquitous Computing*, Vol. 16, No. 1, 2012, pp. 105 – 114.

Overton, P. G., Markland, F. E., Taggart, H. S., Bagshaw, G. L., & Simpson, J., "Self – disgust Mediates the Relationship between Dysfunctional Cognitions and Depressive Symptomatology", *Emotion*, Vol. 8, No. 3, 2008, p. 379.

Park, J., Kim, J., Kim, J., Kim, K., Kim, N., Choi, I., et al., "The Effects of Heavy Smartphone Use on the Cervical Angle, Pain Threshold of Neck Muscles and Depression", *Advanced Science and Technology Letters*, Vol. 91, 2015, pp. 12 – 17.

Pawlikowski, M., Nader, I. W., Burger, C., Stieger, S., & Brand, M., "Pathological Internet Use—It is a Multidimensional and Not a Unidimensional Construct", *Addiction Research & Theory*, Vol. 22, No. 2, 2014, pp. 166 – 175.

Peele, S., *The Meaning of Addiction: Compulsive Experience and Its Interpretation*, Lexington Books/DC Heath and Com, 1985.

Phillips, J. G., Butt, S., & Blaszczynski, A., "Personality and Self—Reported Use of Mobile Phones for Games", *Cyberpsychology & Behavior*, Vol. 9, No. 6, 2006, pp. 753 – 758.

Podsakoff, P. M., Mackenzie, S. B., Lee, J. Y., & Podsakoff, N. P., "Common Method Biases in Behavioral Research: A Critical Review of the Literature and Recommended Remedies", *Journal of Applied Psychology*, Vol. 88, No. 5, 2003, pp. 879 – 903.

Potembska, E., & Pawlowska, B. A., "P – 77 – symptoms of Mobile Phone Addiction in Polish Adolescents at Risk and at no Risk of Internet Addiction", *European Psychiatry*, Vol. 27 (suppl.), 2012, pp. 1 – 2.

Qualter, P., Brown, S. L., Munn, P., & Rotenberg, K. J., "Childhood Loneliness as a Predictor of Adolescent Depressive Symptoms: An 8 – Year Longitudinal Study", *European Child & Adolescent Psychiatry*, Vol. 19, No. 6, 2010, pp. 493 – 501.

Radloff, L. S., "The CES – D Scale: A Self – report Depression Scale for Research in the General Population", *Applied Psychological Measurement*, Vol. 1, No. 3, 1977, pp. 385 – 401.

Redmayne, M., Smith, E., & Abramson, M. J., "Adolescent in – School Cellphone Habits: A Census of Rules, Survey of Their Effectiveness, and Fertility Implications", *Reproductive Toxicology*, Vol. 32, No. 3, 2011, pp. 354 – 359.

Repacholi, M. H., "Health Risks from the Use of Mobile Phones", *Toxicology Letters*, Vol. 120, No. 1 – 3, 2001, pp. 323 – 331.

Richter, P., & Ramos, R. T., "Obsessive – compulsive Disorder", *Continuum Lifelong Learning in Neurology*, Vol. 24, No. 3, 2018, pp. 55 – 69.

Roberts, J. A., & David, M. E., "My Life has Become a Major Distraction from My Cell Phone: Partner Phubbing and Relationship Satisfaction Among Romantic Partners", *Computers in Human Behavior*, Vol. 54, 2016, pp. 134 – 141.

Roberts, J. A., Pullig, C., & Manolis, C., "I Need My Smartphone: A Hierarchical Model of Personality and Cell – phone Addiction", *Personality and Individual Differences*, Vol. 79, 2015, pp. 13 – 19.

Roberts, J. A., & David, M. E., "My Life Has Become a Major Distraction from My Cell Phone: Partner Phubbing and Relationship Satisfaction Among Romantic Partners", *Computers in Human Behavior*, Vol. 54, 2016, pp. 134 – 141.

Roberts, J. A., & Pirog, S. F., "A Preliminary Investigation of Materialism and Impulsiveness as Predictors of Technological Addictions Among Young Adults", *Journal of Behavioral Addictions*, Vol. 2, No. 1, 2012, pp. 56 – 62.

Roberts, J. A., Pullig, C., & Manolis, C., "I Needmy Smartphone: A

Hierarchical Model of Personality and Cellphone Addiction", *Personality and Individual Differences*, Vol. 79, 2015, pp. 13 – 19.

Roberts, J. A., Yaya, L. H. P., & Manolis, C., "The Invisible Addiction: Cell – phone Activities and Addiction Among Male and Female College Students", *Journal of Behavioral Addictions*, Vol. 3, 2014, pp. 254 – 265.

Rodríguez, C., & Church, A. T., "The Structure and Personality Correlates of Affect in Mexico: Evidence of Cross – cultural Comparability Using the Spanish Language", *Journal of Cross – Cultural Psychology*, Vol. 34, No. 2, 2003, pp. 211 – 230.

Roh, D., Bhang, S. Y., Choi, J. S., Yong, S. K., Lee, S. K., & Potenza, M. N., "The Validation of Implicit Association Test Measures for Smartphone and Internet Addiction in at – Risk Children and Adolescents", *Journal of Behavioral Addictions*, Vol. 7, No. 1, 2018, pp. 1 – 9.

Roos, C. R., Kiluk, B. D., McHugh, R. K., & Carroll, K. M., Evaluating a Longitudinal Mediation Model of Perceived Stress, Depressive Symptoms, and Substance Use Treatment Outcomes, Psychology of Addictive Behaviors, Advance Online Publication, 2020.

Roschelle, J. M., Pea, R. D., Hoadley, C. M., Gordin, D. N., & Means, B. M., "Changing How and What Children Learn in School with Computer – based Technologies", *The Future of Children*, 2000, pp. 76 – 101.

Rosen, P. J., Epstein, J. N., & Van Orden, G., "I Know it When I Quantify it: Ecological Momentary Assessment and Recurrence Quantification Analysis of Emotion Dysregulation in Children with ADHD", *ADHD Attention Deficit and Hyperactivity Disorders*, Vol. 5, No. 3, 2013, pp. 283 – 294.

Rueger, S. Y., Malecki, C. K., Pyun, Y., Aycock, C., & Coyle, S., "A Meta – analytic Review of the Association between Perceived Social Support and Depression in Childhood and Adolescence", *Psychological Bulletin*, Vol. 142, No. 10, 2016, pp. 1017.

Russell, D. W., "UCLA Loneliness Scale (Version 3): Reliability, Validity, and Factor Structure", *Journal of Personality Assessment*, Vol. 66, No. 1, 1996, pp. 20 – 40.

Russell, D., Letitia A. Peplau, & Carolyn E., "The Revised Ucla Loneliness Scale: Concurrent and Discriminate Validity Evidence", *Journal of Personality & Social Psychology*, Vol. 39, No. 39, 1980, pp. 472–480.

Sahin, S., Ozdemir, K., Unsal, A., & Temiz, N., "Evaluation of Mobile Phone Addiction Level and Sleep Quality in University Students", *Pakistan Journal of Medical Sciences*, Vol. 29, No. 4, 2013, pp. 913–918.

Salehan, M., & Negahban, A., "Social Networking on Smartphones: When Mobile Phones Become Addictive", *Computers in Human Behavior*, Vol. 29, No. 6, 2013, pp. 2632–2639.

Samaha, M., & Hawi, N. S., "Relationships Among Smartphone Addiction, Stress, Academic Performance, and Satisfaction with Life", *Computers in Human Behavior*, Vol. 57, 2016, pp. 321–325.

Sandström, M., Wilen, J., Hansson Mild, K., & Oftedal, G., "Mobile Phone Use and Subjective Symptoms. Comparison of Symptoms Experienced by Users of Analogue and Digital Mobile Phones", *Occupational Medicine*, Vol. 51, No. 1, 2001, pp. 25–35.

Sarwar, M., & Soomro, T. R., "Impact of Smartphones on Society", *European Journal of Scientific Research*, Vol. 98, No. 2, 2013, pp. 216–226.

Schoeni, A., Roser, K., & Röösli, M., "Symptoms and Cognitive Functions Inadolescents in Relation to Mobile Phone Use During Night", *PLoS ONE*, Vol. 10, No. 7, 2015, e0133528.

Schwartz, S. J., Hardy, S. A., Zamboanga, B. L., Meca, A., Waterman, A. S., Picariello, S., et al., "Identity in Young Adulthood: Links with Mental Health and Risky Behavior", *Journal of Applied Developmental Psychology*, Vol. 36, 2015, pp. 39–52.

Seki, T., Hamazaki, K., Natori, T., & Inadera, H., "Relationship between Internet Addiction and Depression Among Japanese University Students", *Journal of Affective Disorders*, Vol. 256, 2019, pp. 668–672.

Selby, E. A., Fehling, K. B., Panza, E. A., & Kranzler, A., "Rumination, Mindfulness, and Borderline Personality Disorder Symptoms", *Mindfulness*, Vol. 7, No. 1, 2016, pp. 228–235.

Seo, D. G., Park, Y., Kim, M. K., & Park, J., "Mobile Phone Dependency and Its Impacts on Adolescents' Social and Academic Behaviors", *Computers in Human Behavior*, Vol. 63, 2016, pp. 282 – 292.

Shambare, R., Rugimbana, R., & Zhowa, T., "Are Mobile Phones the 21st Century Addiction?", *African Journal of Business Management*, Vol. 6, No. 2, 2012, p. 573.

Shaver, P. R., Lavy, S., Saron, C. D., & Mikulincer, M., "Social Foundations of the Capacity for Mindfulness: An Attachment Perspective", *Psychological Inquiry*, Vol. 18, No. 4, 2007, pp. 264 – 271.

Shonin, E., Van Gordon, W., & Griffifiths, M. D., "Are There Risks Associated with Using Mindfulness for the Treatment of Psychopathology?", *Clinical Practice*, Vol. 11, No. 4, pp. 389 – 392.

Shrivastava, A., & Saxena, Y., "Effect of Mobile Usage on Serum Melatonin Levels Among Medical Students", *Indian Journal of Physiology and Pharmacology*, Vol. 58, No. 4, 2014, pp. 395 – 399.

Sindermann, C., Markett, S., Jung, S., & Montag, C., "Genetic Variation of Comt Impacts Mindfulness and Self – reported Everyday Cognitive Failures but not Self – rated Attentional Control", *Mindfulness*, Vol. 9, No. 1, 2018, pp. 1 – 7.

Smetaniuk, P., "A Preliminary Investigation into the Prevalence and Prediction of Problematic Cell Phone Use", *Journal of Behavioral Addictions*, Vol. 3, No. 1, 2014, pp. 41 – 53.

Smetaniuk, P. A., "Preliminary Investigation into the Prevalence and Prediction of Problematic Cell Phone Use", *Journal of Behavioral Addictions*, Vol. 3, No. 1, 2014, p. 41.

Smith, J. M., & Alloy, L. B., "A Roadmap to Rumination: A Review of the Definition, Assessment, and Conceptualization of this Multifaceted Construct", *Clinical Psychology Review*, Vol. 29, No. 2, 2009, pp. 116 – 128.

Son, C., "Effects of Mindfulness – based Cognitive Therapy on Internet Addiction Level, Anxiety, and Stress in College Students with Internet Addiction", *Korean Journal of Clinical Psychology*, Vol. 30, No. 4, 2011, pp. 825 – 843.

Soni, R., Upadhyay, R., & Jain, M., "Prevalence of Smart Phone Addiction, Sleep Quality and Associated Behaviour Problems in Adolescents", *International Journal of Research in Medical Sciences*, Vol. 5, No. 2, 2017, pp. 515 – 519.

Spaniardi, A. M., Saenger, R. C., Walkup, J. T., & Borcherding, B., "Comorbidity of ADHD with Anxiety Disorders and Obsessive Compulsive Disorder", *In Moodiness in ADHD*, Springer, Cham, 2018, pp. 39 – 54.

Steel, P., Brothen, T., & Wambach, C., "Procrastination and Personality, Performance, and Mood", *Personality and Individual Differences*, Vol. 30, No. 1, 2001, pp. 95 – 106.

Stevenson, J. C., Emerson, L. M., & Millings, A., "The Relationship between Adult Attachment Orientation and Mindfulness: A Systematic Review and Meta – analysis", *Mindfulness*, Vol. 8, No. 6, 2017, pp. 1438 – 1455.

Suler, J., "The Online Disinhibition Effect", *Cyberpsychology & Behavior*, Vol. 7, No. 3, 2004, pp. 321 – 326.

Tambekar, D., Gulhane, P., Dahikar, S., & Dudhane, M., "Nosocomial Hazards of Doctor's Mobile Phones in Hospitals", *Journal of Medical Sciences*, Vol. 8, No. 1, 2008, pp. 73 – 76.

Thomée, S., Härenstam, A., & Hagberg, M., "Mobilephone Use and Stress, Sleep Disturbances, and Symptoms of Depression Among Young Adults—A Prospective Cohort Study", *BMC Public Health*, Vol. 11, No. 1, 2011, p. 66.

Thomsen, D. K., Mehlsen, M. Y., Christensen, S., & Zachariae, R., "Rumination—relationship with Negative Mood and Sleep Quality", *Personality and Individual Differences*, Vol. 34, No. 7, 2003, pp. 1293 – 1301.

Toda, M., Monden, K., Kubo, K., & Morimoto, K., "Cellular Phone Dependence Tendency of Female University Students", *Japanese Journal of Hygiene*, Vol. 59, No. 4, 2004, pp. 383 – 386.

Tosun, N., "The Effect of The Internet and Mobile Phones on the Habit of Teacher Candidates' Using Turkish Language as Written Language", *Procedia – *Social and Behavioral Sciences*, Vol. 55, 2012, pp. 766 – 775.

Tousignant, O. H., Taylor, N. D., Suvak, M. K., & Fireman, G. D., "Effects of Rumination and Worry on Sleep", *Behavior Therapy*, Vol. 50, No. 3, 2019, pp. 558 – 570.

Treynor, W., Gonzalez, R., & Nolen – Hoeksema, S., "Rumination Reconsidered: A Psychometric Analysis", *Cognitive Therapy and Research*, Vol. 27, No. 3, 2003, pp. 247 – 259.

Ulger, F., Esen, S., Dilek, A., Yanik, K., Gunaydin, M., & Leblebicioglu, H., "Are We Aware How Contaminated Our Mobile Phones with Nosocomial Pathogens?", *Annals of Clinical Microbiology and Antimicrobials*, Vol. 8, No. 1, 2009, p. 7.

Vahedi, Z., & Saiphoo, A., "The Association between Smartphone Use, Stress, and Anxiety: A Meta – analytic Review", *Stress and Health*, Vol. 34, No. 3, 2018, pp. 347 – 358.

Van Deursen, A. J. A. M., Bolle, C. L., Hegner, S. M., & Kommers, P. A. M., "Modeling Habitual and Addictive Smartphone Behavior. The Role of Smartphone Usage Types, Emotional Intelligence, Social Stress, Self – regulation, Age, and Gender", *Computers in Human Behavior*, Vol. 45, 2015, pp. 411 – 420.

Van Gordon, W., Long, J., Liu, T. Q., Liao, Y. H., Qi, C., He, H. Y., et al., "Prevalence and Correlates of Problematic Smartphone Use in a Large Random Sample of Chinese Undergraduates", *BMC Psychiatry*, Vol. 16, No. 1, 2016, pp. 408 – 412.

Van Gordon, W., Shonin, E., Dunn, T. J., Garcia – Campayo, J., Demarzo, M. M. P., & Griffifiths, M. D., "Meditation Awareness Training for the Treatment of Workaholism: A Controlled Trial", *Journal of Behavioral Addictions*, Vol. 6, No. 2, 2017, pp. 212 – 220.

Vangeel, J., Beullens, K., Vervoort, L., Cock, N. D., Lippevelde, W. V., Goossens, L., et al., "The Role Behavioral of Activation and Inhibition in Explaining Adolescents' Game Use and Game Engagement Levels", *Media Psychology*, Vol. 4, No. 1, 2017, pp. 16 – 28.

Viechtbauer, W., "Publication Bias in Meta-analysis: Prevention, Assessment and Adjustments", *Psychometrika*, Vol. 72, No. 2, 2007, pp. 269–271.

Walker, M. P., & Stickgold, R., "Sleep, Memory, and Plasticity", *Annual Review of Psychology*, Vol. 57, No. 1, 2006, pp. 139–166.

Wan, C. S., & Chiou, W. B., "Psychological Motives and Online Games Addiction: A Test of Flow Theory and Humanistic Needs Theory for Taiwanese Adolescents", *Cyberpsychology & Behavior*, Vol. 9, No. 3, 2006, pp. 317–324.

Wang, P., Wang, X., Wu, Y., Xie, X., & Lei, L., "Social Networking Sites Addiction and Adolescent Depression: A Moderated Mediation Model of Rumination and Self-esteem", *Personality and Individual Differences*, Vol. 127, 2018, pp. 162–167.

Watkins, E. R., "Constructive and Unconstructive Repetitive Thought", *Psychological Bulletin*, Vol. 134, No. 2, 2008, pp. 163–206.

Watson, D., Clark, L. A., & Tellegen, A., "Development and Validation of Brief Measures of Positive and Negative Affect: The PANAS Scales", *Journal of Personality and Social Psychology*, Vol. 54, No. 6, 1988, p. 1063.

Wegmann, E., Stodt, B., & Brand, M., "Addictive Use of Social Networking Sites can be Explained by the Interaction of Internet Use Expectancies, Internet Literacy, and Psychopathological Symptoms", *Journal of Behavioral Addictions*, Vol. 4, No. 3, 2015, pp. 155–162.

Wen, S. F., Tang, D. L., & Yu, G. L., "The Characteristics of Regulatory Emotional Self-efficacy in Chinese Graduate Students", *Psychological Science*, Vol. 32, No. 3, 2009, pp. 666–668.

Wen, Z. L., & Ye, B. J., "Different Methods for Testing Moderated Mediation Models: Competitors or Backups?", *Acta Psychologica Sinica*, Vol. 46, No. 5, 2014, pp. 714–726.

Westphal, M., & Bonanno, G. A., "Emotion Self-regulation", *Annals of the New York Academy of Sciences*, Vol. 769, No. 12, 2001, pp. 2365–2375.

Wilson, F. A., & Stimpson, J. P., "Trends in Fatalities from Distracted

Driving in the United States, 1999 to 2008", *American Journal of Public Health*, *Vol.* 100, No. 11, 2010, pp. 2213 – 2219.

Wolf, E. J., Miller, M. W., Reardon, A. F., Ryabchenko, K. A., & Freund, R., "A Latent Class Analysis of Dissociation and Posttraumatic Stress Disorder", *Archives of General Psychiatry*, Vol. 69, No. 7, 2012, pp. 698 – 705.

Wolfradt, U., & Doll, J., "Motives of Adolescents to Use the Internet as a Function of Personality Traits, Personal and Social Factors", *Journal of Educational Computing Research*, Vol. 24, No. 1, 2001, pp. 13 – 27.

Wu, X. L., Huang, L., He, X. Q., Tang, H. P., & Pu, W. D., "Social Anxiety, Aggression and Depression: The Mediating of Regulatory Emotional Self – efficacy", *Chinese Journal of Clinical Psychology*, Vol. 23, No. 5, 2015, pp. 804 – 807.

Yang, S. Y., Lin, C. Y., Huang, Y. C., & Chang, J. H., "Gender Differences in the Association of Smartphone Use with the Vitality and Mental Health of Adolescent Students", *Journal of American College Health*, Vol. 16, No. 12, 2018, pp. 1 – 19.

Yang, S. Y., Chen, M. D., Huang, Y. C., Lin, C. Y., & Chang, C. H., "Association between Smartphone Use and Musculoskeletal Discomfort in Adolescent Students", *Journal of Community Health*, Vol. 42, 2017, pp. 423 – 430.

Ye, B. J., Fang, X. T., Yang, Q., Zheng, Q., Liu, L. L., & Guo, X. X., "The Effects of Difficulties in Emotional Regulation on College Students' Mobile Phone Addiction: The Chain Mediating Effect of Facial Negative Physical Self and Social Avoidance and Distress", *Psychological Development and Education*, Vol. 33, No. 2, 2017, pp. 249 – 256.

Yen, C. F., Tang, T. C., Yen, J. Y., Lin, H. C., Huang, C. F., Liu, S. C., et al., "Symptoms of Problematic Cellularphone Use, Functional Impairment and Its Association with Depression Among Adolescents in Southern Taiwan", *Journal of Adolescence*, Vol. 32, 2009, pp. 863 – 873.

Yen, J. Y., Yen, C. F., Chen, C. C., Chen, S. H., & Ko, C. H.,

"Family Factors of Internet Addiction and Substance Use Experience in Taiwanese Adolescents", *CyberPsychology & Behavior*, Vol. 10, No. 3, 2007, pp. 323 – 329.

Yildirim, C., & Correia, A. P., "Exploring the Dimensions of Nomophobia: Development and Validation of a Self – reported Questionnaire", *Computers in Human Behavior*, Vol. 49, 2015, pp. 130 – 137.

Yildirim, C., Sumuer, E., Adnan, M., & Yildirim, S., "A Growing Fear: Prevalence of Nomophobia Among Turkish College Students", *Information Development*, Vol. 32, No. 5, 2016, pp. 1322 – 1331.

Young, K. S., Griffin – Shelley, E., Cooper, A., O'mara, J., & Buchanan, J., "Online Infidelity: A New Dimension in Couple Relationships with Implications for Evaluation and Treatment", *Sexual Addiction & Compulsivity: The Journal of Treatment and Prevention*, Vol. 7, No. 1 – 2, 2000, pp. 59 – 74.

Young, K. S., "Internet Addiction: The Emergence of a New Clinical Disorder", *Cyberpsychology & Behavior*, Vol. 1, No. 3, 1998, pp. 237 – 244.

Ypsilanti, A., Lazuras, L., Powell, P., & Overton, P., "Self – disgust as a Potential Mechanism Explaining the Association between Loneliness and Depression", *Journal of Affective Disorders*, Vol. 243, 2019, pp. 108 – 115.

Yuan, M., Guo, X., Li, X., Chen, X., Wang, C., & Li, Y., "Themoderating Role of Regulatory Emotional Self-efficacy on Smoking Craving: An Ecological Momentary Assessment Study", *PsyCh journal*, Vol. 7, No. 1, 2018, pp. 5 – 12.

Zhang, C. L., & Zhou, Z. K., "Passive Social Network Site Use, Social Anxiety, Rumination and Depression in Adolescents", *Chinese Journal of Clinical Psychology*, Vol. 26, No. 3, 2018, pp. 74 – 81.

Zhang, X. X., & Zhu, H. X., "The Intervention Effect of Mindfulness – based Cognitive Therapy on College Students with Mobile Phone Addiction", *Studies of Psychology and Behavior*, Vol. 12, No. 3, 2014, pp. 391 – 394.

Zimmermann, G., Rossier, J., Meyer de Stadelhofen, F., & Gaillard, F., "Alexithymia Assessment and Relations with Dimensions of Personality", *European Journal of Psychological Assessment*, Vol. 21, No. 1, 2005, pp. 23 – 33.

Zimmermann, P., "Attachment Representations and Characteristics of Friendship Relations During Adolescence", *Journal of Experimental Child Psychology*, Vol. 88, No. 1, 2004, pp. 83 – 101.

Ziv, M., Goldin, P. R., Jazaieri, H., Hahn, K. S., & Gross, J. J., "Emotion Regulation in Social Anxiety Disorder: Behavioral and Neural Responses to Three Socio – emotional Tasks", *Biology of Mood & Anxiety Disorders*, Vol. 3, No. 1, 2013, pp. 20 – 28.

Zullig, K. J., Teoli, D. A., & Valois, R. F., "Emotional Self – efficacy and Alcohol and Tobacco Use in Adolescents", *Journal of Alcohol and Drug Education*, Vol. 44, No. 1, 2014, pp. 51 – 58.

Zung, & William, W. K., "A Self – rating Depression Scale", *Archives of General Psychiatry*, Vol. 12, No. 1, 1965, p. 63.

Zung, W. W., "A Self – rating Depression Scale", *Archives of General Psychiatry*, Vol. 12, No. 1, 1965, pp. 63 – 70.